비서자격시험 대비

경영의 이해

UNDERSTANDING OF MANAGEMENT

머리말
Preface

　　최근 기업의 인사담당자들이 산업실무에서 요구되는 업무 수행능력을 평가하는 객관적인 자료로서 비서자격증을 인정하면서 취업에 비서자격증의 중요성이 높아지게 되었다. 이러한 사회적 요구는 비서직뿐만 아니라 일반 사무직을 희망하는 학생들도 취업을 하기 위해 비서자격증에 관심을 가지며 실제적으로 자격시험에 응시인원이 증가하고 있다.

　　저자가 본서를 집필하게 된 동기는 수년간 대학에서 비서를 전공으로 하는 학생들을 대상으로 경영과목을 지도하며 비서를 전공으로 하거나 비서자격증시험을 준비하는 학생들에게 실질적으로 도움될 경영학 교재의 필요성을 절감하였기 때문이다. 즉, 비서자격시험 준비를 위하여 별도로 수험교재를 구입하거나 시험자료를 수집하지 않더라도 교과과정에서 경영학을 공부하며 자격시험 관련 문제들도 병행하여 다루어줄 교재가 있었으면 좋겠다고 늘 생각했었다. 만약 그렇게 된다면 학생들이 비서자격증을 취득하는 데는 물론 취업에도 도움을 주어 젊은이들이 꿈을 이루어 가는데도 유용할 것이다. 따라서 본서의 집필은 저자의 평소 염원을 담아 이루어지게 된 것이다.

　　본서가 다른 경영학원론 교재와 다른 점은 일반 경영학원론 교재에서 다루고 있는 내용들을 전반적으로 담고 있으면서 비서자격시험에서 요구하는 경영일반의 모든 내용을 집중적으로 다루고 있는 것이다. 특히 각 단원이 끝날 때마다 비서자격시험에 도움이 되도록 평가문제를 제시하여 단원별로 이해도를 높이고자 하였으며, 기출문제를 별도로 제공하고 있어서 자격시험을 준비하고 있거나 준비하려는 학습자들에게

유용하도록 구성하였다. 특히, 본서는 400개 이상의 문제를 제공하고 있는 만큼 자격시험을 위하여 경영학을 공부하는 학생들과 수험생들에게 큰 도움이 될 것으로 기대한다.

본서의 특징은 다음과 같다.

첫째, 경영 일반에 대한 내용으로 경영환경, 기업형태와 성장발전, 경영관리 및 조직, 경영활동부문과 시사 및 경제용어에 대하여 정리하고, 각 장별 단원 핵심문제를 통하여 단원별 내용에 대한 이해를 높이도록 하였다.

둘째, 문제은행식으로 출제되는 비서자격시험에 대비하여 기출문제를 많이 제공하고 있어, 문제들을 자주 또 많이 접하게 함으로써 자연스럽게 자격시험에 대한 이해를 돕고 합격률을 높일 수 있도록 구성하였다.

그 동안의 염원이 그 결실을 이루게 되었으나, 아직 부족한 부분이 적지 않을 것으로 사료되기에 독자들의 지도와 편달에 귀 기울여 지속적으로 수정 보완해 나갈 계획이다.

본서의 출간을 맡아주신 한올 임순재 사장님과 편집부 관계자께 감사드리며, 본서를 이용하여 비서자격증을 준비하는 수험생들 모두에게 합격의 영광이 함께 하기를 기원한다.

2021년 2월
너른 고을에서 함진평

차례

차례

Part **3**

경영
업무기능

차례

경영
일반론

Understanding of Business

Chapter 04

현대적 경영활동

Chapter

1

경영의 기본적 이해

1. 경영의 개념

1) 경영의 정의

경영이란 조직이 추구하는 목표를 효과적이고 효율적으로 달성하기 위하여 인적 자원, 물적 자원, 정보 자원, 재무 자원, 기술 자원 등과 같은 제 자원을 활용하여 제품과 서비스를 생산, 유통, 판매하는 일련의 활동을 계획·조직·지휘·통제하는 과정이라고 하겠다〈그림 1-1〉.

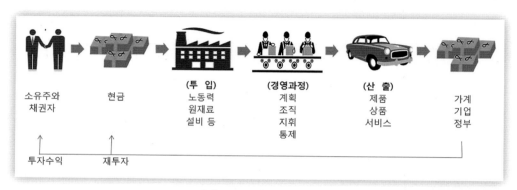

| 소유주와 채권자 | 현금 | **(투 입)** 노동력 원재료 설비 등 | **(경영과정)** 계획 조직 지휘 통제 | **(산 출)** 제품 상품 서비스 | 가계 기업 정부 |

투자수익　　재투자

※ |그림 1-1| 경영의 과정

2) 경영의 기능

경영활동의 핵심은 조직의 목표를 달성하기 위하여 조직이 수행하는 업무기능과 이들 업무기능들을 효율적이고 효과적으로 달성하기 위하여 요구되는 가장 기본적이 기능인 관리기능으로 이루어진다고 말할 수 있다. 따라서 경영의 기능은 크게 관리기 능과 업무기능으로 구분할 수 있다.

(1) 관리기능

관리기능은 경영을 효율적으로 달성하기 위하여 요구되는 기본적인 기능이다. 조직의 규모가 확대되고, 업무가 복잡해지고, 조직을 둘러싼 환경의 변화가 빠르게 변화하게 됨에 따라 더욱 더 요구되는 기능이다. 구체적으로는 계획(planning), 조직(organizing), 지휘(directing), 통제(control)가 있다.[1]

첫째, 계획화(planning)는 조직의 목표를 세우고, 그 목표를 달성하기 위한 방법을 구체화 하는 경영자의 활동이다.

둘째, 조직화(organizing)는 계획을 통하여 수립된 목표를 달성할 수 있도록 업무와 권한, 자원을 배치하고 조정하는 과정이다. 각기 다른 조직의 목표는 다른 조직구조를 필요로 한다.

셋째, 지휘(directing)는 조직 구성원이 과업을 달성하도록 업무를 지시하고 동기부여하는 과정이다.

넷째, 통제(control)는 제시된 목표를 향해 경영활동이 확실히 진행되는 지를 점검하는 과정으로 실적을 평가하고 감독하는 과정이다.

이러한 관리기능은 상호 관련성이 없는 독립된 활동이 아니라 상호 밀접한 관계에 따라 계속적으로 피드백(feedback)하는 순환활동을 하고 있다. 또한 기업의 유형이나 관리계층에 상관없이, 비영리조직을 포함한 모든 조직체, 심지어는 개인까지 적용이 가능한 보편적인 과정이다.

---

1) 경영관리의 효율성을 결정하는 공통된 요소로 계획((plan), 실행(do), 통제(see) 활동이 강조된다 계획은 조직목표 달성을 위한 계획을 수립하는 활동이고 실행은 수립된 계획에 따라 자원의 조직·충원·지휘 등의 활동이며 통제는 실행된 경영활동의 결과를 계획과 비교하여 평가하고 수정하는 활동을 말한다.

(2) 업무기능

업무기능은 조직이 추구하는 목적을 달성하기 위하여 행하는 업무를 성격별로 구분하는 기능으로 인사, 재무, 구매, 생산, 마케팅, 회계 등으로 경영학에서 학습하는 전공분야가 업무 기능에 의하여 구분된 것이다.

첫째, 인사·조직관리는 조직구성원들이 자발적으로 조직의 목표달성에 기여하게 함으로써 조직의 발전과 개인의 발전을 아울러 달성하게 하는 제도 및 기술체계분야이다.

둘째, 재무관리는 기업의 경영목표를 달성하기 위하여 필요한 자금의 조달계획을 수립하고 조달된 자금을 운용, 관리, 통제하는 총체적인 관리활동분야이다.

셋째, 생산관리는 기업이 유형, 무형의 자원을 이용하여 제품이나 서비스를 가공하는 생산 시스템을 계획, 운영, 통제하는 일련의 관리활동이다.

넷째, 마케팅관리는 기업의 마케팅 활동을 종합적, 체계적, 합리적으로 실시하기 위해 계획, 조직, 실시 및 통제의 각 단계를 관리하는 활동이다. 마케팅 관리의 주요 대상은 제품계획, 가격설정, 광고, 판매촉진, 판매경로의 설정, 물적 유통 등이다.

다섯째, 회계는 개인·기업·국가 등 경제 주체의 경제활동과 관련하여 경제적 변동 상황을 일정한 방법으로 기록하고 정보화하는 과정이나 체계이다. 즉, 회계란 회계정보의 이용자가 합리적인 판단이나 의사결정을 할 수 있도록 경제적 정보를 식별하고 측정해서 전달하는 과정인 것이다.

여섯째, 경영전략은 조직이 설정한 목표를 달성하기 위하여 조직의 내·외적 환경에 대응하기 위한 방안을 어떻게 수립 및 실행하는가를 다루는 분야이다.

이외에도 경영관리활동에 필요한 적절한 정보를 적절한 시점에서 적절한 형태로 제공해주는 정보시스템을 운영, 관리하는 경영정보시스템이 있으며, 기술의 전략적 관리에 대한 내용을 다루는 기술경영 등의 기능들을 들 수 있다.

2. 경영활동의 원리

경영이란 관계되는 조직체를 합리성으로 다루는 경제활동 과정이다. 조직의 경제활동이 과연 합리적이었는지를 평가할 필요가 있는데, 이를 경영성과 평가라고 한다.

현대 경영학에서 경영성과를 평가하는 기준으로 활용되고 있는 주요 개념들을 살펴보기로 한다.

1) 효과성과 효율성

효과성(effectiveness)은 경영목표의 달성 정도를 말한다. 경영활동의 결과가 목표에 가장 근접하거나 그 이상으로 달성할수록 효과성이 높다고 할 수 있다. 예컨대, 감기환자가 약을 복용하고 감기가 나았다면 "그 약은 효과가 있다"는 개념으로 이해하면 된다. 따라서 효과적인 경영이란 올바른 목표를 결정하는 능력, 즉 '올바른 일을 함(doing the right things)'을 의미 한다.

한편 효율성(efficiency)은 투입된 자원의 양(노동, 자본 등)에 비하여 산출을 더 많이 이끌어내는 정도를 측정하는 비율이다. 즉, 조직이 목표를 달성하는 데 있어서 자원의 사용을 최소화하는 능력, 즉 '일을 바르게 함(doing things right)'을 의미한다.

조직의 성공적인 경영을 위하여 자원의 최대한 활용과 기업목표의 달성, 즉 효율성과 효과성을 동시에 달성하는 것이 중요하다.

2) 수익성과 생산성, 경제성

기업은 궁극적으로 이윤극대화 원칙을 추구하기 때문에 기업의 경영성과를 평가하는 지표로 투입 단위당 발생되는 수익(이윤), 즉 수익성이 매우 중요하다. 수익성(profitability)은 순수한 화폐가치상의 비율인 수익률에 따른 기업의 행동원칙을 뜻한다. 수익성은 다양한 방법으로 측정할 수 있으나 대표적인 것이 자본이익률이나 매출액이익률, 총자산이익률 등으로 측정할 수 있는데, 이를 수식으로 나타내면 다음과 같다.

수익성 = 이익 / 자기자본 = 이익 / 매출액 = 이익 / 총자산

생산성(productivity)은 투입요소 단위당 발생되는 산출량으로 계산되며, 최소의 비용으로서 최대의 효과를 얻는 경제원칙에 그 본질을 두고 있다.

생산성 = 산출량(output) / 투입량(input)

경제원칙(economy principles)은 최소의 비용(cost)으로 최대의 효익(benefit)을 얻는데 본질이 있다. 따라서 경제성 원리는 기업경영의 행동원리뿐만 아니라, 모든 개별경제의 경영에 공통적으로 적용되는 행동원리이다.

경제성 = 목표 / 수단 = 성과 / 희생 = 효익 / 비용

앞서 설명한 수익성이나 생산성은 경제적 가치를 양적으로 측정한 경제성과 같기 때문에, 결국 수익성, 생산성은 기업생산성 공식에서 산출량을 수익(이윤)으로 간주하면 수익성이 되므로 수익성, 생산성, 경제성의 원리는 모두 동일한 개념이라고 볼 수도 있다.

3. 경영자

1) 경영자의 정의

경영자(manager)는 조직의 목표달성을 위해 조직 내부의 제 자원(인적, 물적, 재무, 정보, 기술 등)을 관리(계획, 조직화, 지휘, 통제)하는 사람이다. 예를 들면, 대기업의 회장, 사장, 영업부장, 공장장뿐만 아니라 대학총장, 노동조합장, 슈퍼마켓주인, 가정을 꾸려가는 가정주부도 경영자라고 할 수 있다. 경영자는 조직내부의 구성원뿐만 아니라 외부 이해관계자들과의 상호작용 속에서 제품과 서비스를 통하여 공유가치를 확산하고 지속적으로 경쟁우위를 확보하는 주체이다. 이를 위해서는 경영자는 다양한 역량과 역할이 요구되므로 경영자에 대한 정의와 개념을 다양하게 규정하고 있다.

2) 경영자의 유형

(1) 조직의 발전과정

① 소유경영자

대규모의 자본조달이나 운용이 요청되지 않고 조직의 규모가 작아 쉽게 이끌어나갈

수 있기 때문에 소유주 또는 기업가 자신이 경영자를 겸하는 것이 가능하므로 출자자와 경영자가 분리될 필요가 없는데 이러한 경영자를 소유경영자(owner manager)라고 한다. 이들 소유 경영자는 자본의 조달과 운용 및 위험부담, 의사결정, 지휘, 통제 등의 기능을 모두 담당하였으며, 기업가기능과 경영자로서의 전문기능이 분화되지 않는다.

② 고용경영자

역사적으로 볼 때 경영자는 소유경영자로부터 전문경영자(professional manager)로 발전해 왔지만, 전문경영자의 출현 전 단계로 소위 고용 경영자(employed, salaried manager)라는 경영자가 소유경영자와 더불어 존재할 수 있다. 고용경영자는 기업규모가 차츰 커지고 경영활동의 폭과 내용이 점점 복잡해짐에 따라 소유경영자인 기업가 혼자서 경영관리 기능과 전부를 담당하기가 어려워지는 단계에서 출현하게 된다. 소유경영자의 자본증식을 도와주는 대리인 역할을 하기 위해 고용되어 경영관리의 전문적 지식과 기술이 있다 하더라도 주로 자본가나 기업가의 이익을 대변할 뿐이며, 실질적으로 소유경영자의 성격과 별로 다를 바가 없다.

③ 전문경영자

경영규모의 대규모화와 함께 복잡화된 생산수단의 관리, 다양한 생산요소의 효율적 결합, 격변하는 환경에서의 창조적 적응, 장기적인 전망의 필요 등 경영내용의 복잡화로 인하여 여러 가지 다양한 경영 직능을 합리적으로 수행하기 위해서는 단지 출자자란 자격만으로 이를 감당할 수 없었기 때문에 경영관리에 대한 전문적 지식, 풍부한 경험, 그리고 중후한 인품을 고루 갖춘 전문경영자가 필요하게 되었다. 아울러 주식회사의 발전으로 주식이 광범위하게 분산되고, 다수의 소주주집단이 그 소유주식수로 실질적인 지배를 할 수 없게 되었고, 주주총회가 형식적 의결기관화되어 경영자의 의사가 기업조직의 기본적 방침을 지배하게 됨에 따라 전문적 경영능력과 지식을 가진 전문경영자가 등장하게 되었다.

(2) 경영자의 계층

① 최고경영자

최고경영자(top management)는 기업의 전반적인 경영을 책임지는 경영자로서 계층상

최상층에 속한 경영자집단을 말한다. 최고경영자의 기능은 환경과 상호작용을 고려하여 기업의 장기적 전략과 목표에 대한 의사결정을 하며 기업경영의 사회적 책임과 혁신기능을 주로 전담한다. 최고경영자의 일반적인 명칭으로는 최고경영자(chief executive officer: CEO)를 비롯하여 회장, 사장, 대표이사, 사업본부장, 부사장, 전무이사, 상무이사, 이사 등이 사용되며, 주로 조직의 임원이 해당된다.

② 중간경영자

중간경영자(middle management)는 조직에서 최고경영층이 의사결정한 경영전략과 목표에 따라 담당부문의 업무가 실행되도록 관리하는 경영계층을 말한다. 주요 기능으로는 하위경영층을 지휘 감독하거나 최고경영층의 요구와 하위경영층의 능력을 조화시키며 상하간의 의사소통을 원활하게 중계하는 역할을 한다. 조직에서의 각 부문의 장, 예를 들면 부장, 차장, 과장, 공장장 등이 중간경영자에 해당된다.

③ 하위경영자(일선경영자)

하위관리자(lower management) 혹은 일선감독자(first level supervisor)는 각 부문별 중간경 영층의 지시에 따라 현장에서 작업을 하는 노동자를 직접 지휘 감독하는 경영층을 말한다.

이들의 기능은 생산현장에서 실제로 제품을 생산하거나 서비스를 제공하는 종업원들인 일선 노동자들의 일상관리를 담당한다. 기업내에서 가장 낮은 단계의 경영자집단으로 사무직의 계장, 대리 및 생산현장의 조장 반장이 이에 해당된다.

3) 경영자의 관리기술

경영자는 어떠한 형태의 관리기술이 필요한가? 카츠(R. L. Katz)의 연구에 의하면 경영자는 세 가지 핵심적인 기술인 전문적 기술, 대인관계 기술, 그리고 개념적 기술이 필요하다는 결과를 도출하였다.

(1) 전문적 기술

전문적 기술(technical skill)이란 전문적 지식과 경험을 토대로 특정방법, 절차 및 기법 등을 해당분야에 적용시키는 능력을 말한다. 예를 들면 설계기술, 시장조사, 회계업무, 컴퓨터 프로그래밍, 노사관계 등 에 필요한 전문적 기술을 생각할 수 있다. 전문적 지식은 하위관리자나 일선감독자들에게 있어 절대적으로 요구되는 기술이다.

(2) 대인적 기술

대인적 기술(interpersonal skill)이란 구성원들을 리드하고 동기부여시키며 갈등을 관리하고 다른 사람과 더불어 일할 수 있는 능력을 말한다. 기술적 기술이 사물(기법이나 물적 대상)과 함께 일하는 것이라면, 대인적 기술은 사람과 함께 일하는데 초점을 둔다. 모든 조직의 가장 가치 있는 자원은 사람이기 때문에 대인적 기술은 경쟁수준이나 기술에 관계없이 모든 경영자의 핵심부분이다.

(3) 개념적 기술

개념적 기술(conceptual skill)이란 조직을 전체로 보고 자신의 계획 및 사고 능력을 적용할 수 있는 능력을 의미한다. 훌륭한 개념적 기술을 가진 경영자는 조직의 여러 부서와 기능이 어떻게 상호 연결되어 있는지 그리고 한 부서에서의 변화가 다른 부서에 어떻게 영향을 미칠 수 있는 가를 볼 수 있다. 경영자들은 미래에 발생할지도 모를 다른 형태의 관리문제를 진단하고 평가하기 위하여 개념적 기술을 사용한다. 조직에서 최고경영자들은 조직환경의 변화를 지각하여 올바른 의사결정을 내림으로써 변화에 신속하게 대응해나가지 않으면 안된다. 따라서 개념적 기술은 특히 최고경영자에게 요구되는 기술하다.

(4) 관리기술의 최적결합

관리기술의 상대적 중요성은 개별경영자가 속한 경영자계층에 따라 다르다. 〈그림 1-2〉와 같이 전문적 기술은 기업의 하위수준에서 특히 중요시되며 상위로 올라갈수록 그 중요성은 낮아진다. 그 반면에 개념적 기술은 상위수준일수록 중요시되는데, 왜냐하면 최고경영자일수록 기업 전체에 영향을 미치게 되는 포괄적이고 장기적인 의사결정에 임할 가능성이 높기 때문이다. 그리고 대인적 기술은 어느 계층에서나 거의 비슷한 비중으로 중요시된다. 그 이유는 경영이란 본래 다른 사람을 통해 목표를 달성시키는 과정이기 때문에 아무리 전문적인 기술과 개념적 기술을 충분히 지니고 있다 해도 대인관계가 원만치 못하면 원하는 목표를 달성하기 힘들기 때문이다.

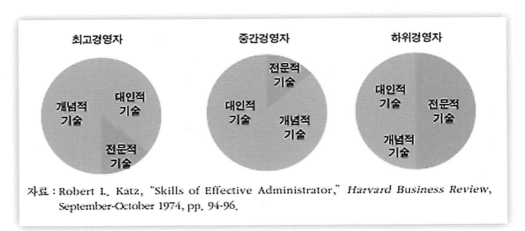

자료 : Robert L. Katz, "Skills of Effective Administrator," *Harvard Business Review*, September-October 1974, pp. 94-96.

출처 : 최찬기외, 2014. 재인용

◉ |그림 1-2| 경영자 계층별 필요관리기술

4) 경영자의 역할

경영자들이 구체적으로 어떠한 일을 수행하는가에 대한 연구로서 민쯔버그(H. Mintz-berg)는 열 가지 각기 다른, 또한 상호 밀접하게 관련된 역할들을 수행한다고 주장하였다. 열 가지의 역할은 대인관계, 정보전달 및 의사결정 역할 등 세 가지로 다음과 같이 분류할 수 있다.

(1) 대인관계 역할

대인적인 역할(interpersonal roles)은 경영자가 기업을 계속적으로 원만히 운영해가는 데 도움을 주는 역할로 경영자의 통상적인 임무로서 대표자(figurehead), 지도자(leader), 연락자(liaison)로서의 역할이다. 먼저 대표자로서의 역할은 조직의 장으로서 내빈접견, 협정조인과 같은 의식적, 상징적 의무를 수행하는 것이다. 지도자로서의 역할은 종업원을 채용하고 훈련시키며, 동기를 유발시키기 위한 활동을 말한다. 연락자로서의 역할은 기업 내 동료, 기업 외부의 공급자와 고객 등과 같은 이해관계자 집단과 접촉하는 역할을 의미한다.

(2) 정보관련 역할

경영자의 직무 중에서 가장 중요한 측면이 바로 정보를 모집, 전달하는 것이다. 올바른 의사결정을 하기 위해서는 정보를 필요로 하며, 조직의 구성원들은 경영자로부터 수신되는 정보와 경영자를 통해 전달되는 정보에 의존하고 있다. 정보역할(information roles)은 모니터 (monitor), 전파자(disseminator), 대변인(spokesperson)의 역할이다. 모니터로서의 역할은 경영 활동을 수행하는 과정에서 유용하게 활용될 수 있는 정보를 꾸준히 탐색하는 신경망 센터로서 활동하는 것이고, 전파자의 역할은 조직구성원들에게 필요한 주요 정보를 전달해 주는 것이며, 대변인으로서의 역할은 조직과 관련해 수집한 정보의 일부를 기업 외부의 사람들에게 전달해 주는 활동이다.

(3) 의사결정 역할

수집된 정보를 바탕으로 여러 가지 경영상의 문제를 해결하는 것을 의미한다. 의사결정 역할(decision roles)은 기업가, 분쟁 조정자(disturbance handler), 자원 배분자(resource allocator), 협상자(negotiator)의 역할이다. 기업가로서의 역할은 기업성장과 발전을 위해 솔선수범하며, 창의적 노력을 기울이는 활동을 말한다. 문제 해결사로서의 역할은 파업, 고객파산, 그리고 계약위반 등 기업 내외에서 발생하는 각종 애로사항에 대해 적극적인 해결방안을 모색하는 활동을 말한다. 자원 배분자로서의 역할은 기업의 인적 물적 재무적 자원을 어떻게 그리고 누구에게 배분할 것인가를 결정하는 활동을 말한다. 마지막으로 협상자로서의 역할은 조직에 유리한 이득이 나타나도록 공급업자와의 계약 체결 또는 노동조합과의 견해차이 조정과 같은 활동을 말한다.

5) 기업가정신

경영학적 의미에서 기업가(entrepreneur)란 일정한 수익을 목적으로 사업을 구상하고 시작한 사람으로 그 사업에 대한 조직화, 방향설정, 지휘·감독의 책임을 가진 사람으로 정의되고 있다. 즉 기업가는 새로운 사업을 일으키며 필요한 자원을 조달하고 조직관리를 하면서 위험과 보상을 감당하여 만족감을 즐기는 사람이라고 하겠다. 기업가정신(entrepreneurship)은 조직의 모든 요소들에 대해 독창적이고 혁신적인 사고를 하며 자아욕구가 강하여 가치에 근거한 활동을 하는 것이라고 할 수 있을 것이다(유필화 외, 2014).

기업가의 행동적인 측면에서 요구되는 특성들은 사업에 대한 몰입과 확고한 결의 및 자신감, 기회에 대한 집착과 인내심, 위험·모호성·불확실성의 수용 및 미래지향성, 창의성·자립심·적응력, 혁신, 남보다 앞서려는 성취동기, 자기통제, 리더십, 현실 감각과 유머 감각 등과 같은 개인적인 특성들이 기업가들에게는 요구된다.

표 1-1_ 기업가와 경영자의 차이점

구분	기업가	경영자
개인적 성향	기회를 현실화시키는 통찰력과 타인들을 사업에 동참시키려는 설득력이 강하다.	합리적이고 분석적 판단을 중시하며 실무에 능통하다.
의사결정	새로운 비즈니스를 개시할 때 가용자원의 고려없이도 시작한다.	현재 상태 유지와 자원에 근거한 의사결정을 중시한다.
위험인식	현실 안주를 거부하고 여러 가지 위험을 감수하며 비전을 실현한다.	주어진 목표와 상응한 보상에 의해 동기가 부여되며, 불확실성과 위험을 기피하는 성향이 있다.

4. 경영이론의 발전

오늘날 경영학의 학문적인 체계가 잡힌 것은 얼마 되지 않은 근래의 일이지만, 경영이라는 개념이나 기법은 인류의 역사만큼이나 오래 전부터 인간의 생활과 밀접하게 관련되어 존재하 였던 것으로 추측된다. 역사적으로 보면 산업혁명 이전까지는 주로 도로나 성곽, 궁전, 교회 등을 건설하거나 조세를 징수하거나 군대를 관리하기 위해 정부, 군대, 교회 등의 기관에서 경영 개념의 실천이 이루어졌다. 이는 이론적인 근거나 실제 활동이 상호간의 의견 교환 없이 개인적인 시행착오에 의해 실행되는 경영관리였다.

18세기 산업혁명 이후에는 경영에 대해 과학적인 접근방법이 시도되고 기업조직에 경영이론이 본격적으로 적용되기 시작했다. 산업혁명은 인류의 생활방식에 커다란 변혁을 가져왔다.

소수의 장인들이 농기구나 의류를 소규모의 가내수공업 수준으로 생산하던 종래의 생활방식에서 기계를 기반으로 한 대규모 공장이 존재하는 산업사회로 급격히 전환시켰다.

당시에 근대 경제학의 창시자인 애덤 스미스(Adam Smith)는 1776년에 출간된 자신의 저서 국부론(The Wealth of Nations)에서 조직과 사회가 분업을 통해 경제적 이익을 얻을 수 있다는 주장을 하였다. 또한 산업혁명기에 경영에 직접 관여하며 현대적 경영이론의 선구자적 역할을 한 사람들로는 로버트 오언(Robert Owen)과 찰스 배비지(Charles Babbage)를 들 수 있다.

1900년대부터 발전하기 시작한 경영이론을 연대별로 요약 정리하면 〈표 1-2〉와 같으며, 본 절에서는 주요 경영이론을 간략하게 소개하고자 한다.

표 1-2_ 경영이론의 발전과정

경영이론 / 연대	고전적 경영이론	행동론적 경영이론	계량 경영이론	시스템 이론	현대 경영이론
1900년대					• 상황적합이론
1930년대					• 전략경영
1950년대					• Z 이론
1960년대					• 벤치마킹
1970년대					• 리스트럭처링
2000년대					• 지식경영 등

출처 : 최용식(2014).

1) 고전적 경영이론

고전적 경영이론은 크게 두 가지 흐름으로 분류할 수 있다. 하나는 프레드릭 윈슬로 테일러(F. W. Taylor)를 중심으로 미국에서 발전한 것으로 생산 현장에서의 작업 효율 제고가 주된 연구 대상인 과학적 관리 이론(scientific management theory)이며, 다른 하나는 프랑스의 앙리 패욜(H. Fayol)과 독일의 막스 베버(M. Weber)를 중심으로 조직의 효율적 관리에 중점을 두고 연구된 고전적 조직이론(classical organization theory)이다.

(1) 과학적 관리론(테일러시스템/과업관리)

과학적 관리 이론은 테일러(F. W. Taylor)가 종업원의 생산성을 증진시키기 위한 작업

방식에 대한 과학적 연구를 강조하는 경영이론으로, 시간연구(time study)와 동작연구(motion study), 생산성에 근거를 둔 차별성과급제도로 대표되는 경영이론이다. 과학적 관리법은 인간을 기계화하여 노동생산성을 높이는 관리법으로 주로 생산현장의 작업관리에 활용되어 저노무비 고임금을 실현시킬 수 있었지만 인간의 심리적, 생리적, 사회적 측면을 고려하지 않았다는 비판을 받고 있다.

(2) 고전적 조직이론

프랑스 광업회사 사장이었던 패욜(H. Fayol)은 자신이 직접 기업경영을 한 경험에 기초하여 최고경영자의 관점에서 경영관리의 일반이론을 체계화시켰다. 기업에는 그 규모나 산업의 종류에 관계없이 본질적으로 기술활동, 영업활동, 재무활동, 안전활동, 회계활동, 관리활동의 6가지 본질적인 기업활동이 있다고 하였다. 이 중 관리활동을 '계획하고 조직하며, 지휘하고 조정하며 통제하는 것'이라고 하였는데, 현대에 관리원칙의 기초를 이루게 되었다.

사회학자인 베버(M. Weber)는 산업혁명의 여파로 독일 사회에도 많은 변화가 이루어지는 가운데 조직들이 비능률적으로 운영되고 있다고 판단하였고, 특정한 원칙하에 조직들이 관리된다면 조직이 보다 능률적으로 사회에 공헌할 수 있다고 생각하였다. 이를 위해서 그는 이상적인 조직의 형태를 고안해냈고, 이를 관료제(bureaucracy)라고 하였다. 베버가 제시한 관료제론은 대규모조직에 적합한 이론으로 분업, 엄격한 권한계층, 구체적으로 명시된 규율과 절차, 비개인적인 관계 등을 특징으로 하고 있다.

테일러가 공장 수준에서 생산실적의 향상을 위한 작업자의 과업을 과학적으로 분석하거나 감독하는 문제를 다룬 반면, 패욜은 일반적인 경영자의 과업에 관점을 두고 사람과 조직을 관찰하였다. 이에 따라 테일러는 과학적 관리이론의 아버지로 불리는데 비해, 패욜은 경영관리론의 아버지로 불리고 있다(어윤소, 2011).

2) 행동론적 경영이론

1920년대 들어 미국에서는 경제성장과 더불어 생활의 질을 개선하고자 하는 경향이 사회 전반에 확산되기 시작하였다. 특히 이 시기에 여성의 참정권, 노동조합의 결성, 최저임금제의 실시 등 고전적 경영이론에서 주장하는 관리의 원칙과는 다른 모습들이 형성되기 시작하였다. 이에 따라 개인과 집단의 행동을 수정함으로써 조직의 효과를 향상시키고자 하는 연구가 사회학자, 심리학자, 문화·인류학자 등과 같은 일단의 학자들에 의해 이루어졌는데 이를 행동적 경영이론이라고 한다. 행동적 경영이론이 등장하게 된 주요 계기는 고전적 경영이론에 서는 조직을 하나의 기계로 보고, 인간은 기계를 구성하는 부속품으로 간주함으로써 인간의 행동적 측면을 경시하였다는 데 근거한다. 즉, 행동적 경영이론은 직무 자체에 초점을 둔 고전적 경영이론과는 달리 인간의 행동을 보다 철저히 이해함으로써 경영 문제를 규명하고자 하는 데 초점을 두고 있다.

행동적 경영이론의 주요 공헌자로는 1920년대 인간관계론의 선구자인 조지 엘튼 메이오 (George Elton Mayo)와 제2차 세계대전 이후 행동과학(behavioral science) 이론의 대표적 인물인 더글러스 맥그리거(Douglas McGregor), 에이브러햄 해럴드 매슬로(Abraham Harold Maslow) 등을 들 수 있다.

행동적 경영이론은 사회심리적 요소로서 리더십, 개인의 태도와 행위, 조직행동 등을 강조한다. 따라서 경영자들이 조직행위 과정의 중요성을 보다 잘 인식하고 종업원들을 단순한 도구라기보다는 가치 있는 자원으로 보게 하는데 공헌하였다. 그러나 업무만족이 생산성의 증가로 이어진다는 논리는 지나치게 단순하다는 비판을 받는다.

3) 계량 경영이론

계량적 경영이론은 경영상의 문제 해결과 의사결정에 계량적 기법을 이용하는 접근방법이다. 이 이론은 제2차 세계대전을 계기로 처음으로 도입되었다. 제2차 세계대전 당시 영국은 전선에 군수물자를 효율적으로 보급하기 위한 방법을 모색하기 위해 영국의 수학자와 물리학자 및 관계 전문가들로 이루어진 OR(Operations Research) 팀을 조직하였다. 이때 군사 목적으로 개발된 OR기법은 그 이후 일반 기업체까지 확대, 적용되었다. 특히 컴퓨터의 출현으로 산업 분야에서의 OR기법은 급속도로 발전하였다. OR기법의 발전은 이후 경영과학(management science)이라는 새로운 학문으로 탄생하였다.

오늘날 계량적 경영이론은 합리적인 의사결정을 위한 여러 가지 고도화된 도구를 제공하고 있다. 기업의 예산관리나 자금 관리, 생산계획, 공정관리, 재고관리 등 계획수립과 통제활동에 유용하게 이용되고 있으며, 그 적용 범위가 마케팅(marketing)이나 그 밖의 거시적인 문제로까지 점차 확대되고 있다.

또한 컴퓨터의 개발과 발전을 경영활동에 응용한 경영정보시스템(management informa-tion system, MIS) 분야도 생겨났다. MIS는 경여자의 의사결정에 필요한 정보를 제공하도록 고안된 시스템으로 조직의 내부 및 외부환경에 대한 정보를 보유하며, 각 경영계층과 경영활동에 필요한 정보를 제공해 준다.

4) 시스템이론

1950년대 후반부터 조직을 하나의 유기체로 보고 연구하려는 학자들이 나타났다. 이들은 개인과 기업을 포함한 모든 조직을 하나의 시스템으로 보고 조직의 효율성을 제고시킬 방법을 모색하는 이론을 제시하였는데, 이를 시스템이론(system theory)이라고 한다. 시스템이란 '하나의 전체를 구성하는 상호관련된 부분들의 집합'을 말한다. 시스템이론에서는 전체로서 작용 하는 각 구성요소의 상호 관계로 조직을 보는데 초점

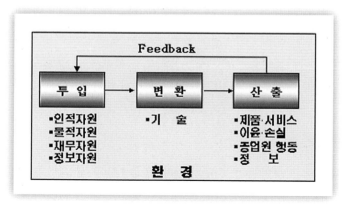

◉ |그림 1-3| 시스템 이론

을 두었다. 즉, 〈그림 1-3〉와 같이 조직의 구성요소를 따로 분리해서 보지 않고 이들 요소를 하나의 전체로 봄으로써 어느 한 부분의 활동이 다른 모든 요소에 영향을 주고 있음을 전제로 하고 있다.

5) 상황적응이론

전통적인 경영이론들은 모든 조직에 보편적으로 적용 가능한 일반원칙을 도출하

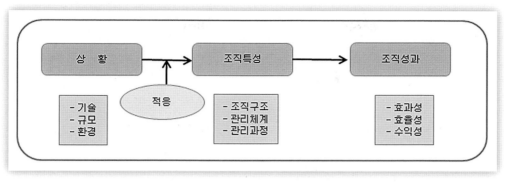

☀ |그림 1-4| 상황적응이론

는 데 초점을 맞추고 있다. 그러나 상황 적응론자들은 경영활동이란 이와 같은 일반
원칙에 의해 이루어지는 것이 아니라 조직의 내적 요인이나 환경이 각기 다르기 때문
에 조직의 경영은 각 조직이 처한 상황에 따라 달라져야 한다고 주장하였다. 즉, 상황
적응이론은 상황과 조직이 어떠한 관계를 맺고 있으며 이들 양자 간에 어떠한 관계가
성립될 때 조직의 유효성이 높아질 수 있는가를 연구하는 이론이다. 〈그림 1-4〉과 같
이 대표적인 상황변수로는 기술, 규모, 환경 등을 들 수 있고, 조직특성변수로는 조직
구조, 관리체계, 관리과정 등을 들 수 있으며, 조직성과변수로는 효과성과 효율성 등
을 들 수 있다.

단원핵심문제

Chapter 01

01 다음 중 경영관리의 포괄적 의미에 대한 설명으로 가장 적절한 것은?

① 경영관리란 조직목표를 설정하고 이를 달성하기 위한 절차와 방법을 찾는 것을 의미한다.

② 경영관리란 기업목표 및 경영목표를 보다 효과적으로 달성하기 위해 계획, 조직화, 지휘, 통제 등의 활동을 통해 기업의 제반자원을 배분, 조정, 통합하는 과정이다.

③ 경영관리란 수립된 계획이 수행할 수 있도록 인적자원과 물적자원을 배분하여 최적 결과가 도출될 수 있도록 하는 것이다.

④ 조직의 세부활동이 목적에 부합될 수 있도록 관리하고 통일되고 일관된 활동이 되도록 하는 것이다.

02 다음의 경영자에 대한 설명으로 가장 적절하지 않은 것은?

① 경영자란 회사의 다양한 사업과 활동을 계획하고 조직화하고 통제하는 활동을 수행하는 사람이다.

② 최고경영자는 회사의 최고의사결정권자로 막강한 권력과 책임을 가지고 회사원들을 관리하는 일을 한다.

③ 중간경영자는 최고경영자의 지시를 받아 업무를 수행하면서 일부는 다시 하위경영자에게 지시를 한다.

④ 하위경영자는 주로 부장, 차장, 과장으로 구성되는데 경영활동을 현장에서 수행하는 역할을 한다.

03 다음 중 경영자에 대한 설명으로 가장 적절하지 않은 것은?

① 기업이 대규모화되면서 기업경영의 문제가 복잡해지고, 자본이 분산됨에 따라 전문경영자가 출현하게 된다.

② 소유경영자가 지배하는 기업에서 자본출자와 관련성이 없으면서 최고경영층으로 활약하는 사람은 고용경영자이다.

③ 전문경영자는 장기적 기업이익을 추구하는 성향을 보인다.

④ 전문경영자는 자율적 경영과 경영관리의 합리화를 도모하는 성향을 보인다.

04 경영자의 역할 중 대인관계 역할에 대한 설명 중 가장 거리가 먼 것은?

① 대외행사 참석이나 내방객 접대 등의 활동

② 종업원을 채용, 훈련, 동기 유발시키는 등의 리더로서의 역할

③ 종업원과의 접촉, 기업과 이해관계자들의 연결 및 접촉 등의 업무

④ 경영활동에 필요한 정보를 수집하는 모니터로서 개인적인 정보망과 공식적인 조직을 통하여 정보를 수집하는 활동

05 다음 중 경영자의 역할에 대한 설명으로 옳지 않은 것은?

① 기업 대표자, 리더 및 연락자로서의 역할과 같은 대인적(interpersonal) 역할을 수행해야 한다.

② 정보를 수집하여 전달하는 정보적(informational) 역할을 수행해야 한다.

③ 수집된 정보를 바탕으로 최종 결정을 내리고, 그 결과에 대한 책임을 지는 의사결정적(decisional) 역할을 해야 한다.

④ 경영자의 대인적, 정보적, 의사결정적 역할은 비공식적 권한과 지위로부터 비롯된다.

06 다음 중 경영자의 역할이라고 할 수 없는 것은?

① 대인관계 역할   ② 의사결정 역할

③ 정보관련 역할   ④ 현장업무 역할

07 독일의 사회학자 막스 베버(Max Weber)에 의하여 주장된 관료제 이론의 특성에 관한 설명으로 옳지 않은 것은?

① 행동, 의사결정, 그리고 규칙 등은 문서로 기록하고 보관된다

② 모든 조직구성원의 직무에는 의무와 책임이 명시된다.

③ 규칙을 통하여 업무절차를 표준화한다.

④ 권위주의적이고 비합리적이며 비능률적이다.

Answer   1. ②   2. ④   3. ③   4. ④   5. ④   6. ④   7. ④

Chapter

2

기업의 기본적 이해

1. 기업의 개념

1) 기업의 의의

기업이란 영리조직은 자본, 노동, 기술, 지식과 같은 경영요소를 투입하여 인간생활에 유익한 재화나 서비스를 생산하여 이윤극대화를 지향하는 경제단위로 정의할 수 있다. 따라서 기업은 이윤극대화를 추구하기 위하여 '재화나 서비스를 생산 또는 판매'하는 것이다.

기업 활동의 구체적인 내용을 살펴보면 아래와 같다(박정민, 2011).

첫째, 기업은 이윤추구를 목적으로 재화와 용역의 생산 및 유통활동을 전개하는 영리조직 (profit organization)이다. 따라서 정부나 사회적 조직체와 같은 비영리조직(non-profit organization)과는 조직목표의 추구에 있어 근본적인 차이가 존재한다.

둘째, 기업은 근로자와 소비자 같은 직접적인 이해관계자 집단은 물론이고 사회의 모든 부문과 밀접한 상호관계를 가지고 영향력을 행사하는 조직체이다.

셋째, 기업 활동은 개인과 가계소득의 원천이고 국민들에게 경제활동 공간을 제공함과 동시에 개인, 가정과 사회유지에 관련된 재화와 서비스를 생산하는 생산경제의 주체이다.

넷째, 기업은 이윤확보와 지속적 성장을 통하여 고용을 창출하고 경제를 활성화시킨다.

또한 법인세와 부가가치세 등과 같은 국가와 지방자치단체의 주요 조세원천을 부담함으로써 국가와 지역사회의 재정과 정책의 집행을 가능케 하는 사회적 기능을 수행한다.

이와 같이 제품과 기업은 이윤추구를 목표로 활동하지만 사회 속에서의 기업 활동은 경제적 활동을 기반으로 기술적, 사회적, 문화적 기능 등을 수행하는 역할을 담당한다.

2) 기업의 사회적 책임

기업의 사회적 책임은 기업 활동이 사회에 미치는 영향에 관한 책임을 의미한다. 구체적으로는 기업이 사회의 보편적 목표와 가치에 부합하는 정책을 추구하고, 의사결정하며 행동하는 의무이다. 이는 사회에 대한 경제적 및 법적인 의무를 기초로 도덕적 윤리적 책임까지 포함된다.

기업의 사회적 책임에 대한 논의에서는 책임의 범위와 내용에 관하여 적극론과 소극론이 존재한다. 적극론은 현대사회에서 기업 활동이 사회에 미치는 영향이 크기 때문에 사회적 책임도 경제적 법적인 책임을 넘어 사회적 공익에 대한 책임까지도 져야 한다는 입장이다. 반면, 소극론은 영리조직으로서 기업은 정부정책과 법률규정을 준수하는 활동만으로도 충분하다는 입장이다.

기업의 사회적 책임에 대한 논쟁은 자본주의 초기에는 소극론이 우세하였으나, 미국의 경제공황 이후 시장에 대한 정부의 역할이 강조되면서 적극론이 지지를 받고 있다. 적극론의 입장에서 사회적 책임의 내용을 살펴보면 아래와 같다(박정민, 2011).

- 기업의 존속 유지 발전에 대한 책임
- 종업원의 인간적 만족과 복지향상에 대한 책임
- 고객만족 및 계속기업에 대한 책임
- 이해관계자집단에 대한 갈등조정의 책임
- 구매자, 공급자에 대한 책임
- 지역사회에 대한 책임
- 환경보호와 공해에 대한 책임

이들 기업의 사회적 책임 내용은 제3장 과업환경의 내용과 중복되는 부분이 있어 뒤에서 보다 구체적으로 살펴보기로 하겠다.

3) 기업윤리

(1) 기업윤리의 의의

윤리의 기본적 개념은 인간의 생각과 언어, 태도와 행동이 옳고 그름을 평가하는 원칙 또는 바람직한 방향과 규범의 체계이다. 기업윤리는 기업행동과 경영자의 의사 결정 등의 옳고 그름을 평가하는 기준과 규범의 체계라고 할 수 있다. 기업윤리는 사회적 윤리에 관계되는 일반의 인식과 제도 및 입법의 기본 취지를 바탕으로 한 경영자의 의사결정과 기업행동이라고 하겠다.

(2) 기업윤리의 중요성

기업윤리가 우수한 기업은 사회로부터 인정과 존경을 받게 되어 더욱 성장할 수 있고, 그렇지 못한 기업은 사회로부터 인정을 받지 못하기 때문에 부실해질 수 밖에 없다. 따라서 기업윤리가 왜 중요한가를 살펴보면 다음과 같다.

- 기업윤리의 수준은 사회적 정당성의 기준이 된다.
- 기업윤리는 장기적으로는 조직유효성의 증대에 기여할 수 있다.
- 기업윤리의 정도는 인적자원관리와 생산성 향상에 도움을 줄 수 있다.
- 기업윤리는 환경경영에 기여할 수 있다.
- 기업윤리는 구성원의 행동규범을 제시해줄 수 있다.

영리조직인 기업의 입장에서는 수익성과 공익성, 경쟁과 공존이라는 대칭적 가치를 동시에 추구해야 하기 때문에 윤리적 가치와 규범에 대한 명확한 이해와 접근방법이 요구된다. 왜냐하면 기업이 윤리경영을 실천하는 데는 단기적으로 비용이 증가하고 효율성이 약화될 수 있지만 장기적으로는 기업의 경쟁력을 향상시킨다고 할 수 있다. 따라서 기업은 기업윤리를 확립하기 위하여 윤리교육 실천과 같은 자체적인 노력이 선행되어야 할 뿐만 아니라 기업의 윤리적 행동을 권고하고 감시할 수 있는 외부

이해관계자(정부, 소비자단체, 환경보호단체 등)의 활동, 사회감사[1]의 강화 등과 같은 역할이 필요하다.

(3) 기업윤리강령

기업은 기업윤리를 실천하기 위하여 윤리행동에 따른 기준을 설정하고, 제정하여 실천하고 있다. 윤리강령이란 기업이 구성원들이 지켜야할 윤리규범을 공식적으로 문서화한 것을 말한다. 기업이 윤리강령을 실천하는 절차는 네 가지로 설명할 수 있다(민경호, 2010).

첫째, 기업의 윤리적 가치를 명확하게 정의하고 구체적 행동지침을 설계한다.

둘째, 윤리적 행동에 대한 개인적 책임과 책무를 구체적으로 명시하여 규정한다.

셋째, 구체적 관행을 감독하기 위한 내부통제시스템을 구축한다.

넷째, 올바른 윤리적 행동의 강화와 비윤리적 행동의 처벌을 위한 절차를 마련한다.

아무리 좋은 기업윤리강령을 만든다고 하더라도 이를 적절하게 실천하지 못한다면 의미가 없는 일이 될 것이다. 따라서 장기적인 관점에서 기업의 장래를 내다보며 성실하게 기업윤리를 실천해가는 노력이 필요하겠다.

4) 기업문화

(1) 기업문화의 의의

기업문화(corporate culture)란 조직문화라고도 할 수 있는 것으로 조직 내의 모든 구성원들에 의해 형성되고 있는 공유된 가치관과 사고, 또는 신념의 처계, 작업처리 방법의 공통화된 규범과 질서, 그리고 모든 관습 및 행동양식을 포함한다. 이러한 기업문화는 우연히 발생될 수도 있으나 학습되어져야 하고, 공유되어져야 하고, 전체 구성원에게 전달되어져야 하며 일관성을 유지해야 한다.

---

1) 사회감사(social audit)는 기업의 사회적 책임을 이행하기 위해 벌이는 노력을 평가하는 것으로 경제적 책임, 법적 책임, 도덕적 책임 등을 완수하는지에 관심을 두고 있다. 경제적 책임은 건전한 영업활동을 통해 이익을 창출하는지 또는 그 기업이 부실화될 가능성은 없는지를 살펴보는 것이다.

(2) 기업문화의 중요성

기업문화는 기업 전체의 기본가치와 신념으로서 경영전략과 조직경영에 밀접한 관계가 있다. 또한 조직 구성원들의 규범과 관습에 영향을 주면서 그들의 사고방식과 태도에 그리고 행동양식에도 크나 큰 영향을 주게 된다. 나아가 조직의 환경적응 능력과 목표달성에도 결정적인 영향을 줄 수 있기 때문에 그 중요성이 높다고 하겠다. 따라서 기업이 추구하고 있는 경영전략에 성공적이려면 기업의 외부환경과 기업 내부의 경영자원과 조직구조, 그리고 기업만이 갖고 있는 특유의 기업문화가 서로 일치하지 않으면 안된다.

(3) 기업문화의 구성요소

기업문화의 구성요소로 7가지 요소(7s)가 상호 유기적인 관계를 가지고 기업문화인 공유가치(shared value)를 창조하게 되고, 그 공유가치가 다른 구성요소에 지배적인 영향을 주는 중요한 위치를 차지하게 되는 것이다.[2]

① 공유 가치(Shared Value)

조직 구성원들이 함께 가지는 가치관이다.

② 전략(Strategy)

조직의 장기적인 방향과 기본 성격을 결정하고 다른 기업문화 형성에 영향을 미친다.

③ 조직 구조(Structure)

조직체의 전략 수행을 위한 기본적인 틀로 조직 구조와 직무설계, 권한 관계와 방침 등 구성원의 역할과 그들 간의 상호관계를 지배하는 공식요소들을 포함한다.

④ 조직 시스템(System)

조직 경영의 의사결정과 일상 운영의 틀이 되는 보상제도와 인센티브, 경영정보와 의사결정 시스템, 경영계획과 목표설정 시스템, 결과 측정과 조정·통제 등 경영 각 분야의 관리제도와 절차를 포함한다.

---

2) R.T. pascale & A.G. Athos, *The Art of Japanese Management*, New York, Penguin Books, 1981, pp.203~205. (민경호, 2010 재인용)

⑤ **구성원**(Staff)

조직체의 인력 구성과 구성원들의 능력, 전문성, 신념, 욕구와 동기, 지각과 태도, 그리고 행동 패턴 등을 포함한다.

⑥ **관리 기술**(Skill)

조직체의 각종 물리적 hardware기술과 이를 작동시키는 software기술, 이외의 조직 경영에 활용되는 경영기술과 기법 등을 포함한다.

⑦ **리더십 스타일**(Style)

조직의 구성원을 이끌어 가는 경영 관리자들의 관리스타일로서 이는 구성원들의 동기부여와 상호작용 그리고 조직분위기와 나아가 조직문화에 직접적인 영향을 준다.

2. 기업의 형태

1) 기업형태의 의의

기업형태는 각각 상이한 장·단점을 가지고 있으므로 다음의 사항들을 고려하여 창업에 앞서 기업형태를 결정하여야 한다.

- 창업 당시 또는 향후 필요한 자본액
- 채무부담의 한계
- 기업의 종류(제조업, 판매업 또는 금융업 등)
- 기업의 소유주가 지배권을 원하는 정도
- 이익분배의 방법
- 소유권의 양도성
- 경영활동의 규모와 시장의 크기
- 각종 세금문제

이외에도 인적 자원, 물적 자원, 입지 등의 제반 여건을 고려하여 최적의 기업형태를 결정하여야 한다. 그 이유는 기업형태는 창업과정뿐만 아니라 향후 기업의 생존과 발전에도 중요한 영향을 미치기 때문이다.

2) 기업형태의 유형

기업의 규모·업종, 출자자의 공·사 및 법률상의 규정 등에 따라 기업의 형태를 다음과 같이 분류할 수 있다.

기업의 출자자에 따라 공기업, 사기업, 공·사 공동기업으로 구분할 수 있다. 공기업은 정부나 공공단체에서, 사기업은 민간이, 공·사 공동기업은 정부와 민간이 공동으로 출자한 기업형태이다.

소유와 지배를 중심으로 개인기업, 인적 공동기업 및 자본적 공동기업 등으로 구분할 수 있다.

- 법률상의 규정에 따라 합명회사, 합자회사, 유한회사 또는 주식회사 등으로 구분할 수 있다.
- 기업규모의 크기에 따라 대기업, 중기업 또는 소기업으로 구분할 수 있다. 규모의 크기는 자본금, 매출액 또는 종업원 수 등을 기준으로 한다.
- 기업이 영업하고 있는 업종에 따라 공업, 상업, 광업, 금융업, 통신업 등으로 구분할 수 있다.

이상의 내용을 요약하면 〈표 2-1〉과 같다.

표 2-1_ 기업의 분류

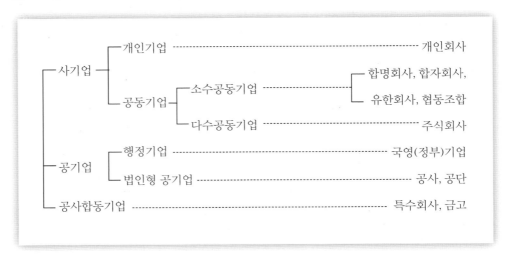

(1) 개인기업

개인기업(sole proprietorship)이란 개인에 의해서 모든 자본이 출자되고, 모든 경영활동이 이루어지며 모든 기업재산이 소유되는 형태의 기업을 말한다. 개인기업은 소유와 경영이 분리되지 않은 기업으로 개인에 대한 책임은 소유주 개인이 무한책임(unlimited liability)으로 지게 된다. 개인기업의 장점은 기업의 설립과 폐쇄가 용이하고, 경영의사결정을 신속히 할 수 있으며, 이윤과 위험이 기업가 개인에게 모두 돌아가 무한책임을 져야 하기 때문에 모든 능력을 발휘하게 되고 영업상의 비밀을 유지할 수 있는 특징이 있다. 그러나 자본조달이나 경영능력에 있어서 한계가 있고, 기업은 기업가의 운명에 좌우되어 영구 존속할 수 없는 단점이 있다.

(2) 합명회사

합명회사(partnership)는 공동기업으로 2인 이상이 출자하여 회사경영에 연대하여 무한책임을 지는 무한책임사원으로 이루어진다. 출자는 금전 이외에도 채권이나 인적신용, 노무 등에 의할 수 있다. 경영상의 의사결정이나 출자지분에 대한 양도는 다른 모든 사원의 동의가 필요하다. 자본의 집중보다는 노동력을 결합 보충하는데 의미가 있으므로 기업운영에 능동적으로 참여하게 되고, 운영책임은 분할하여 담당하게 된다.

합명회사는 경영의사결정을 신속히 하는 경영상의 기동성과 적극성을 가질 수 있으며 설립과 폐쇄가 용이하나 사업주가 경영의 이익과 위험에 대하여 무한책임을 지며 인적결합의 속성에 의해 사업의 영속성이 유지되지 못한다.

(3) 합자회사

합자회사(limited partnership)는 유한책임사원[3]과 무한책임사원으로 구성된 회사이다. 유한책임사원의 출자는 재산에 한정되고 지분을 양도해야할 때에는 무한책임사원의 승낙을 받으면 된다. 무한책임사원은 재산, 노무, 신용 등 출자에 제한이 없으며, 경영에 대해 무한책임을 진다. 무한책임사원의 출자양도는 모든 사원의 동의가 필요하다. 따라서 합자회사는 자본은 없으나 경영능력이 있는 사람과 자본은 있으나 경영능력

---

3) 유한책임사원은 자신의 출자지분에 대해서만 유한책임(limited liability)을 지고 권한 역시 출자분의 이익에 대해서만 주어질 뿐 경영활동에 참여할 감독권이나 경영권은 주어지지 않는다.

이 없는 사람이 결합하여 운영하기에 적합한 기업형태이다.

(4) 유한회사

유한회사(limited company)는 출자액을 한도로 하여 기업채무에 대한 유한책임을 부담하는 출자자로 구성된 회사로 1명 이상 50명 이내의 유한책임사원으로 구성되는 기업형태이다. 유한회사는 출자자를 무한책임에서 벗어나게 하고 비교적 소규모로 운영할 수 있는 특색을 갖는다. 사원 사이에 지분의 양도는 자유로우나 비사원에 대한 사원총회의 동의를 얻어야 하므로 자유롭지 못하며, 회사의 설립절차나 재무제표의 공시가 주식회사처럼 복잡하지 않으며, 출자 사원의 의결권은 출자비율에 따라 주어진다. 유한회사는 번잡한 법적절차를 피하기 위한 주식회사의 축소형으로 자본회사의 형식을 취하면서 인적회사의 성격을 가미하고 있는 형태이다.

(5) 주식회사

주식회사(corporation)는 법인기업으로 자연인과 같이 법에 의해 권리능력이 부여되어 법률적인 권리와 의무의 주체로 인정을 받게 된다. 주식회사는 다수의 공동 출자로 이루어지며 출자자는 모두 유한책임사원이 된다. 주식회사는 합명회사, 합자회사, 유한회사와 같은 인적공동기업의 형태와는 달리 자본의 집중을 보다 용이하게 하는 자본적 공동기업으로서 자본주의 경제가 고도로 발전함에 따라 이에 가장 적합한 기업형태로서 현대사회에 가장 대표적인 기업형태라고 할 수 있다.

① 주식회사의 장·단점

주식회사는 현대 산업사회에 가장 적합한 기업형태로서 여러 가지 장점과 특징을 가지고 있다.

첫째, 소유와 경영이 분리되어 있어 주주들은 배당금이나 시세차익을 목적으로 자본을 출자하고, 경영은 날로 복잡해지고 고도의 기술과 능력이 필요하므로 전문경영자에게 위임하여 전문적인 지식과 경험, 기술을 가지고 경영성과를 크게 올릴 수 있게 된다.

둘째, 유한책임제도로 출자액의 한도 내에서 책임지기 때문에 무한책임보다 위험성이 감소되므로 투자자는 누구나 안심하고 출자할 수 있으므로 거액의 자본을 집중시킬 수 있고, 대규모의 모험사업도 할 수 있다.

셋째, 자본의 증권화로 주식회사의 자본은 모두 주식으로 증권화되어 있으며, 주식을 소유한 주주는 의결권, 배당청구권을 가지게 된다.

넷째, 양도의 자유로 주식은 소액으로 분할되어 있어 언제든지 취득할 수 있고, 현금이 필요할 때에는 언제든지 양도할 수 있어 투자자본의 회수가 용이할 뿐만 아니라 소액 주주들의 대거참가에 의하여 주식의 고도분산이 가능하다.

다섯째, 기업의 확장에는 막대한 자본이 소요되지만, 주식회사는 증자의 방법으로 쉽게 자본을 증자할 수 있어 기업의 확장이 용이하다.

반면, 주식회사의 단점으로는 일반적으로 규모가 크기 때문에 창업에 따른 비용이 많이 들고, 정부의 규제나 세제 등 여러 가지 면에서 규제를 받게 되며, 개인적 관심의 결여, 기밀유지의 곤란성 등을 지적할 수 있다.

② 주식회사의 기관

주식회사가 성립되려면 주주총회, 이사회, 감사라는 필수적 상설기관이 있어야 한다.

첫째, 주주총회는 회사의 중요한 안건을 처리하는 최고의 의사결정기관이다. 1주 1의결권을 갖는 주주총회에서는 다음과 같은 중요한 사항을 결정한다.

- 회사의 기구와 영업에 관한 사항: 정관의 변경, 자본의 증감, 영업의 양도 및 양수, 합병 등
- 인사에 관한 사항: 이사와 감사의 선임과 해임, 청산인의 선임 및 검사인의 선임 등
- 주주의 이익에 관한 사항: 배당, 신주의 인수, 결산의 승인 등

주주총회는 매 결산기에 정기적으로 소집되는 정기총회, 필요에 따라 수시로 소집되는 임시총회가 있다.

둘째, 이사회는 주주총회로부터 경영에 관한 일체의 권한을 위임 받은 상설기관이다. 이사회의 구성원인 이사는 주주총회에서 선임하게 되고(상법 382조), 임기는 3년을 초과하지 못하도록 되어 있다(상법 383조). 이사회에서는 주주총회의 의결권이 있는 사항을 제외하고 지배인의 선임과 해임, 주주총회의 소집, 대표이사의 선임과 공동대표의 결정, 사채의 모집 등 업무집행에 관한 모든 의사결정을 하는 기관이다. 이러한 이사는 대주주나 발기인이 되는 경우가 많으나, 대기업에서는 전문경영자를 임명한다. 그리고 이사 중에서 대외적으로 이사회를 대표하고, 대내적으로 이사회의 결의를 주도할 대표이사가 선임된다. 또한 이사회에 대주주의 전횡을 방지하려는 목적으로 대

주주와 관련이 없는 사람들을 참가시키도록 하는 사외이사제도(outside director)가 도입 시행되고 있다. 사외이사는 회사의 업무를 집행하는 경영진과도 직접적인 관계가 없기 때문에 객관적인 입장에서 기업 경영 전반에 걸쳐 폭넓은 조언과 전문 지식을 구하기 위해 선임되는 비상근이사이다.

셋째, 감사는 주주총회에서 선임되며, 회계감사와 업무감사를 주임무로 하며, 대주주의 횡포를 막고 일반주주의 권익을 보호하기 위한 목적으로 설치되는 법적 필수기관이다. 감사는 수적으로 제한이 없으며, 임기는 3년으로 되어 있다.

(6) 협동조합

협동조합은 경제적 약자로서의 생산자, 소비자 또는 소상공인과 민간인들이 경제적 약점을 해소하기 위하여 상부상조하는 협업체이다. 협동조합은 협동을 통한 상호이익을 추구하고 조합 운영은 조합원을 중심으로 1인 1표 주의를 가지고 있다. 일반적으로 생산자협동조합, 소비자협동조합, 신용협동조합 등이 있다.

(7) 공기업

공기업(public enterprise)은 국가 혹은 지방자치단체가 공익을 목적으로 출자하고 소유하며, 경영상의 책임을 지는 기업이다. 그러므로 공기업의 목적은 국가나 지방자치단체의 경제정책 목적, 국민생활의 안정과 복지증진 등 사회정책 목적, 국가의 재정수입을 증가시키는 재정정책 목적, 일반대중의 공공이익을 증진시키는 공공정책상 목적 등으로 설립 운영되는 기업이다.

공기업의 장점은 국가예산, 국공채의 발행, 정부의 장기저리융자 등 자본조달이 용이하고, 규모의 경제이익 추구, 공공성으로 인한 제한된 원자재의 우선구매가 가능한 장점이 있다.

반면 공기업은 업무수행의 창의성과 적극성이 부족하고, 각종 법령과 규제 때문에 경영관리가 형식적이고 복잡하며, 감독기관으로부터 주기적인 감사를 받기 때문에 자율재량권과 경영의 기동성이 떨어진다는 단점을 지적할 수 있다.

공기업의 결점을 보완하기 위하여 재량권을 많이 주고, 창의성을 개발하도록 하여 능률과 생산성을 높이는 방안으로 민영화한다든가, 아니면 독립채산제도[4]를 채택하는 경우가 많아지고 있다.

(8) 사회적기업

사회적기업(social enterprise)은 비영리조직과 영리기업의 중간 형태로, 사회적 목적을 추구하면서 영업활동을 수행하는 기업을 말한다. 즉, 사회적기업은 취약계층에게 사회서비스 또는 일자리를 제공하여 지역주민의 삶의 질을 높이는 등의 사회적 목적을 추구하면서 재화 및 서비스의 생산·판매 등 영업활동을 수행하는 기업이다. 영리기업이 이윤 추구를 목적으로 하는데 반해, 사회적기업은 사회서비스의 제공 및 취약계층의 일자리 창출을 목적으로 하는 점에서 영리기업과 큰 차이가 있다. 주요 특징으로는 취약계층에 일자리 및 사회서비스 제공 등의 사회적 목적 추구, 영업활동 수행 및 수익의 사회적 목적 재투자, 민주적인 의사결정구조 구비 등을 들 수 있다.

사회적기업이 되기 위해서는 조직형태, 조직의 목적, 의사결정구조 등이 사회적기업육성법이 정한 인증요건에 부합해야하며, 사회적기업육성위원회의 심의를 거쳐야 한다. 인증된 사회적기업에 대해서는 인건비 및 사업주부담 4대 사회보험료 지원, 법인세·소득세 50% 감면 등 세제지원, 시설비 등 융자지원, 전문 컨설팅 기관을 통한 경영, 세무, 노무 등 경영지원의 혜택이 제공된다.

(9) 벤처기업

① 벤처기업의 의의

벤처기업(venture business)은 새로운 첨단기술을 이용한 분야나 대기업이 직접 하기 어려운 분야에 진출한 위험이 높은 모험기업을 말한다. 벤처기업의 창업은 다른 일반적인 창업에 비해 위험이 매우 높은 편이지만, 반면에 그에 대한 보상으로 이익도 높다는 특성이 있다.

---

4) 독립채산제도(business accountability)란 특정의 기업 또는 활동단위마다 업무집행상의 책임을 명확히 하기 위하여 경영활동의 성과를 계산하도록 하여 독립성과 자주성을 보장하는 합리적 관리체제를 말한다.

그 이유는 벤처기업은 주로 신기술을 적용하므로 상용화의 가능성이나 상용화된 제품의 인지도가 낮아 위험이 큰 반면, 이러한 제품이 일반화만 되면 엄청난 이익을 창출하기 때문이다.

따라서 벤처기업의 창업과 성공을 위해서는 첨단기술과 함께 벤처기업가의 강인한 모험정신도 필요하다. 벤처기업은 처음에 정보통신, 멀티미디어, 반도체, 생명공학과 같은 첨단기술을 응용한 산업분야에 국한 되었으나, 점차 유통, 서비스 등 다양한 산업분야로 확산되고 있다.

② 벤처기업의 유형

- 분사(spin-off): 가장 전형적인 형태로써 개별 기업가가 독립적으로 벤처기업을 창업하여 운영하는 것이다. 기업가는 대학, 연구소, 기업 등에서 근무하다가 그들이 가지고 있는 기술을 상업화하기 위해 자신의 사업을 시작하는 경우가 많다.
- 합작벤처(joint venture): 중소규모의 벤처기업들은 고도의 기술을 제공하고 대기업은 자본과 판매망 또는 기술개발 결과의 활용과 적용에 역점을 두어 운영하는 경우이다.
- 벤처합병(venture merger): 대기업이 전략적 필요에 의해 벤처기업을 흡수합병하여 자회사나 사업부로 운영하는 경우이다.
- 사내벤처(internal venture): 대기업이 회사 내부에 모험자본을 마련해 놓고 기업 내부의 종업원들에게 사업 아이디어를 제안하게 하여 벤처기업을 스스로 창업하거나 참여하도록 하는 방식이다. 최근 대기업들이 적극적으로 추진하고 있는 전략으로서 기업내에서 기업가 정신을 고취시킬 수 있는 장점이 있다.

③ 벤처캐피탈과 엔젤투자

벤처캐피탈(venture capital)은 고도의 기술력과 장래성은 있으나 경영기반이 약해 일반 금융기관으로부터 융자받기 어려운 벤처기업에 무담보 주식투자 형태로 투자하는 기업이나 그러한 기업의 자본을 말한다. 다른 금융기관의 소극적 태도와는 달리 벤처기업의 장래성과 수익성에 주목하여 이에 투 융자하는 것으로, 장차 중소기업의 지식집약화의 첨병인 벤처기업이 주식을 상장할 경우 자본이익을 얻어내는 것이 목적이다.

반면, 엔젤투자(angle investment)는 개인들이 돈을 모아 창업하는 벤처기업에 필요한 자금을 대고 주식으로 그 대가를 받는 투자형태를 말한다. 통상 여럿의 돈을 모아 투자하는 투자 클럽의 형태를 띠며, 투자한 기업이 성공적으로 성장하여 기업가치가 올라

가면 수십배 이상의 이득을 얻을 수 있는 반면 실패할 경우에는 투자액의 대부분이 손실로 확정된다.

3. 기업의 집중(결합)

1) 기업집중의 의의

(1) 기업집중의 의의

기업의 규모가 크면 클수록 경제활동이 유리하기 때문에 기업이 규모를 확대하기 위해서는 여러 가지 기업집중내지 기업결합을 통하여 규모의 경제(economy of scale)의 이점을 추구하게 된다. 기업집중(business concentration) 또는 기업결합(business combination)이란 안정적으로 시장을 지배하고, 생산공정이나 유통의 합리화, 연관기업을 지배하기 위하여 보다 큰 기업으로 결합하거나, 자본관계에 의하여 기업들 간에 결합되는 것을 말한다. 즉 기업들이 규모의 경제 이점을 추구하여 독점 내지 과점하기 위하여 결합하는 것이다.

(2) 기업집중의 유형

기업결합은 수평적 결합, 수직적 결합, 다각적 결합 등의 유형으로 이루어진다.

첫째, 수평적 결합(horizontal combination)은 기업들 간의 경쟁을 방지하거나 배제하여 시장을 지배할 목적으로 동종 또는 유사한 업종의 기업 간에 결합되는 형태이며, 시장점유율의 증대, 마케팅비용 절감, 시장지배력 강화를 지향하며, 카르텔 또는 트러스트가 이에 해당한 다.

둘째, 수직적 결합(vertical combination)은 원료-생산-판매과정을 결합함으로써 비용절감, 생산성 향상, 시너지효과를 지향하며, 트러스트, 산업형 콘체른이나 콤비나트 같은 것이 해당된 다. 이는 전방적 결합과 후방적 결합으로 구분할 수 있는데, 예컨대 자동차 생산회사가 부품 업체와 결합하면 후방적 결합이며, 자동차 판매회사와 결합하면 전방적 결합이 된다.

셋째, 다각적 결합(diversified combination)은 서로 다른 업종에 종사하는 기업 간의 결합을 의미한다. 금융기업 또는 재벌 등이 타 기업에 출자나 대부관계를 통하여 자본적으로 기업을 지배할 목적으로 이루어지기 때문에 자본적 결합이라고도 하며, 금융적 콘체른이 해당한다.

2) 기업집중의 기본적 형태

(1) 카르텔

카르텔(cartel)은 동업종 또는 유사한 업종의 기업이 법률적 경제적으로 독립성을 유지하면서 경쟁의 제한 또는 완화를 목적으로 서로의 기업활동을 제한하는 협정을 맺음으로써 이루어지는 수평적 기업결합의 형태이다. 카르텔에는 가격, 조건, 수량, 지역, 공동판매 등의 판매카르텔과 구매카르텔, 생산카르텔 등이 있다.

(2) 트러스트

트러스트(trust)는 시장독점과 경영합리화를 목적으로 법률적 자본적으로 독립성을 버리고 새로운 기업으로 설립되는 기업결합을 말한다. 일반적으로 자본결합을 통해 이루어지며 카르텔보다 강력한 기업결합이다.

트러스트의 결합장식에는 흡수합병(merger)과 신설합병(consolidation) 등이 있다. 트러스트는 시장경쟁력과 지배력을 강화시키며 기업결합을 확실히 한다는 장점을 갖지만, 조직문화의 이질감, 구성원간의 정서적 갈등 등이 문제로 인식되고 있다.

(3) 콘체른

콘체른(concern)은 법률적으로는 독립성을 유지하면서 실질적으로는 자본의 지배관계에 의해서 하나의 기업으로 결합되는 기업결합형태를 말한다. 자본의 지배관계는 모회사가 자회사의 자본에 참가함으로써 형성이 되며, 기업 간의 지배관계는 여러 층의 피라미드형 구조를 갖게 된다. 콘체른은 여러 산업에 속하는 많은 기업을 지배할 목적으로 형성되며, 수평적 콘체른(판매 콘체른), 수직적 콘체른(생산 콘체른), 금융적 콘체른(자본적 콘체른) 등이 있다. 〈그림 2-1〉

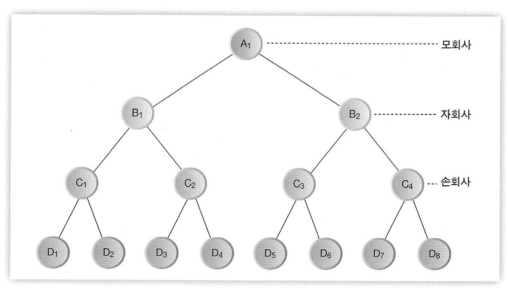

※ |그림 2-1| 콘체른

3) 기업집중의 특수한 형태

(1) 지주회사

지주회사(holding company)는 산하에 있는 종속회사, 즉 자(子)회사의 주식을 전부 또는 지배가능 한도까지 매수하고 이를 자사의 주식으로 대위시켜 기업활동에 의하지 않고 지배하는 회사이다. 쉽게 말해 자회사를 관리하는 회사다. 현행 '독점규제 및 공정거래에 관한 법률'에 의하면 지주회사는 '자산총액 1000억 원 이상, 자산총액 중 자회사 주식가액 합계의 비율이 50% 이상'되어야 한다.

지주회사에는 '순수지주회사'와 '사업지주회사'의 두 가지 유형이 있다. '순수지주회사(pure holding company)'는 타기업(자회사)의 주식을 보유함으로써 그 기업을 지배, 관리하는 것을 유일한 업무로 하는 지주회사이며, 경영권만 확보할 뿐 독립적인 사업을 할 수 없다. 반면 '사업지주회사(operating holding company)'는 직접 어떤 사업을 하면서 타기업(자회사)의 주식을 보유함으로써 지배, 관리하는 지주회사로 '혼합지주회사'라고도 하며, 독자적으로 영업을 할 수 있다.

지주회사제도의 장점으로는 구조조정이 용이하고 리스크를 회피할 수 있으며, 자금조달 비용을 절약할 수 있고 연결결산이 가능하다는 점 등이 있다. 반면, 단점으로는 주주인 주주회사와 사업회사의 경영자가 서로 달라 갈등과 대리인 문제들이 발생될 수 있다.

(2) 콤비나트

콤비나트(combinat)는 각 기업이 독립성을 유지하면서 일정한 지역에서 기초 원료에서 제품에 이르기까지 생산단계가 다른 각종 생산부문이 기술적으로 결부되어 집약적인 계열을 형성한 것을 말한다. 콤비나트화의 목적은 관련성이 큰 산업끼리 계열화된 기업집단의 형성으로 원재료 확보·제품 생산의 집중화·유통과정의 합리화 등이 가능하기 때문에 생산자원을 다각적이고 효과적으로 이용할 수 있으며, 운송원가 절감, 중간이익을 배제하기 위한 기업집단이다. 우리나라는 울산 및 여천공단에 석유화학 콤비나트가 형성되어 있다.

(3) 콘글로머리트

컨글로머리트(conglomerate)는 생산·기술적으로 관련이 없는 기업들이 결합하는 것을 말한다. 즉, 복합기업으로 다른 업종의 기업을 매수 합병해 경영을 다각화하는 기업형태를 말한다. 제품확장형·시장확장형·순수형 컨글로머리트 등으로 구분할 수 있다.

4. 기업의 인수·합병

1) M&A의 의의

M&A(merger and acquisition)는 두 개 이상의 기업이 하나로 합쳐서 단일 회사가 되는 방법으로서 기업합병·기업인수·자산취득 및 주식인수 등을 의미한다.

기업의 성장을 크게 나누어 보면, 내적 성장과 외적 성장으로 구분해 볼 수 있는데, 내적 성장(internal growth)은 기업의 규모나 경영활동의 범위를 확대해 가는 것을 의미하며, 외적 성장(external growth)은 외부 기업과 합쳐서 확대해 가는 방법으로 M&A가 이에 해당한다.

2) M&A의 목적

M&A는 기업의 외부성장으로 규모의 경제효과, 경영효율화, 시너지효과 등을 위하여 이루어지게 된다. M&A의 목적을 살펴보면 다음과 같다(민경호, 2010).

(1) 규모와 범위의 경제성 추구

규모의 경제효과로 경영활동을 강화하고 피합병기업의 시설, 기술, 인력, 시장 등을 활용함으로써 경쟁력을 강화할 목적으로 이루어지는 것이다. 예를 들면, 국민은행과 주택은행의 M&A나, 현대자동차가 기아자동차를 인수함으로써 생산능력과 판매량을 급증할 수 있었던 예를 들 수 있다.

(2) 생산요소의 안정적 공급

기업이 생산활동에 필요한 재료나 원료 또는 기계나 기술을 안정적으로 공급받기 위한 목적이다. 예를 들면, 한국제지가 동해펄프 주식을 공개매수하여 경영권확보로 펄프를 안정적으로 공급받을 수 있었다.

(3) 신기술의 도입 또는 개발

기술개발은 단기간에 이루어지기 어렵기 때문에, 기술을 보유하고 있는 기업을 인수함으로써 기술도입 또는 기술개발의 박차를 가하기 위한 목적이다. 예를 들면 영창악기가 미국 퀴즈와일사를 인수한 경우가 있다.

(4) 무역장벽 회피와 해외유통망 확대

무역장벽이나 지역경제의 블록화로 인하여 수출의 장애요인으로 작용하는 경우, 그 지역의 기업을 인수함으로써 무역장벽을 극복하려는 목적이다.

(5) 저렴한 노동력 확보

국내기업이 인건비상승에 따른 채산성의 악화를 극복하기 위하여 인건비가 저렴한 국가로 진출하는 경우이다.

(6) 사업다각화

기업이 국내수요만 가지고는 기업의 경쟁력 강화가 어렵기 때문에 국제적으로 다각화하려는 목적이다.

3) M&A의 종류

M&A에 있어서 상대방 간에 거래의사의 내용에 따라 우호적(friendly or agree) M&A와 적대적(hostile or defended) M&A로 구분할 수 있다. M&A 관련 주체가 상호 합의와 정해진 절차에 따라 기업 인수 혹은 합병을 추진하는 경우를 우호적 M&A라 한다면, 어느 한 편이 상대 기업의 의사에 반하여 강제적으로 경영권을 탈취하고자 하는 경우를 적대적 M&A라고 한다.

우호적 M&A는 협상을 통해 진행되므로 그 진행 과정이 공개되는 반면, 적대적 M&A에서는 매수자가 대상기업의 경영권을 완전히 장악한 뒤에야 전면에 등장하기 때문에 적대적 M&A 여부는 사후적으로 혹은 M&A가 시도되면서 표면화된다. 우호적 M&A의 경우는 통상 성공확률이 높고, 그 부작용도 일반적으로 크지 않지만, 적대적 M&A 경우 경영권을 탈취하려는 측과 이를 방어하려는 측 사이에 필사적인 전쟁을 벌이게 되며 부정적인 결과나 부작용도 나타날 수 있다.[5]

4) M&A의 장·단점

M&A의 장·단점에 대하여 다음과 같이 〈표 2-3〉와 같이 요약할 수 있다.

표 2-3_ M&A의 장·단점

장점	단점
1. 시장에의 조기진입 가능	1. 취득자산 가치 저하 우려(저평가)
2. 기존 업체와 마찰 회피	2. 경영자나 종업원의 영향(인간관계)
3. 투자비용의 절약	3. 장기적 관점에서 경쟁력 약화 우려
4. 위험회피 가능(인수기업의 기술·시장 이용)	4. 자금유출로 인한 재무악화 우려

---

5) 어느 기업이 적대적 M&A의 대상이 되었을 때 이에 대한 방어전략 중의 하나로 적대적인 상대의 인수합병을 막기 위해 이를 대신할 우호적인 제3자에게 매수 결정에 필요한 정보 등 편의를 제공해주고 매수오퍼를 하게 하는데, 이처럼 기업 방어를 위한 제3의 매수자를 백기사(white knight)라고 한다.

단원핵심문제

01 다음 중 기업의 사회적 책임에 대한 설명으로 가장 옳지 않은 것은?

① 기업의 사회적 책임은 청렴, 공정, 존중 등의 기본원칙을 충실히 이행하려는 책임감에서 비롯된다.

② 기업의 사회적 책임은 기업의 소유주뿐만 아니라 기업의 모든 이해관계당사자들의 복리와 행복에 대한 기업의 관심과 배려에 바탕을 두고 있다.

③ 기업은 내부 거래자로 알려진 투자자들에게 기업의 비공개 내부정보를 제공할 사회적 책임이 있다.

④ 기업은 종업원의 급여, 승진, 인사평가 등을 공정하게 할 사회적 책임이 있다.

02 다음 공동 기업에 대한 설명으로 적합하지 않은 것은?

① 합명회사는 2인 이상의 무한책임사원이 공동 출자한 회사이며 각 사원은 회사의 채무에 대해 연대 무한책임을 진다

② 합명회사의 사원은 무한책임을 가지기에 회사경영에 직접 참여할 수 있어 사원전원이 곧 경영자인 셈이다

③ 합자회사는 무한 책임사원과 유한책임사원으로 구성된 이원적 조직의 기업형태로 자본의 양도 경우 원칙적으로 무한책임사원 전원의 동의가 필요하다

④ 유한회사는 유한책임사원으로 구성된 소수 공동기업이며 인적회사이기보다는 물적회사에 가까운 기업형태로 출자자를 공모를 통해 모집 가능하며 자본의 양도가 자유롭다.

03 다음은 기업윤리에 대한 설명이다. 이 중 가장 거리가 먼 것은 무엇인가?

① 기업윤리의 초점은 기업의 운영환경 내에서 발생하는 올바르거나 잘못된 행동과 관련된다.

② 기업의 윤리적인 의사결정을 위해 가장 우선적으로 고려해야 하는 부분은 주주의 최대수익이다.

③ 기업의 의사결정이 미치는 영향은 간혹 소비자의 이상적인 생각과 마찰을 일으킬 수 있기에 의사결정에 신중을 기할 필요가 있다.

④ 미국의 존슨 앤 존슨사의 경영윤리에 대한 신조(creed)는 기업을 경영하는 데 있어 시사하는 바가 크다.

04 다음 중 중소기업의 특징에 대한 설명으로 옳은 것은?

① 중소기업은 경기침체기에 가장 먼저 위상이 흔들리는 반면에 경기성장기 에는 회복력이 빠르다.

② 대개는 대기업의 협력업체로서 대등한 관계를 유지하면서 평등한 거래관 계를 유지한다.

③ 관료제 조직형태로 부서이동 등 유연한 관리가 수월하다.

④ 소유경영자의 신용도가 높아 대 금융기관 관계가 돈독하여 자금력이 상대 적으로 좋다.

05 다음 중 주식회사의 단점에 대한 설명으로 옳지 않은 것은?

① 인적공동기업에 비해 주식회사는 일반적으로 규모가 크기 때문에 창업에 따르는 비용이 많이 소요될 수 있다.

② 주식회사는 다수공동기업의 형태이기 때문에 의사결정이나 경영활동 자 체가 단독으로 이루어지는 것이 아니라 다수의 결정에 의하여 이루어짐으 로써 개인적인 관심도가 적어지기 마련이다.

③ 대주주의 수명에 따라 기업의 운명도 좌우되기 쉽다.

④ 주식회사는 다수에 의하여 출자되고 경영되기 때문에 기업경영에 따르는 의 사결정이 단독결정이 아니고 공동 결정되므로 기밀유지에 한계성이 있다.

06 다음 중 주식회사에 대한 설명으로 가장 바람직하지 않은 것은?

① 주식회사는 주주가 출자한 자본을 바탕으로 설립되기 때문에 인적결합보다는 물적 결합의 성격이 더 강하다.

② 주식회사는 상법에 따라 법인의 지위를 가지며 자연인처럼 그의 이름으로 재산을 소유하고 법적인 소송이나 계약을 체결할 수 있으며 법인으로 상속을 받을 권리가 있다.

③ 주식회사는 소유와 경영의 분리현상에 따라 주주와 전문 경영자간의 대리인 문제가 발생되며 이를 예방하기 위한 다양한 제도적 장치가 도입되고 있다.

④ 주식회사의 설립은 법으로 규정하며 정관의 작성, 자본의 확정과 이행, 임원의 선임, 설립등기 등의 적법한 절차를 거쳐야 한다.

07 다음의 괄호에 들어갈 가장 적당한 용어로 구성된 것은 무엇인가?

> 50인 이하의 유한책임사원으로 구성된 (   ) 사원은 의결권 등에서는 주식회사와 유사하지만, 사원수의 제약으로 주식회사 보다 자본규모가 작고 출자지분의 양도도 (   )의 승인을 받는 등 제약을 받는다. 소수의 사원과 소액의 자본으로 운영되는 (   )에 적당한 기업형태이다.

① 합자회사 - 사원총회 - 중소기업　　② 합자회사 - 이사회 - 중소기업

③ 유한회사 - 사원총회 - 중소기업　　④ 유한회사 - 이사회 - 중소기업

08 출자와 경영의 특징에 따라 기업형태를 구분할 때 이를 설명한 내용으로 다음 중 가장 적절한 것은?

① 합자회사는 2인 이상의 출자자가 회사의 채무에 연대무한 책임을 지는 기업형태이다.

② 주식회사의 최고의사결정기관은 이사회이다.

③ 협동조합은 '영리주의'가 아닌 '이용주의'원칙에 따른다.

④ 유한회사는 유한책임사원만으로 구성되므로 투명성 확보를 위한 재무제표에 대한 결산공고 등의 기업공개 의무가 있다.

09 다음에서 설명하는 '이것'에 해당하는 주식회사의 기관으로 가장 적절한 것은?

> • 이사나 감사를 선임하거나 타 회사와의 합병, 정관의 개정을 위해서는 반드시 '이것'의 승인을 얻어야 한다.
> • 3%이상의 지분을 가진 주주는 '이것'의 소집을 청구할 수 있다.
> • 정관의 변경은 '이것'의 결의에 의해야 한다.

① 이사회   ② 주주총회   ③ 감사위원회   ④ 사외이사

10 다음 중 주식회사에 대한 설명으로 가장 적절하지 않은 것은?

① 주식의 증권화제도를 택하고 있다.
② 주식회사는 어디까지나 회사의 일종이기 때문에 사단법인이며 영리를 목적으로 한다.
③ 이사회는 회사의 업무집행에 대해 주주가 의사표시를 하는 최고의사결정기관이다.
④ 주주는 회사의 자본위험에 대한 유한책임을 진다.

11 중소기업의 특징에 대한 설명으로 가장 적절한 것은?

① 우수한 인력과 자금의 확보가 용이하다.
② 넓은 시장을 대상으로 전국적인 인지도를 얻기가 쉽다.
③ 대량 생산을 통해 규모의 경제를 얻는다.
④ 고용에서 차지하는 비중이 높아 고용증대에 효과가 크다.

12 다음은 대기업과 비교해보았을 때 중소기업의 특징을 설명한 내용이다. 가장 거리가 먼 것은 무엇인가?

① 경영관리기법이 매우 다양하다.
② 주로 소유자가 경영을 담당한다.
③ 시장범위의 한계성을 가지며, 전문경영자가 부족하다.
④ 비교적 조직구조가 단순하며, 대기업의 종속성이 높을 수도 있다.

13 다음 중 사회적 기업에 대한 설명으로 가장 옳지 않은 것은?

① 사회적 기업이란 사회적 목적을 추구하고 이를 위해 수익창출 등 영업활동을 하는 조직을 말한다.

② 폐타이어 등 재활용품을 활용해 만든 악기로 소외계층을 위한 공연을 하는 '노리단'은 사회적 기업의 예이다.

③ 사회적 기업은 정부로부터 경영컨설팅 지원, 전문인력 인건비 지원, 교육 지원 등을 받을 수 있다.

④ 국내에서는 조직형태, 조직목적, 의사결정구조 등이 사회적 기업육성법이 정한 인증요건에 부합하면 심의절차 없이 사회적 기업으로 인정받을 수 있다.

14 다음의 벤처기업의 설명 중 가장 거리가 먼 것은 무엇인가?

① 하이테크기업, 모험기업, 연구개발형 중소기업 등으로 다양한 이름으로 불린다.

② 새로운 연구 성과를 기업화하는데 위험이 낮다.

③ 경영조직이 관료적이 아니고 비교적 역동적이다.

④ 창업자의 지적인 능력이 높으며, 이 중 대기업 및 연구소의 전문능력 및 고도의 기술을 가진 기업가들이 많다.

15 다음 중 기업집중의 형태에 대한 설명으로 가장 잘못된 것은?

① 카르텔(cartel) : 다수의 동종 산업 또는 유사 산업에 속하는 기업들이 독점적 지배를 목적으로 협정을 맺는 기업결합 형태이다.

② 트러스트(trust) : 각 가맹기업이 법률적으로나 경제적으로 독립성을 유지한 채 자본적으로 결합하는 기업형태이다.

③ 콘체른(concern) : 수 개의 기업이 독립성을 유지 하면서 주식의 소유나 자금의 대부와 같은 금융적 방법에 의해 이루어지는 기업결합 형태이다.

④ 콤비나트(combinat) : 상호보완적인 여러 생산부문이 생산기술적인 관점에서 결합하여 하나의 생산 집합체 구성하는 결합 형태이다.

16 다음 중 벤처기업과 관련된 유형에 대한 설명으로 가장 바람직하지 않은 것은?

① 합작벤처의 경우 중소규모의 벤처기업들은 고도의 기술을 제공하고 대기업은 자본과 판매망 또는 기술개발 결과의 활용과 적용에 역점을 두는 경우이다.

② 벤처합병의 경우 대기업이 전략적 필요에 의해 벤처기업을 합병하여 자회사나 사업부로 운영하는 것을 말한다.

③ 사내벤처의 경우 대기업이 회사 내부에 모험자본을 마련해 놓고 기업내부의 종업원들에게 사업아이디어를 제안하게 하여 벤처기업을 스스로 운영하거나 참여하도록 하는 방식이다.

④ 벤처캐피털의 경우 벤처기업을 창업하는 회사의 기술과 사업전망에 기대를 걸고 투자하는 자금으로 벤처캐피털은 자본참여를 비롯하여 효율적인 관리를 위해 반드시 경영에 적극적으로 참여함을 원칙으로 한다.

17 다음 중 기업인수 · 합병(M&A : Merger & Acquisition)의 유형에 대한 설명으로 가장 바람직하지 않은 것은?

① 수평적합병은 같은 산업에서 생산활동단계가 비슷한 기업간에 이루어지는 경우를 말하며 시장점유율을 높이거나 판매력 강화 또는 생산 및 판매를 일원화하기위해 이루어지는 것이다.

② 수직적합병은 한 기업의 생산과정이나 판매경로상에서 이전 또는 이후의 단계에 있는 기업을 인수하는 것으로 주로 일관된 생산체제 또는 종합화 등을 목적으로 할 때 나타난다.

③ 전략적M&A는 기업의 영속적인 발전과 성장을 위해 기업의 영업적인 측면의 경쟁력확보를 통해 기업가치를 증대시키고자 할 때 나타난다.

④ 우호적합병은 대상기업의 이사진이 인수제의를 거부하고 방어행위에 돌입하는 경우 인수기업은 사전에 수립된 인수전략에 따라 인수작업에 착수한다.

18 다음은 기업집중에 대한 설명으로, 괄호에 적합한 용어를 순서대로 열거하면 무엇인가?

> (   )은/는 다수의 동종 또는 유사제품을 생산하는 기업들이 경쟁을 방지하고 이익을 확보하기 위해 시장이 독점적 지배를 목적으로 협정을 맺는 기업의 결합형태이다.
> (   )은/는 시장독점을 목적으로 둘 이상의 기업이 경제적으로 독립성을 완전히 상실하고 새로운 기업으로 합동하는 기업집중 형태이다.

① 트러스트 - 카르텔   ② 카르텔 - 트러스트
③ 콘체른 - 트러스트   ④ 트러스트 - 콘체른

19 다음 중 기업의 인수 및 합병(M&A)에 대한 설명으로 가장 적절하지 않은 것은?

① 기업의 M&A는 자산가치가 높은 기업을 인수한 후 매각을 통한 차익획득을 위한 목적으로 진행되기도 한다.
② M&A 시장의 활성화를 통해 전문 경영인의 대리인 문제를 완화시키는 역할을 할 수 있다.
③ M&A를 통해 전략적으로 중요하지 않은 사업부문을 처분하여 내적 건실화 전략을 추구할 수 있다.
④ 우호적 M&A에서는 피매수대상기업의 의사와 관계없이 인수합병이 진행될 때 매수기업의 저항이 나타난다.

20 기업 인수합병에 관한 다음 설명 중 가장 적절하지 않은 것은?

① 인수는 한 기업이 다른 기업의 경영권을 매입하는 것을 의미하고, 합병은 두 개 이상의 기업이 합쳐 하나의 기업이 되는 것을 말한다.
② 동종업계에서 원료공급업체나 유통판매회사와 합하여 공급사슬로 엮어 놓으면 수평합병이다.
③ 기업인수는 기존 기업이 보유한 유리한 조건을 그대로 향유할 수 있다는 이점이 있다.
④ 우리사주조합의 지분율을 높여 좀 더 많은 의사결정권을 확보하는 경우, 인수합병을 방어하기 위한 수단이 된다.

21 다음의 설명 중 가장 적절하지 못한 것은?

① 합병은 기존의 독립적인 2개 이상의 개별기업이 결합하여 하나의 회사가
되는 것이다.

② 매수는 한 기업이 다른 회사의 자산을 매입함과 동시에 그 회사의 부채도
함께 승계한다.

③ 합병은 결합형태에 따라 수평합병, 수직합병, 복합합병의 형태로 나뉠 수
있다.

④ 수직합병은 동일한 영업과 동일한 시장에 속해있는 회사 간의 합병을 의
미한다.

경영환경

1. 경영환경의 기초

경영환경(혹은 기업환경, business environment)은 기업의 내부와 외부에 존재하면서 직접적 또는 간접적으로 기업의 생존과 성장에 영향을 미치는 모든 요인의 집합체를 말한다. 모든 기업은 내부환경과 외부환경이라는 두 개의 주요한 환경과 상호작용을 통하여 존속 및 성장하게 된다.

전통적으로는 기업의 경영문제를 환경과는 상관없이 기업 내부의 문제로만 다루 었었다. 즉, 환경은 주어진 것 또는 안정적인 것이기 때문에 기업 내부의 생산 마케 팅·인사·재무 등의 분야에서 경영합리화만 추구하면 성공이 보장된다는 주장이었 다. 이러한 상황하에서는 기업을 환경과의 상호작용이 전혀 없다고 보는 폐쇄시스템 (closed system)으로 가정하기 때문에 환경의 중요성은 완전히 무시되었다.

그러나 기업은 생명체와 마찬가지로 자신이 속해있는 환경과는 분리해서 존재할 수 없으며, 환경을 무시하고 단독으로 경영활동을 수행할 수 없는 존재이다. 예를 들 면, 기업의 목표인 이윤을 추구하기 위하여 외부에서 원재료를 구매하여 생산활동을 수행하고, 그 결과물인 재화나 서비스를 기업의 외부에 판매하는 활동을 하게 되는 것이다. 즉, 기업은 자신을 둘러싸고 있는 내·외부 환경과의 상호작용을 통하여 생 존 및 성장을 추구해 나가는 개방시스템(open system)인 것이다.

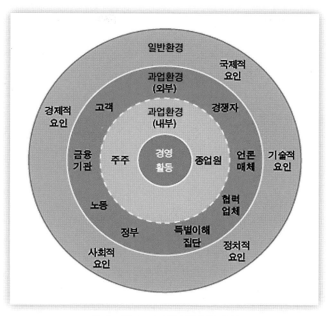

☀ |그림 3-1| 경영환경의 구성

　특히 오늘날과 같이 기업을 둘러싸고 있는 경영환경의 특징은 과거보다 더욱 복잡해지고 변화의 속도가 빠르게 변했을 뿐만 아니라 기업 간의 경쟁이 더욱 심화되어 가는 때문에 경영환경에 대한 불확실성은 더욱 높아지고 있다. 따라서 기업의 경영자들은 환경의 동향을 끊임없이 관찰하고 중요한 환경요인들에 대한 자료를 수집하고 분석하여 능동적으로 적합한 변화를 통하여 경영환경의 변화에 적응해 나아가야 하는 현실에 놓여 있다. 이와 같이 기업을 둘러싸고 새로운 사업기회를 제공하거나 경영활동을 제약하는 경영환경은 〈그림 3-1〉과 같이 경영활동에 직접적으로 영향을 미치는 과업환경과 간접적으로 영향을 미치게 되는 일반환경으로 구분할 수 있다.

2. 경영의 과업환경

　과업환경(task environment)은 기업의 목표달성을 위한 경영활동에 직접적인 영향을 미치는 환경요인의 집합이다. 기업의 내부에서 영향을 주는 요인으로는 주주·경영자·종업원·노동조합·조직문화 등이 있다. 또한 기업의 외부에서 영향을 미치는 요인으로는 소비자·공급자·경쟁자·금융기관·정부·지역사회·언론매체·잠재적인 종업원 등을 들 수 있다.

1) 내부 과업환경

(1) 주주

주식회사의 발전 초기에는 기업의 소유자인 주주(stockholder)가 소유경영자로서 직접 기업 활동을 계획, 실행, 통제하는 역할을 수행하였다. 그러나 기업의 규모가 확대되고 경영환경이 복잡하고 다변화됨에 따라 소유와 경영의 분리에 의한 전문경영자가 등장하게 되었다. 따라서 오늘날의 주주(stockholder)는 기업의 경영과 관련하여 생산, 마케팅, 인사, 재무 등 다양한 부문에서 많은 경험과 지식을 지닌 전문경영자를 자신의 대리인으로 선임하여 경영권을 위임하고, 기업의 직접적으로 경영에 참여하기보다는 주가의 시세차익이나 배당과 같은 경영성과의 배분, 의결권 등 주주로서 권리를 행사하는데 관심을 갖게끔 변화되었다.

(2) 경영자

주주에 의해 경영권을 위탁받은 경영자(management)는 소유와 경영의 분리에 의해 실질적인 경영활동을 전담하며, 주주들에게 최대의 혜택이 돌아갈 수 있도록 성실한 경영활동을 수행할 의무를 부담하게 된다. 그렇지만 경영자는 자신의 이익을 위해 주주의 이익에 상반되는 불성실한 경영활동을 하려는 도덕적 해이(moral hazard) 가능성이 있다. 그렇기 때문에 주주는 경영자가 주주만을 위해 경영을 하도록 유도[1]하거나 계속해서 감시(monitoring)하여야 하며, 만약에 경영자의 능력이 부족하거나 주주의 이익에 반하는 경영활동을 한 경우에는 경영자의 교체를 위한 의결권을 행사하게 된다.

---

[1] 기업들이 유능한 인재를 확보하기 위한 수단으로 스톡옵션(stock option)제도를 도입하여 운영하고 있다. 스톡옵션은 임직원들에게 일정 기간이 지난 후에 일정 수량의 자사 주식을 사전에 정한 가격으로 매입할 수 있도록 부여한 자사 주식 매입권을 말한다. 따라서 스톡옵션을 부여받은 회사의 임직원은 자기회사 주식을 사전에 정한 행사가격으로 구입해 주가변동에 따른 차익을 획득할 수 있게 함으로써 근로의식을 북돋우고 이를 통해 기업을 활성화하기 위한 제도이다.

(3) 종업원

종업원(employee)은 기업조직의 직접적인 구성원으로 종업원의 동기부여에 의한 생산성의 향상이 기업의 경쟁력과 직결되어 있기 중요한 환경요인이라 할 수 있다. 일반적으로 개인으로서의 종업원은 사용자인 경영자에 비하여 상대적으로 약한 위치에 있을 수밖에 없다. 따라서 종업원들은 자신들의 지위향상이나 근로조건 개선, 임금인상 등의 권리확보를 위하여 노동조합(labor union)이라는 단체를 만들게 되었다. 주주의 대리인으로서 경영자는 원가절감을 통한 이윤창출이라는 경영활동을 요구받는다. 그러나 임금억제, 근로조건의 악화, 휴가 및 복지제도의 제약, 고용불안정 등 원가절감을 위한 경영활동은 종업원의 불평, 불만과 노동조합의 저항을 받게 될 것이다. 따라서 경영자는 노동조합과의 원활한 단체교섭과 노사협조를 통해 경영전략을 결정하고 실행하는 일이 중요한 것이다.

(4) 조직문화

조직문화(organizational culture)는 조직구성원들이 공유하는 가치관이나 신념, 사고방식 등을 의미하는 것으로 조직구성원들이 과업을 수행하는 과정에 영향을 미치며 행동을 지배한다. 따라서 바람직한 형태의 조직문화 형성은 궁극적으로 조직구성원들의 기업조직에 대한 몰입을 향상시킴으로써 목표달성에 기여하게 하는 중요한 기업자산이 된다.

2) 외부 과업환경

(1) 소비자

소비자(consumer)는 기업이 판매하는 재화나 서비스를 구매함으로써 기업의 목적을 달성할 수 있게 하는 중요한 외부환경 요인이다. 왜냐하면 대량생산에 따른 공급자 간의 경쟁이 치열해지면서, 소비자는 저렴한 가격으로 좋은 품질의 제품을 요구하는 것은 물론 완벽한 애프터서비스도 요구하고 있다. 기업의 입장에서 경쟁에서 살아남기 위하여 자발적으로 소비자를 만족시키고 나아가 감동시킬 수 있도록 전략적인 경영활동을 실행하지 않으면 안 되게 되었다. 앞으로는 고객의 기호나 선호도를 제대로 파악하지 못하는 기업은 존속 발전할 수 없게 될 것이다. 또한 소비자들은 그들의 가치와 욕구를 실현하기 위하여 소비자단체를 결성하고, 기업에 제품원가, 품질, 성능 등에 관한 정보의 공개를 요구하며, 불량제품에 대한 정신적, 물질적, 신체적 보상 등을 요구하기도 한다. 그리고 소비자단체는 자신들의 요구가 잘 이행되지 않으면 특정 기업이 판매하는 제품의 불매운동을 전개하거나 법적 소송을 제기하기도 한다.

(2) 공급업자

공급자(supplies)는 고객에게 판매하기 위한 재화나 서비스를 생산하는데 필요한 여러 자원을 기업에 제공하는 사람이나 기업을 말한다. 만약에 기업이 공급자로부터 유리한 조건으로 원자재를 확보할 수 있다면 기업이 생산하는 재화나 서비스는 품질과 가격, 납기(納期)라는 측면에서 경쟁력을 갖게 되어 잘 팔리게 되고 의도하는 이윤을 달성할 수 있게 될 것이다.

반면에 공급자와의 관계가 악화되면 원자재를 불리한 조건으로 제공받거나 아예 제공받지 못하게 된다면 기업의 경쟁력은 떨어져 판매가 감소하게 되어 존립을 위협받게도 될 것이다.

따라서 공급자와의 원만한 관계를 유지하는 것은 기업의 경영성과에 직접적인 영향을 미치게 된다.

(3) 금융기관

기업은 경영활동에 필요한 자금을 조달하는 방법에는 시중은행, 투신사, 보험사, 증권사, 종합금융사, 신용금고와 같은 금융기관(financial institutions)으로부터의 대출을 통하여 조달하는 방법이 있으며, 이렇게 조달된 자금은 단기적으로 운영자금에 사용하거나 장기적으로는 시설투자에 사용하게 된다. 기업에 있어서 돈, 즉 자금은 사람에 있어 혈액과 같아서 원활한 순환이 이루어져 마비되는 부분이 없게 해 주지 않으면 안된다. 따라서 기업경영에 있어 중요한 자금조달의 원천인 금융기관과의 긴밀한 유대관계는 기업의 경영활동에 막대한 영향력을 미치기 때문에 경영자는 금융산업의 환경변화에 민감한 관심을 갖게 된다.

(4) 경쟁자

경쟁자(competitor)는 소비자에게 동일한 재화나 서비스를 판매하는 같은 산업에 속하는 기업을 말한다. 시장에서 공급이 수요를 초과하고 있는 현재의 경영환경에서 경쟁기업은 중요한 환경요인으로 등장하였으며, 기업경영에 있어 경쟁자에 대한 경영전략의 결정과 실행은 기업의 경쟁력을 결정짓는 중요한 변수가 되었다. 즉, 오늘날 기업이 성공하는가 실패하는가 하는 갈림길은 소비자들로 하여금 고객만족의 수준을 넘는 고객감동을 창출함으로써 경쟁자를 제치고 시장점유율을 높이는가 그렇지 못하는가에 달려있다고 하여도 과언이 아닐 것이다. 따라서 기업은 경쟁자가 제공하는 재화나 서비스의 품질, 가격, 대고객 서비스, 공급원, 시장점유율, 기술혁신, 임금, 인력개발 및 기타 활동에 관심을 갖게 된다. 그렇지만 경쟁기업과의 과다한 경쟁은 시장에서 질서를 교란시킨다던지, 가격체계를 붕괴시키는 등의 부정적인 결과를 초래하기도 한다. 그러나 경쟁자와의 선의의 경쟁은 장기적으로 가격인하에 따른 전체 시장규모의 확대와 기술혁신을 통한 신제품의 개발과 같은 긍정적인 측면이 있다.

(5) 정부

정부(government)는 소비자, 근로자의 안전 등 공익을 보호하기 위하여 규정과 규칙을 제정하고 강화하여 왔을 뿐만 아니라 자유경쟁을 통한 시장경제원리를 증진하기 위하여 규제를 강화하여 왔다. 예를 들어 식품위생법, 환경보전법, 독과점금지법, 공정거래법, 각종 세법 등을 통하여 기업을 규제하고 감독하는 기능을 수행한다. 또한 정부는 기업을 규제하는 역할을 하기도 하지만, 기업 활동을 촉진하고 지원하는 정책적인 역할을 수행하는 경제정책을 입안하여 실행한다. 예컨대 산업을 활성화시킬 목적으로 중소기업 진흥정책, 벤처기업활성화 지원 제도 등 다양한 기업 활동을 정책적으로 지원하고 육성하는 정책을 통하여 기업 활동을 규제하기도 하고 촉진하는 역할을 수행하기 때문에 기업의 경영에 영향을 미치게 되는 것이다.

(6) 지역사회

지역사회(community)는 도, 시, 읍, 면, 동의 지방자치단체를 말하는 것으로, 기업은 지역주민인 종업원으로부터 노동력을 제공받고 종업원에 급료를 지불하며, 종업원은 지방자치단체에 세금을 납부하게 된다. 또한 기업은 지역사회의 납품업자나 건설업자와 계약을 체결함으로써 지역주민의 소득창출을 이룩하여 지역사회의 경제발전에 기여하게 된다. 따라서 지역사회는 기업과 긴밀한 협조관계를 유지하려고 노력하며,

자기지역에 새로운 공장이나 기업을 유치하려는 노력을 전개하며, 이를 위하여 각종 세제상의 혜택이나 저렴하게 공장부지의 제공 등과 같은 편의를 제공하여 기업을 유치하려 노력하기도 한다.

(7) 언론매체

또 하나의 기업의 경영성과에 영향을 미치는 환경요인으로 TV, 라디오, 신문, 잡지 등의 언론매체(mass media)를 들 수 있다. 기업은 언론매체를 통하여 재화나 서비스의 판촉활동을 전개하기도 하고 기업의 이미지를 긍정적으로 알리도록 힘쓰기도 한다. 이와 같은 언론매체의 대중성 때문에 언론의 기업에 대한 감시기능은 막강하다. 국민의 건강에 유해한 재화를 수입하여 판매하거나 오염물질을 무단으로 방류하거나 배출하는 경우, 높은 가격으로 소비자를 착취하는 경우, 경영자들이 부도덕한 행위에 의하여 재물과 금전을 착복하는 등 사회적 책임을 망각하는 기업이나 경영주에 대하여는 언론매체들이 비난과 성토의 분위기를 공개적으로 조성함으로써 기업이나 브랜드의 이미지 실추는 물론 사회로부터 이들을 추방하는 역할을 수행하고 있다.

3. 경영의 일반환경

일반환경이란 기업의 목표달성에 간접적으로 영향을 미치는 환경요인의 집합이라 하겠다. 간접환경은 기업 외부의 전체 사회시스템 내에서 발생하는 것으로 특정 기업과의 관련성이 명확하지 않는 특성을 갖는다. 따라서 기업은 이와 같은 환경의 변화를 통제할 수 없기 때문에 외부적인 환경의 변화에 순응하거나 적극적으로 대응하는 방안을 수립하는 노력이 필요하겠다. 예를 들면 경제적, 기술적, 사회·문화적, 국가 및 정치적, 자연적, 국제적(글로벌) 환경 등을 들 수 있다.

1) 경제적 환경

경제적 환경은 기업의 활동과 직접 관계를 갖는 경제시스템을 말한다. 국가의 경제체제를 포함하여 인건비, 공급자와 경쟁자에 의해 결정되는 가격, 상품 또는 서비스가격에 영향을 미치는 정부의 재정정책, 시장 상황, 물가, 환율, 국제수지 등이 경제적 요인의 대표적인 예이다. 따라서 기업은 경영의사결정에 국내 경제의 건전성은 물론 세계경제의 일반적 상태를 고려하지 않으면 안되므로, 기업의 전략을 수립할 때 국내·외 경제상황의 변화와 추이에 대한 면밀한 검토가 이루어져야 한다.

2) 기술적 환경

기술적 환경은 제품, 공정, 원료의 개발뿐만 아니라 기능과 지식을 적용하는 방식, 이론 등을 총체적으로 일컫는 것이다. 최근 들어 컴퓨터를 이용한 정보와 관련한 기술의 개발이 매우 빠른 속도로 진행되며 다양한 산업에 구조적인 변화를 일으키고 있다. 예를 들어 제조업에 있어서 컴퓨터가 통제하는 생산라인과 기계, 로봇, 컴퓨터에 의한 신속한 제조시스템의 발전은 기업으로 하여금 시장의 수요변화에 빠른 속도로 대응하게 하고 제품의 질을 향상시키게 되었다. 은행 및 금융산업의 경우에도 정보기술의 발달로 전 세계 금융시장을 연결함으로써 특정 시장에서의 변화가 즉각적으로 전파되는 결과를 가져와 증권가격, 자금흐름, 판매량 등에 관한 정보를 전 세계에서 동시에 취득하는 것이 가능해졌다.

3) 사회·문화적 환경

사회적 환경은 사회를 구성하고 있는 개인의 행위에 영향을 미치는 집단이나 문화, 가치관, 전통 내지 관습 등과 같은 사회제도 및 사회적 태도 등을 말한다. 조직체가 활동하는 지역의 인구특성, 사회적 태도, 가치, 규범, 신념, 행동 등은 경쟁이 치열해지고 비즈니스가 글로벌화 되면서 그 중요성이 더욱 커지고 있다. 오늘날 교통과 정보기술의 발전, 국가간 교류가 활발하게 이루어지고 시간적 공간적 제약이 해체됨에 따라 문화는 도시화하는 동시에 동서양의 문화가 수렴하는 경향이 나타나고 있다. 이와 같은 변화는 소비문화, 노동자의 근로의식 등에서 새로운 양상을 초래함으로써 기업경영에 중요한 변수로 작용하게 된다.

4) 국가·정치적 환경

정치적 환경은 국내·외 정치분위기가 협력적인가 아니면 적대적인가? 정부 정책이 경영의 자유를 방해하는가 아니면 힘을 주는가? 라는 질문과 관련이 있다. 기업의 활동과 관련한 경제정책, 소비자보호정책, 무역 및 외환 정책 등의 변화는 기업의 의사결정에 있어 중요한 환경변수가 되고 있다. 예를 들어 정부의 무역자유화 정책은 국내시장에 존재하는 경쟁기업의 숫자가 그 만큼 증가하게 되는 것이다. 이러한 정치적 요인이 조직에 미치는 영향은 조직체의 경영 투명성 및 부패와 관련이 있다.

5) 자연적 환경

1980년대에 들어오면서 기업은 기본적으로 자연환경 문제를 사후관리(end of pipe)에서 사전예방관리(preventive pollution)로 전환하고 1990년대에는 환경경영(environmental management)이라는 경영기능영역을 만들었다. 이는 자연환경이 직접규제 중심에서 인센티브와 시장 참가 규제라는 시장경제원리를 수용하는 규제로 점차 전환되고, 적용 산업 범위도 서비스업(금융, 병원, 호텔 등)으로 확장됨에 따라 경영환경에서의 비중이 높아졌다. 특히 최근에는 지구 온난화에 따른 기후변화에 따라서 국제적인 탄소배출권거래 등 탄소경영이 부각되고 있으며, 대체에너지와 탄소를 활용한 펀드를 상품화하는 금융 산업이 활성화되는 등 새로운 비즈니스가 창출되고 있다.

현대 경영에서 자연환경의 비중이 커짐에 따라서 기업환경과 결합하여 지속가능경영 (sustainable management)이라 불리는 경영을 도입하고 있다. 지속가능경영이란 기업의 운영이 경제적이고 사회적인 조직환경뿐만 아니라 생태계 경영환경도 동시에 고려하는 지속가능가치 추구를 핵심으로 하는 경영이다(최찬기외, 2014).

4. 글로벌 경영환경

1) 글로벌 경영환경의 의의

기업의 환경변화에서 가장 두드러지는 현상이 글로벌화에 따라 형식적인 국경이 없어지게 되었으며, 그에 따라 기업의 사업활동도 복잡화 되고, 금융·증권거래 등의 국제화에 따라 자금의 이동, 증권투자, 무역거래 등이 국제적으로 활발하게 되었다. 이와 같은 경영환경의 변화추세는 일시적인 현상이 아니라 세계의 기업이 경쟁력을 무기로 해외시장에 진출하고 있기 때문에 세계무역장벽이 허물어지게 되고, 다른 한편으로는 지역적 경제블록화 현상이 뚜렷해지므로 인하여 기업의 경쟁력우위 확보를 위한 움직임은 더욱 가속화될 추세이다. 따라서 이와 같은 흐름을 극복하지 못하는 기업은 생존경쟁에서 도태될 것이다.

오늘날 글로벌 환경이 더욱 기업경영에 있어 중요하게 변화해가는 이유는 범세계적으로 무역 및 투자 장벽의 완화를 통하여 자국의 경제를 살리고 실업률을 낮출 수 있는 길임을 인식하고 관세를 철폐하는 자유무역협정 등을 추진하고 있다. 또한 정보통신 및 수송기술의 발전은 지리적인 장벽뿐만 아니라 국가간 문화적인 장벽도 허물어 가고 있다. 예컨대 인터넷과 수백만 개의 웹사이트(web site)들은 글로벌 통신네트워크와 매스 미디어의 개발을 촉진하고 각국의 지역문화를 뛰어 넘어 범세계적 문화를 창출하는데 일조하고 있다.

최근에 기업의 내외환경의 변화가 가속화되면서 건실한 글로벌 전략은 생존을 위한 필수 요소이다. 이러한 전략은 최근 인접지역에 소비자들의 소비성향 유사성 증대, 관세, 비관세 장벽의 축소, 하나의 시장에서 상환하기에는 너무 비싼 기술투자, 경쟁자의 전세계화 등으로 인해 가속화되고 있다. 또한 정보와 통신기술의 혁명으로 글로벌 경영이 더욱 용이해졌다.

2) 글로벌 경영 추진 전략

국가 간의 경계가 사라지면서 글로벌경영활동을 위해 적극적으로 해외로 진출하려는 기업이 많아지고 있다. 기업들이 추진하는 해외진출 전략들은 수출방식을 통한 해외진출, 계약방식에 의한 진출전략, 전략적 제휴에 의한 해외진출, 직접투자방식에 의한 해외진출 등으로 구분하여 살펴볼 수 있다.

(1) 수출방식을 통한 해외진출

기업들이 글로벌경영을 위하여 해외시장으로 진출하기 위한 가장 초보적인 단계는 제품을 해외시장에 수출하는 방법이다. 수출에 의한 방법은 많은 투자가 필요하지 않고, 해외시장에 대한 지식이 부족한 기업들이 해외진출에 따른 각종 위험부담을 줄이기 위한 방법으로 선택하게 된다.

수출방식에 의한 해외진출에는 간접수출과 직접수출방식이 있다. 간접수출(indirect exporting)은 기업이 제품을 국내에 있는 중간수출업자 즉, 종합상사, 오퍼상이라고 하는 무역 대리인 등을 통해서 수출하는 방식을 말한다. 간접수출은 후진경제권에서 수출 경험이 없거나 수출 전문인력을 이용할 수 없는 경우, 수출규모가 작은 경우에 많이 이용하는 방식이다. 직접수출(direct exporting)은 제품을 생산한 기업이 다른 중간수출업 자를 거치지 않고 해외에 있는 고객에게 제품을 직접 수출하는 경우를 말한다. 직접 수출의 경우는 제품을 생산한 기업이 직접 해외사장조사, 고객접촉, 가격결정, 물적유 통, 수출서류작성 등과 같은 모든 수출마케팅활동을 계획하고 실행하게 된다.

따라서 기업들은 초기에는 간접수출에 의해 중간수출업자에 의존하고 많은 수수료 를 지불 하다가 점차 해외시장에 대한 자신감이 생기면 직접수출을 하게 된다. 이러 한 수출방식을 통하여 기업들이 해외시장에 진출하고자 하는 것이다.

(2) 계약방식에 의한 해외진출

계약방식에 의한 해외진출은 기업이 보유하고 있는 기술이나 지식을 일정한 대가 를 받고, 외국기업에 이전하기로 하는 장기계약을 체결하여 해외시장에 진출하는 방 식이다. 계약방식은 단순히 상품이나 제품만이 아닌 기술이나 지식을 이전하는 수단 이라는 점에서 수출방식과 차이가 있다.

① 라이센싱

라이센싱(licensing)이란 기업이 가지고 있는 특허권, 브랜드, 노하우, 기술공정 등 상 업적인 자산을 일정한 로열티나 수수료를 받고 제공하여 해외시장에 진출하는 국제 경영방식이다. 이때 라이센스를 판매하는 것이 아니라 그 권리를 빌려주고 로열티를 받는 것이다. 라이센스를 제공하는 측을 라이센서(licenser)라고 하고, 제공 받는 측을 라 이센시(licensee)라고 한다. 라이센싱의 이점은 라이센서는 적은 위험과 비용으로 해외 시장에 쉽게 진출할 수 있는 장점이 있고, 라이센시는 유명 제품의 브랜드나 기술력 이 우수한 기업의 기술을 빌려 쓸 수 있기 때문에 안정적인 이익창출이 가능하다는 이점이 있다.

② 프랜차이징

프랜차이징(franchising)은 일정한 수수료를 받고 상표 등에 대한 사용권을 허가해 주고, 기업의 운영까지 계속적으로 지원해주는 국제경영방식이다. 프랜차이징의 대표적인 예로는 패스트후드(fastfood)업체를 들 수 있다. 프랜차이즈 점포나 상점은 간판이나 내부장식 또는 재료를 본사에서 제공하고, 조리방법 등도 본사에서 제공하는 일률적인 기준에 따르도록 하고 있다. 그 외에도 편의점, 호텔, 주유소, 음료, 자동차임대업 등도 프랜차이징의 형태로 운영된다.

③ 계약생산

계약생산(manufacturing contract)이란 협력관계를 맺은 다른 기업에 일정한 품질과 가격으로 납품하도록 계약을 체결하는 것이다. 이러한 방식 중에서 잘 알려져 있는 것이 주문자상표에 의한 생산(original equipment manufacturing: OEM)방식이다. 여기서 OEM이란 주문자에 의해 정해진 상표, 품질, 가격 등의 조건으로 생산하여 납품을 하고, 납품된 상품을 주문자가 판매하는 방식이 일반적이다. 계약생산 방식은 직접 제품을 생산할 여력이 없거나 현지의 값싼 노동력이나 원자재를 이용해야 하는 경우에 주로 이용된다.

④ 플랜트 수출

플랜트수출은 일명 턴키 프로젝트(turnkey project)라고 하는 플랜트 수출은 기업이 외국으로부터 공장이나 기타 산업시스템을 발주받아, 이를 설계·건설한 다음 프로젝트를 완공하여, 해외 발주자가 이를 독자적으로 운영할 수 있도록 경영관리나 노동자훈련 등과 같은 서비스를 추가로 제공하는 방식을 말한다. 턴키프로젝트에서는 엔지니어링 기술과 노동 및 경영관리기법이 해외 발주자에게 복합적으로 이전되는 것이 일반적이다. 또한 턴키프로젝트의 공급업체는 완성된 시설을 제공하는 대가로 기계설비 대금과 공장 설계, 공정 노하우, 현지인 훈련 등에 대해 일정한 대가를 받게 된다.

(3) 전략적 제휴에 의한 해외진출

전략적 제휴(strategy alliance)는 경쟁관계에 있는 기업이 일부 사업이나 기능별 활동부문에서 경쟁기업과 일시적으로 상호이익을 위해 협조적인 관계로 컨소시험이나 기술

제휴를 외국 기업과 제휴하게 되는 것을 말한다. 전략적 제휴는 급변하는 경영환경에 적응하기 위하여 투자비용을 줄이면서 기업의 핵심역량을 구축하게 되는데, 예를 들면, 세계시장 63%를 점유하고 있는 세계 주요 3대 항공사 제휴 그룹인 스카이팀, 원월드, 스타얼라이언스가 항공운송산업을 주도하고 있는데, 회원사들은 항공사 제휴 그룹을 통하여 각 사의 고객들에게 보다 나은 서비스와 혜택을 제공할 수 있으며, 동시에 회원 항공사들은 다른 회원사들과의 협력을 통해 시너지효과를 창출하고 효율성을 극대화함으로써 경영측면의 이익 또한 이끌어 내고 있다.

(4) 직접투자방식에 의한 해외진출

직접투자방식에 의한 해외진출은 기업이 제품을 현지에서 직접 생산하고 마케팅하기 위하여 자본, 생산기술, 경영능력을 현지에 투자하는 방식을 말한다. 단독투자와 합작투자로 나눌 수 있다(김종성외, 2011).

① 단독투자

단독투자(sole investment)는 기업의 의결권주식의 95% 이상을 자사가 소유하는 형태로 해외에 진출하는 경우로서, 완전소유자회사(wholly owned subsidiary)라고도 한다. 단독투자는 예전에 존재하지 않던 기업을 새롭게 설립하여 진출하는 신설방식과 기존에 현지에서 운영되던 기업을 매수하거나 합병하여 진출하는 매수합병(merger & acquisition: M&A) 방식이 있다.

단독투자방식은 기업이 강력한 독점적 우위를 소유하고 있거나 제품생산 과정에서 모기업이 자회사에 인재를 공급하는 경우에 주로 활용된다. 또한 제품이나 기술에 대한 강력한 통제가 가능하고, 자사의 경영방침을 독자적으로 운영할 수 있으며, 기술이나 노하우의 유출을 방지하는 이점이 있다.

② 합작투자

합작투자(joint investment)는 2개 이상의 기업, 개인 또는 정부기관이 특정 기업의 소유와 경영에 공동으로 참여하는 국제경영방식을 말한다. 이때 전체 참여자가 주식, 자본, 채무, 무형자산, 경영노하우, 유형자산 등에 대하여 공동으로 소유권을 갖게 된다. 합자투자는 합작에 참여하는 기업들이 소유권과 경영권을 분담하며, 자본 및 기술 등 상대방 기업이 소유하고 있는 강점을 서로 이용하고 위험을 분담할 수 있다는 장점이 있다. 따라서 합작투자는 단독투자에 비해 자회사에 대한 통제보다는 현지 파트너의 기여를 필요로 한다.

3) 다국적기업

(1) 다국적기업의 의의

다국적기업(multinational corporation: MNC)은 여러 국가에 직접투자를 하고 모회사와 자회사로 구성되며, 상표, 기술, 자금, 정보, 신용 등 기업자원을 공동으로 활용하는 국제화를 지향하는 기업을 말하는 것으로, 세계기업(world enterprise) 또는 초국적기업(transnational enterprise)라고도 한다. 다국적기업은 국제 직접투자의 한 형태로 단순히 해외에서 지점 또는 자회사를 두는 것이 아니라 현지국적을 획득한 현지법인으로서의 제조공장 또는 판매회사를 가지고 있다. 현지의 실정과 모회사의 전략에 따라 움직이고, 본사의 전사적인 경영철학 및 전략에 따라 자본 인적자원 기술자원을 공급하는 국제적인 조직망을 가지며, 삼성, 현대, LG, 코카콜라, GM, IBM, 바이엘, 나이키, 도요타자동차 등의 사례가 있다.

(2) 다국적기업의 특징

다국적기업은 국내기업과는 달리 국경을 넘어선 초국경적 기업 활동을 하는 기업이므로 국내기업과는 다른 여러 가지의 특징이 있다. 첫째, 다국적 기업의 자산은 상당한 부분을 국제경영에 투자하고 있으며, 그 결과 기업의 매출과 이익의 상당 부분을 해외에서 올리고 있다. 둘째, 다국적기업은 여러 나라에서 공장을 운영하게 된다. 또한 공장의 설립이나 운영에 있어서 해외사업에의 자본투하와 아울러 기술, 경영노하우나 관리기술을 해당 나라에 이전시킨다. 셋째, 다국적기업은 경영상의 의사결정에 있어서 세계적인 기준에서 경영자, 종업원, 기술, 경영 노하우, 자금 , 시설 등을 이용한다. 넷째, 다국적기업의 입장에서 국경 내지 국가라는 개념이 점차 희박해지고 있다. 전 세계 어디라도 이윤만 보장이 된다면 나라를 가리지 않고 진출하겠다는 것이 다국적기업의 경영전략이다.

(3) 초국적기업

다국적기업이 한 국가의 국경을 넘어 여러 국가에서 기업 활동을 하는 것이라면, 초국적기업은 국경을 벗어나 전 세계를 하나의 시장으로 보고 행동하는 기업을 의미한다. 초국적기업의 특징은 본사와 자회사간의 쌍방향의 정보교환과 협력적인 의사결정이 자주 일어나고 상호 의존적인 구조를 갖는다는 것이다. 즉, 초국적 기업은 해당 업무를 가장 잘 할 수 있는 사람을 국적에 관계없이 채용하고, 전 세계를 하나의 시장으로 보고 수립된 전략을 각 국가에서 행하기 위해서 각 국가의 경영환경에 맞는 현지화 전략을 수립하여 운영한다.

단원핵심문제

01 다음 중 기업환경에 대한 설명으로 틀린 것은?

① 기업은 외부 환경으로부터 필요한 자원을 공급받고 산출물을 유통시키는 상호작용을 하는 개방 시스템(open system)이다.

② 기술영역의 급속한 환경변화는 기업의 조직화와 관리자가 운영하는 방식을 근본적으로 변혁시키고 있다.

③ 기업과 환경과의 관계는 동태적(dynamic)이며, 기업에게는 위협으로만 작용하므로 이에 대한 신속한 대응이 필요하다.

④ 주주, 종업원, 채권자, 노동조합, 소비자, 정부, 지역사회와 같은 이해자 집단은 기업을 둘러싼 환경주체이다.

02 다음의 경영환경에 관한 설명을 읽고, 괄호에 들어갈 내용이 올바르게 연결된 것은 무엇인가?

> (   )은/는 동일하거나 유사한 제품 또는 서비스를 (   )에게 제공하는 중요한 기업의 경영환경요인이다. 기업조직은 (   ) 로서, 외부로부터 인적 자원, 물적자원 등 여러 자원들을 (   )로 부터 받는다. 최근 각광받고 있는 (   )는 (   )가 (   )를 선정하여 지속적으로 기술지원하면서 우수한 재료나 부품을 공급받는 win-win 전략의 하나이다.

① 기업, 소비자, 서비스체제, 공급자, 공급사슬관리, 공급자, 소비자

② 기업, 소비자, 서비스체제, 공급자, 공급사슬관리, 수요자, 공급자

③ 경쟁자, 소비자, 개방체제, 공급자, 공급사슬관리, 공급자, 소비자

④ 경쟁자, 소비자, 개방체제, 공급자, 공급사슬관리, 수요자, 공급자

03 다음 중 경영환경 변화의 성격에 대한 설명으로 가장 적절하지 않은 것은?

① 기업의 경제적 환경뿐만 아니라 사회적, 정치적 환경의 중요성이 부각되면서 경영환경의 범위가 확장되고 있다.

② 경영환경의 변화속도가 더욱 빨라지면서 기업의 신속한 대응과 변화를 예측하는 활동이 요구되고 있다.

③ 기업활동이 성공하려면 기업은 외부환경과 양립할 수 있는 기업 내부환경을 만들어야 한다.

④ 글로벌화로 인해 국제표준이 강조되면서 경영환경의 복잡성은 줄어들고 불확실성이 낮아지고 있다.

04 다음 중 경영환경에 관한 설명으로 가장 옳지 않은 것은?

① 과업환경은 고객, 공급자, 경쟁자, 노동조합 등을 말한다.

② 자연적 환경은 출생률, 사망률, 고령의 증가, 교통의 변화 등을 말한다.

③ 경제적 환경은 국제수지, 경제성장률, 1인당 GDP, 소비구조의 변화 등을 말한다.

④ 기술적 환경은 제조공정, 원재료, 제품, 정보기술 등을 말한다.

05 다음의 내용은 무엇을 설명하는 것인지 다음 보기 중 가장 적합한 것은?

> 주식회사의 경우, 수많은 주주들의 경영권 위임을 받은 경영자들은 주주의 부를 극대화하기 위해 최선을 다해야 하지만, 자신의 이익이나 실속을 채우기 위해 기업의 자원을 낭비하는 도덕적 해이를 일으키기도 한다.

① 고위험투자 문제   ② 대리인 문제

③ 주주 문제   ④ 특혜 문제

06 다음은 경영환경에 대한 요인을 열거한 것이다. 이 중 환경의 종류가 다른 것은 무엇인가?

① 주주   ② 경영자   ③ 지역사회   ④ 조직문화

07 다음의 조직문화에 대한 설명 중 가장 적절한 것은?

① 조직문화란 조직의 구성원들의 행동을 만들고 인도하는 무정형의 개념이나, 기업의 성과달성에는 영향을 미치지 않는다.

② 조직문화는 조직구성원이 부딪히는 문제를 정의하고 분석함으로써 해결방법을 제시하지만, 조직을 결속하는 데는 오히려 어려움이 있다.

③ 사회화란 새로운 구성원이 조직의 가치, 규범, 문화를 배우며, 기존 구성원이 공유하는 행위와 태도를 배우는 과정이라고 할 수 있다.

④ 조직문화는 시간의 경과에 따라 형성되며, 한번 형성되면 고정적으로 바뀌지 않는다.

08 조직의 구성원들이 공유하고 있는 가치관, 신념, 이념, 관습 등을 총칭하는 것으로 조직과 구성원의 행동에 영향을 주는 기본적인 요인을 무엇이라 하는가?

① 조직구조　　　② 제도　　　③ 비전　　　④ 조직문화

09 다음 중 인공지능, 사물인터넷, 빅데이타 등과 가장 연관성이 높은 경영환경요소는 무엇인가?

① 기술적환경　　　　　　　② 사회적환경
③ 경제적 · 법적환경　　　　④ 경쟁적환경

10 다음 중 글로벌 기업에 관련된 내용으로 가장 거리가 먼 것은?

① 많은 기업이 인위적인 지리적 장벽을 내포하는 기업 구조를 제거함으로써 글로벌화를 진전시키고 있다.

② 수출 또는 수입을 통한 기업의 글로벌화는 최소의 투자와 위험만을 감수하는 방식이다.

③ 해외 자회사는 모국과 연계된 생산시설이나 사무실을 세우기 위해 외국에 간접 투자를 실시하는 형태이다.

④ 글로벌화의 형태는 라이센싱, 프랜차이징, 전략적 제휴, 합작투자, 해외 자회사와 같은 방식으로 수행되기도 한다.

11 다음 중 기업이 해외시장 진출 방식을 결정할 때 고려해야 할 요인으로서 가장 거리가 먼 것은?

① 기업특성변수로서 다각화, 현지경험, 글로벌경영경험, 자산규모를 고려해야 한다.

② 국가특성변수인 문화적 차이를 가장 중요하게 고려해야 한다.

③ 환경적 변수로서 국가별 위험, 지리적 위치, 경쟁정도 등을 고려해야 한다.

④ 특정기업이 해외 투자를 하기 위해서는 기업특유 우위, 기업의 규모, 입지 우위 등을 고려한다.

12 다음 중 글로벌 환경에서의 기업의 국제화 방식에 대한 설명으로 옳지 않은 것은?

① 라이센싱은 제조 기업이 국제화를 함에 있어서 다른 기업에게 자신의 브랜드, 기술 혹은 제품사양 등을 사용할 수 있는 권리를 주는 형태이다.

② 해외자회사는 국제화를 함에 있어서 모국과 연계된 생산시설이나 사무실을 세우기 위해 외국에 간접 투자를 실시하는 형태이다.

③ 합작투자는 국제화를 함에 있어서 파트너들이 특정 사업목적을 위해 독립된 형태의 조직을 만들기로 합의한 전략적 제휴의 특수한 형태이다.

④ 프랜차이징은 서비스기업이 국제화를 함에 있어서 다른 기업에게 자신의 브랜드, 기술 혹은 제품 사양 등을 사용할 수 있는 권리를 주는 형태이다.

13 글로벌 경영에 대한 설명으로 가장 적절하지 않은 것은?

① 글로벌 경영이란 다른 나라와 관계를 갖는 모든 기업경영 활동을 뜻한다.

② 글로벌 경영은 지구를 하나의 활동무대로 생각하여 전략, 생산, 마케팅, 인력, 재무 등의 기능들을 전 세계에 걸쳐 수행하는 경영방식을 말한다.

③ 글로벌 환경에서 적절한 리더십은 현지법인이 위치하고 있는 국가의 가치관 및 태도에 대해 이해하는 것이다.

④ 전 세계적으로 자유화와 개방화의 물결이 일어나면서 무역장벽이 높아지고 있으며, 경영의 글로벌화가 신속하게 진행되고 있다.

14 다음 중 기업이 해외로 사업을 확장하는 일반적인 순서를 올바르게 나열한 것은?

① 수출 → 기술이전 → 해외직접투자

② 해외직접 투자 → 기술이전 → 수출

③ 수출 → 해외투자 → 기술이전

④ 해외직접투자 → 수출 → 기술이전

15 다음 중 기업의 국제화 동기로 가장 거리가 먼 것은?

① 규모의 경제를 통한 경쟁력 확보

② 여러 나라에서 사업기회 포착

③ 관세 및 비관세 장벽의 극복

④ 진출국 정부와 우호적 관계

 Answer
1. ③ 2. ④ 3. ④ 4. ② 5. ② 6. ③ 7. ③ 8. ④ 9. ① 10. ③ 11. ②
12. ② 13. ④ 14. ① 15. ④

Chapter

4

현대적 경영활동

1. 21세기 경영흐름

1) 지속가능경영

　21세기의 새로운 경영방식으로 경제성장과 환경보전, 사회발전의 조화로운 균형을 추구하고 있다. 지속가능경영(corporate sustainability management)은 기존의 경제적인 수익성에만 집중했던 경영방식에서 지속가능한 발전을 위하여 기업의 사회적인 책임과 환경보호를 강조하는 신경영방식이다. 이는 기업이 사회를 이끄는 중요한 요소로서 역할을 해야 한다는 것에서 출발하였는데, 글로벌 기업뿐만 아니라 국내의 일반 기업에서도 지속가능경영 전략을 추진하면서 성과를 거두고 있다.

　지속가능경영의 정의는 아직 공통적인 합의에 도달하지 못하고 있지만, 〈그림 4-1〉과 같이 기존에 기업의 가장 기본적인 경제적 목적 달성만이 아니라 사회적 윤리적 측면과 환경적 목적 달성까지도 고려해야 한다는 원칙에는 정의가 일치하고 있다. 즉, 지속가능경영은 기존에 기업의 경제적 책임뿐만 아니라 사회적 책임과 환경에의 환경적 생태적 책임까지도 포함하고 있는 새로운 경영패러다임이다.

　여기서 경제적 책임이란 외적 성장 위주의 경제발전에서 내적, 특히 질적 성장으로의 경제발전으로 전환이 이루어져 가고 있는 시점에서 기업경영의 선진화 또한 글

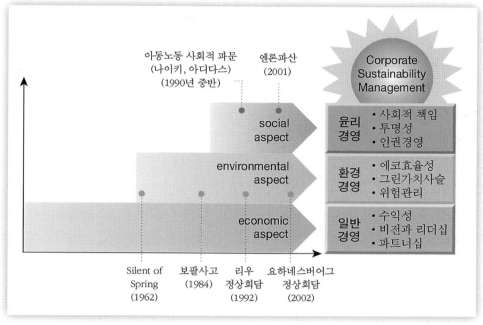

출처 : 최창기외, 2014

☀ |그림 4-1| 지속가능경영의 새로운 패러다임

로벌 스탠다드(global standard)에 맞출 것을 기업의 지속가능경영 차원에서 요구받고 있다. 경제적 차원의 기업지속가능경영의 주요 내용으로는 기업의 성장, 이익창출, 주주가치 극대화뿐만 뿐만 아니라 지역사회에 대한 기여, 투명경영에 대한 요구, 공정경쟁 및 혁신을 통한 선진화 등이 포함된다. 또한 사회적 책임이란 기업을 둘러싸고 있는 많은 이해관계자들의 욕구를 충족시키면서 사회 전체 발전에 기여하며, 공동체의 일원으로 역할을 다하는 것이다. 예를 들면, 기업의 사회적 책임영역에는 사회공헌활동, 준법경영, 인권보호, 안전보건활동 등이 포함된다. 마지막 환경적 책임이란 기업이 경영활동을 영위하는데 단순히 경제적 사회적 목표 완수에 그치지 않고, 자연환경과 미래 세계를 생각하며 생태자연환경보호에 경영핵심목표를 두고 있다. 구체적 내용으로는 청정 생산, 전 과정관리, 기후변화 대응, 환경리스크관리, 제품의 서비스화 등을 포함하고 있다.

지속가능경영이 비즈니스에서 중요한 이유는 크게 위험과 기회가 연관되어 있기 때문이다. 우선, 지속가능경영은 무시할 수 없는 시대적 흐름이고 경쟁의 장으로 나아가기 위한 필수적인 요소라는 점이다. 금지물질인 카드뮴이 검출되어 2000억원 이상의 손실을 보았던 2001년 소니의 플레이스테이션 사례, 동남아 저개발국가의 아동노동착취를 통해 생산된 신발을 판매 하여 시장의 거센 불매운동을 겪고 30% 이상의 판매 손실을 기록했던 나이키와 아디다스의 사례, 분식회계로 파산하였던 엔론의 사례 등을 통하여 사회적 책임을 다하지 못하는 것은 결국 생존을 위협받는 사실을 확인할 수 있다. 또한 지속가능경영을 통해 다양한 기회를 창출할 수도 있다는 것이다. 글로벌 선진기업의 경우 지속가능경영을 새로운 경쟁무기로 이용하는 전략을 추구하는 형태로 발전하고 있으며, 환경 및 사회적 책임을 다하는 회사가 실제로 경제적인 성과도 높으며 주주에게도 훨씬 높은 수익을 안겨준다는 결과도 나오고 있다.

따라서 기업은 조직환경과 자연환경을 동시에 경영환경의 축으로 하고 창조적 의사결정으로 단순한 경제적 이윤만이 아니라 사회적 가치와 생태계 가치를 모두 상승시키는 경영을 하여야 한다(최찬기외, 2014).

2) 윤리경영

21세기에 들어오면서 국내외 기업들의 주요 관심사로 대두된 경영상의 이슈는 투명경영과 신뢰경영이다. 최근 들어 사회적 실천을 강조하는 윤리경영이 기업들의 경영화두가 되고 있다. 오늘날에는 경영의 환경여건이 급변하고 있으므로 경영자의 책임이 더욱 커지고 있는데, 이와 같은 책임의 문제는 오늘날 기업윤리의 문제로 나타나고 있다.

기업의 윤리경영 실천의 중요한 의미를 보면 첫째, 윤리경영은 기업이 사회적으로 정당한 역할이나 활동을 하여 시장으로부터 지속적인 신뢰를 얻는데 기여할 수 있다. 둘째, 윤리경영의 실천을 통해 장기적인 면에서 질적인 경영성과 혹은 유용성의 증대를 기대할 수 있다. 셋째, 기업의 윤리경영 문화는 내부구성원의 근무태도에 영향을 미쳐 생산성 향상, 품질 제고, 고객만족과 가치증대와 같은 총체적 품질경영을 가능케 함으로써 기업의 경쟁력을 높일 수 있다. 즉, 윤리경영은 기업의 이미지 제고, 인재육성, 조직혁신, 글로벌 경쟁력 강화 등 21세기 모든 기업에 있어서 기업생존을 위해 반드시 갖추어야 할 기업 경쟁력의 핵심이 되고 있다.

윤리경영을 확산시키기 위해서는 우선, CEO가 윤리경영의 전도사로서 강한 신념을 가지고 임직원의 윤리경영 실천을 뒷받침하는 노력이 필요하다. 또한 윤리경영 관련 제도와 원칙, 전담조직 등 기업윤리 실천 인프라를 제대로 갖춘 후, 시스템적으로 실천이 이루어지도록 해야 한다. 예를 들면, 기업이 지향하는 윤리수준을 설정하고, 전체 임직원이 이에 맞는 행동을 유도하기 위한 규정으로 '윤리헌장', '윤리강령', '임직원 행동지침'을 마련하고 실천을 전담하는 기구 및 인력을 기업 내부에 확충하고 있다(최찬기외, 2014).

3) 스마트경영

인류 문명은 육체노동 중심의 농경사회에서 기계의 힘을 활용하는 산업사회를 거쳐 정보와 지식에 의존하는 지금의 정보사회를 지나 다시 새로운 사회패러다임이 변화하는 전환기를 맞고 있다.((그림 4-2))

사회 환경의 변화와 관련하여 특히 최근 자주 등장하는 키워드 중의 하나는 '스마트사회 (smart society)'이다. 스마트사회란 사람, 시스템, 프로세스 등 모든 것에 스마트 기술이 적용 되어, 일하는 방식을 비롯해 경제, 산업, 행정, 나아가 문화에 이르기까지 사회 전체를 혁신하는 새로운 혁명이라고 말할 수 있다.

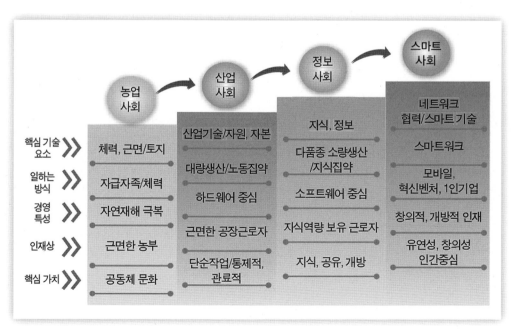

출처 : 스마트 코리아의 미래, 2010.11.8 재구성

|그림 4-2| 사회 환경 패러다임의 변화

사회 패러다임이 정보사회에서 스마트사회로 크게 변화하고 있다. 예를 들면 태블릿PC, 스마트TV 등 다양한 스마트 기기가 등장하면서 일상생활, 소비패턴, 사회적 관계형성 등 정보기술이 이전보다 생활 속에 깊숙이 자리하게 되었다. 앞으로 융·복합형, 지능형 등 스마트기술의 확산과 인간중심, 창조중심, 행복중심과 같은 스마트 가치의 확산은 가치창출과 문제해결이 핵심이 되는 스마트사회로의 변화를 촉진하고 있다. 특히, 스마트 기기와 결합하게 되는 공간정보서비스는 '언제, 어디서나, 즉시 이용 가능함으로써 삶의 가치를 향상하고 업무의 효율성과 생산성을 향상시키게 된다. 예를 들면, 종래의 사무실 개념을 탈피하여, 언제 어디서나(anytime, anywhere) 시간 장소의 제약 없이 편리하게 일을 함으로써 업무 효율성을 향상시킬 수 있는 스마트워크(smart work) 근무방식으로 변화시키게 된다. 즉, 정보통신기술을 이용하여 재택근무, 모바일근무, 스마트워크센터 근무와 같이 시간, 장소의 제약 없이 일할 수 있는 스마트워크 환경을 구현하게 되어 일과 삶의 조화를 이루게 하여 삶의 가치를 향상시키며 효율성과 생산성 향상에 기여하게 될 것이다(최찬기외, 2014).

2. 현대적 경영활동

1) e-business

(1) e-business의 의의

최근 많은 기업에서 정보기술 전략의 일부로 인터넷(internet)을 포함시키고 있다. 인터넷은 근거리 통신망(LAN)이나 인터넷 서비스 제공자를 통해 정보와 자료의 교환을 위해 다른 사용자와 직접 연결되는 전세계에 걸쳐 있는 컴퓨터 네트워크이다. 기업들은 인터넷을 통하여 기업운영을 전세계적으로 확대할 수 있고, 새로운 고객들을 확보할 수 있고, 기업경영을 향상시킬 수 있으며, 필요한 자원을 획득할 수 있다. 그런 이유로 e-business가 붐을 이루고 있다(유필화외, 2011).

e-비즈니스(e-business)란 물리적 장소가 아닌 컴퓨터 네트워크 상에서 디지털 과정에 의하여 발생되는 모든 경영활동을 말한다. 즉, 인터넷 상에서 고객, 파트너, 납품업자,

종업원 등과 전자적으로 연계되어 기업의 제품설계, 생산, 유통, 판매, 소비까지 포함하는 다양한 경영 활동을 수행함으로써 수익창출이나 원가절감을 달성하고자 하는 비즈니스인 것이다. 또한 사업에 필요한 자금을 조달하고 운영시스템을 배치하고 판매하는 것을 포함한다.

(2) e-Business의 특징

① 디지털을 기반으로 한 기술

기업의 거래와 의사결정에 있어서 고객의 경험을 감지, 인터넷 사이트를 통한 콘텐츠의 제공과 같이 디지털비즈니스 환경 하에서 기술적인 측면이 중요하게 되었다. 예를 들면, 디지털 기술을 기반으로 정보를 디지털화한 디지털상품을 거래하게 되고, 커뮤니케이션, 상품과 서비스의 교환, 전자주문 등 인터넷 거래나 EDI(electronic data interchange), 전자뱅킹이 가능해졌다.

② 실시간적인 상호작용

인터넷 웹사이트에서는 상거래나 커뮤니티에 기반을 두어 고객과의 상호작용에 셀프서비스모델을 이용한다. 셀프서비스는 검색과정, 다양한 사이트의 방문시간, 가격과 제품의 비교, 구매의사결정, 고객과의 정보교환에 있어서 고객이 주도권을 가진다. 따라서 고객의 반응을 실시간 감지하여 고객의 다양한 욕구에 적합한 전략수립 및 실천이 중요하다.

③ 시간과 공간을 초월

인터넷 홈페이지를 통한 상점의 개설은 시간에 구애를 받지 않고 열려 있기 때문에, 인터넷이 가능하여 공간에서는 항상 쉽게 접근이 가능하기 때문에 시간과 공간의 제약을 극복하게 되었다.

(3) 전자상거래

전자상거래(e-commerce)는 e-비즈니스보다 좁은 개념인데, 기업의 다양한 e-비즈니스 중에서 인터넷을 통한 단순한 상품의 판매와 구매에 한정된 개념이다. 즉, 전자상거래는 인터넷을 매개로 기업과 소비자가 직접 연결하여 거래함으로써 거래비용의 절감, 거래 시간 및 장소적 제약의 극복, 쌍방향 통신을 통한 고객만족의 극대화 등 다양한 이점을 제공하기 때문에 21세기의 새로운 상거래 패러다임으로 정착하고 있다.[1] 전자상거래를 거래주체에 따라 구분하면 B2B(기업간 거래), B2C(기업과 소비자), C2C(소비자간 거래), C2B(소비자와 기업), G2B(정부와 기업) 등으로 나눌 수 있다.

① B2B

B2B(기업간 거래)란 두 기업 간의 거래에서 발생되는 각종 상거래, 즉 구매와 조달, 공급업체관리, 재고관리, 채널관리, 영업활동, 지출관리, 서비스와 지원에 전자정보기술 및 인터넷을 이용하여 처리하는 것을 말한다.

② B2C

B2C(기업과 소비자)란 소비자가 전자정보기술 및 인터넷을 이용하여 기업의 제품과 서비스를 구매 이용하는 방식을 말한다. 예를 들면, 인터넷 쇼핑몰, 인터넷 뱅킹, 증권사이트, 공연 여행 관련 예약, 인터넷 방송 및 신문 등이 해당된다.

③ C2C

C2C(소비자간 거래)란 전자정보기술 및 인터넷을 이용하여 소비자들 사이에서 자동차와 부동산, 중고물품 등 매매가 이루어지는 것을 말한다. 예를 들면, 인터넷을 통해 개인 서비스 광고나 지식 및 전문기술을 판매하는 경우, 경매 사이트에서 개인 물건을 경매하는 경우 등이 해당된다.

④ C2B

C2B(소비자와 기업)란 소비자들이 기업에 대한 구매그룹으로 자신을 표현하기 위해 힘을 모으는 경우에 해당된다. 이와 같은 경우에 기업에 대한 소비자들의 협상력을 강화시킬 수 있다.

---

1) 전자상거래 즉, e-커머스(electronic commerce)와 비교되는 개념에 t-커머스(television commerce), m-커머스(mobile commerce) 등이 있다.

⑤ G2B

G2B(정부와 기업)란 일반기업과 정부 간에 이루어지는 사업유형으로 정부의 공공자원을 일반기업이 구매하거나 기업의 세금납부를 전자적으로 납부하는 것 등이 해당된다.

⑥ B2G

B2G(기업과 정부)란 정부가 구매코자하는 상품목록과 수량, 조건 등을 사이트에 공시하면 기업들이 입찰하여 거래를 성사시키는 방식을 말한다.

2) 지식경영

21세기는 지식 및 정보가 경영의 핵심자원으로 될 것이며 체계적인 지식의 활용이 기업의 생존여부에 큰 영향을 미치게 될 것이다. 왜냐하면 기업을 둘러싼 환경의 변화속도가 더욱 빨라짐에 따라 새로운 지식을 생산하고 그것을 활용 · 공유하는 것이 기업발전의 중요한 요소가 되고 있기 때문이다. 지(知)는 구성원의 머릿속에 체계화되어 있어 주관적이고 형태화하기 곤란한 암묵지(tacit knowledge)와 그 내용을 언어나 부호의 형태로 표현된 형식지(explicit knowledge)의 두 가지 측면이 있는데 이들 양자의 상호작용으로 지식이 창조된다.[2]

지식경영(knowledge management)이란 개인 및 조직이 지닌 지적재산을 체계적으로 발굴하여, 조직 내부의 공통적인 지식으로 공유하고 또 이를 적극적 효과적으로 활용하여 기업의 경쟁력을 높이는 경영활동이다. 즉, 기업이 전체적으로 관련된 지식자원을 체계적으로 관리하고 조직의 학습효과를 최대화하여 학습조직의 등을 구축함으로써 지식기반 경영능력을 확충하고 지속적인 경쟁우위를 달성하도록 해준다.

기업에서 지식경영체제를 확립하고 정착시키기 위하여 최고지식경영자(chief knowledge officer, CKO)를 지정하고 있다. CKO는 지식경영과 관리에 대한 학습을 장려하여 조직의 경쟁력을 근본적으로 높이고 지식이 기업의 가장 중요한 자원이라는 사실을 인식하도록 조직 내의 지식을 총괄하는 역할을 한다. 그리고 CKO는 직원들을 지식근로자로 변화시키는 역할을 수행할 뿐만 아니라 지식분화 형성, 지식경영 프로세스관리 등을 추진한다.

---

2) 나상억 역, 노나카의 지식경영, 21세기북스, 1998. p.104.

3) 경영정보시스템(MIS)

(1) 경영정보시스템의 의의

기업을 둘러싼 경영환경의 변화에 따라 기업은 더욱 효율적이며 체계적인 경영활동을 수행하여야 할 필요성이 높아졌으며, 이를 지원하기 위한 경영정보시스템이 필요하게 되었다. 경영정보시스템(management information system, MIS)은 기업이라는 시스템의 관점에서 목표인 이익창출을 위해 다른 하위 시스템을 효율적으로 작용하도록 지원하는 시스템이다. MIS는 자료를 저장하고, 정보를 생성함으로써 기업 내에서 필요한 지식을 생성하고 축적하며 이를 활용하도록 지원하는 통합적 컴퓨터 정보시스템이다. 즉, MIS는 기업의 내부와 외부환경에서 발생하는 자료를 수집 · 처리하여 정보로 산출, 제공하는 관련된 모든 인력과 기술, 그리고 제도와 절차를 포함한 사용자 기계시스템의 통합체계인 것이다. MIS는 컴퓨터의 하드웨어, 소프트웨어, 수작업절차, 분석 및 계획모형, 통제와 의사결정 및 데이터베이스, 모델, 정보통신 등을 활용함으로써 그 기능을 수행한다(김형재외, 2008).

(2) 경영정보시스템의 구성요소

MIS의 논리적으로 경영, 정보, 시스템으로 구성되어 있다.

① 경영

경영(management)은 조직의 목적을 달성하기 조직의 활동을 계획, 실행, 통제하는 과정을 말한다. MIS는 경영목적을 달성하기 위한 수단으로 모든 계층의 관리자의 업무를 지원하기 위한 것이다.

② 정보

정보(information)은 의사결정을 위해 이용되어지는 질서 있게 선택된 자료의 구성으로써 사람들 사이에서 의사소통되어지는 지식을 말한다. MIS는 기업활동과 관련된 정보를 수집 · 처리 · 생성 · 저장 · 제공하는 기능을 수행한다.

③ 시스템

시스템(system)은 공동의 목표를 달성하기 위해 구성요소들이 상호작용하는 집합체

를 말한다. MIS는 하드웨어(H/W), 소프트웨어(S/W), 데이터베이스(D/B), 데이터, 처리절차, 사용자로 구성되는 인간-기계시스템이다.

(3) 경영정보시스템의 하위시스템

기업에서 활용되는 정보시스템은 크게 운영업무를 위한 정보시스템과 경영자를 위한 정보시스템으로 구분할 수 있다. 전자는 기업활동에서 발생하는 자료들을 처리해주기 위한 것으로 거래처리시스템과 사무정보시스템이 있다. 후자는 경영자의 경영활동 및 의사결정에 필요한 정보를 제공해주는 정보보고시스템, 의사결정지원시스템, 중역정보시스템, 전략정보시스템 등이 있다.

① 거래처리시스템

거래처리시스템(transaction processing system, TPS)은 컴퓨터를 이용한 사무업무나 운용적인 업무의 신속 정확한 처리를 위한 시스템으로서, 거래 처리, 마스터화일의 보전, 보고서의 출력, 데이타베이스에의 자료제공과 검색 등이 주된 기능이다.

② 사무정보시스템

사무정보시스템(office information system, OIS)은 조직체 내에 서로 연결된 일련의 업무부서에서 취급하는 업무를 효율적 효과적으로 처리하기 위해 각종 정보관련 기술들로 구성된 정보시스템이다. 여러 구성원 또는 부서에 의해 수행되므로 부서 내부 또는 부서 간에 이루어지는 정보의 전달기능이 필수적이다.

③ 정보보고시스템

정보보고시스템(information reporting system, IRS)은 경영활동에 필요한 정보를 제공해주는 시스템이다. 경영자의 관심이 자료의 개념에서 정보의 개념으로 바뀌게 됨에 따라 관심이 높아지게 되었다.

④ 의사결정지원시스템

의사결정지원시스템(decision support system, DSS)은 경영자의 다양한 의사결정과정을 지원해주는 시스템이다. 즉, 경영활동에 관한 자료를 검색하여 문제를 발견하고, 필요한 정보자료를 수집하여 의사결정 문제에 대한 해결안을 마련할 수 있도록 지원하는 정보시스템이다.

⑤ 중역정보시스템

중역정보시스템(executive information system, EIS)은 조직 내 최고경영층의 활동만을 지원하기 위해 개발된 시스템이다.

⑥ 전략정보시스템

전략정보시스템(strategic information system: SIS)은 정보기술과 경쟁전략을 결합하여 정보자원을 전략적으로 활용함으로써 기업의 경쟁우위를 확보하고 부가가치를 높이기 위한 시스템이다.

3. 경영혁신기법

1) 벤치마킹

(1) 벤치마킹 의의

벤치마킹(benchmarking)이란 제품이나 업무수행과정 등 경영의 어느 특정 부문에서 최고의 성과를 올리고 있는 회사를 선정해서 그 부문에서의 자기 기업과 그 기업의 차이를 면밀히 비교·검토한 다음 개선을 통해 그 기업만큼의 경영성과를 올리려는 지속적인 노력과정을 말한다. 벤치마킹은 기업 경영에서 관측되고 측정될 수 있는 모든 것을 대상으로 할 수 있다.

예를 들면, 제품의 품질, 고객에 대한 서비스수준, 생산 공정, 인사·교육 등 활동대상 모두를 대상으로 할 수 있다.

(2) 벤치마킹의 전제

벤치마킹은 기본적으로 기업이 개선활동을 시작하기에 앞서 우선적으로 실시해야할 선행 업무가 되어 가고 있다. 벤치마킹 활동에 앞서 먼저 고려해야 할 사항이 있다면 무엇을 벤치마킹할 것인가? 결정해야 하며, 어떻게 벤치마킹을 할 것인가를 검토해야 한다(김승환 외, 2007).

첫째, 무엇을 벤치마킹할 것인가 하는 것은 기업의 경영목표, 경영환경, 경쟁력 등을 종합적으로 고려하여 구체적으로 결정되어야 한다. 그러나 벤치마킹의 기본목적은 경쟁력 향상 이며, 경쟁력의 관점에서는 제품과 프로세스에 대한 벤치마킹이 필수적이라고 할 수 있다.

둘째, 어떻게 벤치마킹할 것인가? 벤치마킹 업무를 수행하려는 기업은 먼저 자사의 프로세스를 측정, 평가해야 한다. 프로세스 성과에 영향을 주는 핵심 성공요인을 조사하거나 핵심 프로세스를 평가해야 하는바 기업은 프로세스의 산출물뿐만 아니라 입력·출력도 반드시 정의해야 한다. 또한 프로세스의 성과에 영향을 미치는 데이터를 수집·분석하고 측정하여야 한다. 프로세스 성과측정은 품질(quality), 비용(cost), 시간(cycle time)의 관점에서 수행할 수 있다.

(3) 벤치마킹의 절차

벤치마킹의 진행은 다음과 같이 4단계를 거쳐서 이루어지게 된다.

첫 번째 벤치마킹 프로세스 모델의 계획단계에서는 다음의 3가지 사항을 고려하여야 한다.

첫째, 기업은 반드시 자사의 핵심 성공요인, 핵심 프로세스, 핵심 역량 등을 파악하여야 한다. 둘째, 벤치마킹되어야 할 중요한 프로세스는 반드시 문서화되어야 하고 그 프로세스의 특성이 정확히 기술되어져야 한다. 셋째, 벤치마킹 파트너 선정을 위해 필요한 요구조건도 반드시 작성하여야 한다.

두 번째 자료수집단계에서는 내부 데이터수집, 자료 및 문헌조사, 외부데이터 수집이 포함 된다. 내부 데이터 수집단계에서는 자사 프로세스의 절차 및 성과 등을 프로세스 맵 등을 통하여 분석한다. 내부적 자료수집이 끝나면 벤치마킹 대상 기업을 선정하고, 2차로 자료 및 문헌조사를 실시한다. 또한 선정된 대상기업에 대한 외부 데이터 수집을 수행하여야 한다. 외부 데이터 수집방법은 전화 인터뷰, 설문지 작성, 면접, 인터뷰 등을 사용할 수 있다.

세 번째 분석단계에서는 데이터분석, 근본 원인분석, 결과예측, 동인 판단 등의 업무를 수행하여야 한다. 분석단계의 목적은 벤치마킹 수행을 위해 개선 가능한 프로세스 동인을 확인하기 위한 것이다.

네 번째 개선단계에서는 자사의 핵심 프로세스를 개선함으로써 벤치마킹결과를 현실화시키자는 것이다. 이 단계에서는 벤치마킹연구를 통해 얻은 정보를 활용함으로써 향상된 프로세스를 조직에 적응시켜 지속적인 향상을 유도하여야 한다.

(4) 벤치마킹의 원리

벤치마킹은 자사의 개선활동을 위한 노력의 일환으로 진행되지만, 여기에는 벤치마킹 대상 파트너의 협조가 필수적이기 때문에 상호이득이 될 수 있다는 방향에서 예의 바르게 진행되어야 한다. 또한 벤치마킹의 성공도를 높이기 위하여 최고경영자의 적극적인 관심과 참여와 요구되며, 조직구성원들이 겸허하게 배우려고 하는 자세를 갖추는 것이 중요하다.

2) 리스트럭처링과 리엔지니어링

리스트럭처링 혹은 구조조정(restructuring)은 한 기업이 여러 사업부를 가지고 있을 때 또는 한 기업이 여러 계열사를 보유하고 있을 때 예상되는 미래의 변화를 바탕으로 어떤 사업을 주력사업으로 하고 다른 사업부는 줄이거나 철수시키며 어떤 사업에는 새로 진출하고, 또 중복되는 사업은 통합하는 등 전면적으로 사업구조를 다시 짜는 과정을 말한다. 즉, 리스트럭처링은 경영전략의 관점에서 접근해야 하는 것으로 비전을 점검하고, 그 비전에 따라 목표를 재설정하며, 기업의 조직을 해당 목표를 달성하기에 적합한 구조로 재설계하는 것이다.

한편, 리엔지니어링(reengineering)은 기업의 비용, 품질, 서비스 및 업무프로세스의 속도 개선과 같은 성과를 획기적으로 올리기 위해 업무프로세스(business process)를 근본적으로 새롭게 재설계하는 것이며, 특히 현대의 정보통신기술을 적극적으로 활용하며, BPR(business process reengineering)이라고도 한다. 즉 BPR은 혁신적인 도구와 업무프로세스의 재설계를 통해 기업의 경영성과를 급격히 올리려는 혁신활동을 말한다.

리스트럭처링이 기업의 전략을 수정하면서 그에 적합한 조직구조를 설계하는 작업이라면, 리엔지니어링은 기업의 규모가 달라지면서 적합도가 떨어진 기업의 시스템과 조직을 바꾸는 혁신작업이라고 할 수 있다.

3) 아웃소싱

(1) 아웃소싱의 정의

아웃소싱(outsourcing) 혹은 외부조달이란 경쟁의 심화와 전문화가 더욱 진행됨에 따라 기업의 역량을 핵심부문에 집중시키면서 외부의 전문분야를 활용하여 경쟁력을 높이고 비용을 줄이기 위한 경영혁신 운동의 일환으로, 비핵심부문을 상대적으로 우수한 외부조직으로부터 조달받는 행위를 말한다.

(2) 아웃소싱의 목적

아웃소싱을 하는 목적은 전략적 경제적 기술적 목적으로 요약할 수 있다.

첫째, 전략적인 목적으로 일상적인 업무의 아웃소싱을 인력과 자산을 내부의 핵심업무에 집중할 수 있게 된다. 또한 아웃소싱 대상 업무영역에 근무하는 인력까지 아웃소싱함으로써 자사의 인력수급에 유연성을 확보할 수 있게 된다.

둘째, 경제적 목적으로 기업이 아웃소싱업체의 인적 또는 기술적 자원을 규모의 경제를 통해 이용할 수 있으며, 고정가격의 계약을 통해 불확실한 비용을 관리할 수 있다.

셋째, 기술적 목적으로 정보기술의 급격한 변화로 인한 기술도입의 위험성을 줄일 수 있고, 최신의 정보기술을 보다 쉽게 얻을 수 있다. 예를 들면, 기업 내부적으로 새로운 정보기술의 도입을 고려하려고 해도 이에 관한 전문가를 보유하고 있지 못해 어떠한 방식으로 투자를 해야 할지 모를 경우 정보부문에 대한 아웃소싱을 대안으로 고려할 수 있다.

(3) 아웃소싱의 문제점

아웃소싱을 통해서 특정 분야를 외부조달할 경우 그에 따르는 필요적인 인원감축으로 말미암아 회사 내에 갈등이 생길 염려가 있다. 또한 공급받는 제품의 품질이 떨어지거나 가격이 상승할 경우, 납품이 늦어지거나 하는 경우에는 기대하는 만큼의 효과를 못 거두게 된다.

나아가 공급업체들을 완전히 통제할 수 없게 되어 결과적으로 기업의 성과가 외부에 의해 좌우되는 상황이 발생하게 된다. 따라서 기업이 아웃소싱을 고려할 때에는 이러한 부정적인 요소들도 모두 고려하여야 한다.

4) 다운사이징(downsizing)

기업의 규모, 인력, 사업범위 등에 대한 구조조정을 통하여 비용절감과 생산성 향상, 사업구조의 재편을 추구하는 경영혁신기법이다. 필요없는 인원이나 경비를 줄여 낭비적인 부문을 제거하는 것을 말한다. 구체적인 실천방법으로는 팀장제도, 명예퇴직, 성과보수체계 등이 있다.

4. IT(Information Technology) 경영기법

정보경영이란 치열한 경쟁 환경 하에서 기업이 경쟁력을 강화하기 위하여 정보자원 및 정보기술을 효과적으로 이용하여 경영활동을 수행하는 것을 말한다.

1) ERP

ERP(enterprise resource planning: ERP)는 "전사적 자원관리"라는 의미의 신경영기법인 ERP는 기업활동을 위해 쓰여지고 있는 기업 내의 모든 인적, 물적 자원을 효율적으로 관리하여 궁극적으로 기업의 경쟁력을 강화시켜 주는 역할을 하게 되는 통합정보시스템이라고 할 수 있다. 기업은 경영활동의 수행을 위해 여러 개의 시스템 즉 생산, 판매, 인사, 회계, 자금, 원가, 고정자산 등의 운영시스템을 갖고 있는데 ERP는 이처럼 전 부문에 걸쳐있는 경영자원을 하나의 체계로 통합적 시스템을 재구축함으로써 생산성을 극대화 하려는 대표적인 기업의 리엔지니어링기법이다.

정보 측면에서 ERP란 기업 내의 생산·회계·인사 등의 업무프로세스들을 지원하고 이를 통해 발생된 모든 정보들을 상호 공유할 뿐만 아니라 새로운 정보생성 및 신속한 의사결정을 지원하는 시스템으로, 최근에는 고객정보, 상품정보, 제품개발정보 등 정보자원까지 포괄하여 모든 자원의 흐름을 부서 단위가 아닌 기업 전체의 흐름에서 최적으로 관리가 가능하게 하는 통합정보시스템이다.

ERP는 경영 및 정보기술환경의 변화에 따라 필요에 의해 자연스럽게 생긴 개념으로 제조업체의 핵심인 생산부분의 효율적인 관리를 위한 MRP(Material Requirements Planning, 자재 소요계획)에서 시작되었다.

1970년대에 등장한 MRP는 제조업의 가장 큰 고민인 재고를 줄일 목적으로 개발된 단순히 자재수급관리를 위한 시스템이다. 그 후 1980년대에 출현한 MRP Ⅱ (Manufacturing Resource Planning Ⅱ, 제조자원계획)는 자재뿐만 아니라 생산에 필요로 하는 모든 자원을 효율적으로 관리하기 위한 것으로 확대되었다.

1990년대에는 이러한 MRP 의 개념에서 확장되어 생산뿐만 아니라 인사, 회계, 재무, 영업 등 경영관점에서 전사적으로 자원의 효율적인 관리가 능한 ERP(Enterprise Resource Planning, 전사적자원관리)가 개발되었다. 기업들은 시장구조가 생산자중심에서 소비자중심으로의 전환됨에 따른 대응과 IT 자원의 기업활동에 효율적 활용을 위하여 ERP를 적극 도입하게 되었으며 2000년대에 들어서는 CRM, SCM 등의 개념이 추가된 확장형 ERP(extended ERP)로 발전하고 있다.

ERP시스템을 도입하게 되면 영업, 생산, 구매, 자재, 회계, 인사 등 기업 내 모든 단위업무가 첨단의 정보통신기술을 기반으로 하는 정보시스템에 의해 상호 긴밀한 관계를 가지면서 실시간(real time)으로 통합되어 처리될 수 있다(스마트경영지원센터, 2014).

2) CRM

(1) CRM의 의의

고객관계관리(customer relationship management: CRM) 고객관리에 필수적인 요소들(기술인프라 시스템기능 사업전략 영업프로세스 조직의 경영 능력, 고객과 시장에 관련된 영업 정보 등)을 고객 중심으로 정리 통합하여 고객활동(customer interaction)을 개선함으로써, 고객과의 장기적인 관계를 구축하고 기업의 경영성과를 개선하기 위한 새로운 경영방식을 말한다.

(2) CRM 과정

CRM의 과정은 고객선별, 고객획득, 고객개발, 고객유지의 단계를 거친다. 첫째, 고객선별단계로 기업에 도움을 주는 고객을 유지할 수 있도록 고객을 세밀하게 분류하여야 한다. 둘째, 고객획득단계로 고객관계에서 최고의 잠재적 수익성과 영향력을 지닌 고객군에 한정된 기업자원을 할당한다. 셋째, 고객개발단계로 고객이 원하는 것을 원하는 방법으로 원하는 때에 제공할 수 있도록 고객의 요구사항 및 기대 수준에 대해 정확히 파악하고 있어야 하며, 자신의 제품과 서비스, 기업에 대한 고객의 접촉경험에 대하여 정확히 이해하여야 한다. 마지막으로 고객유지단계로 고객은 원하는 제품과 서비스를 지속적으로 제공할뿐만 아니라 충성스런 고객으로 남아있을 수 있도록 고객에 대한 피드백 관리를 수행한다. 아울러 기업은 매일 고객과 다양한 채널을 통해 계속적으로 대화를 해야 하며 최신의 고객 및 시장정보를 획득하 여야 한다.

(3) CRM 중요성 및 효과

CRM의 중요성은 고객관계에 중점을 두어 기존 고객 및 잠재 고객을 대상으로 고객유지, 이탈방지, 다른 상품과의 교차판매(cross-sell) 등 일대일 마케팅전략을 통하여 고객점유율을 높일 수 있으며, 우수한 고객의 유지를 통하여 수익성을 높이며, 고객의 욕구를 파악하여 고객이 원하는 상품을 공급할 수 있다.

CRM 도입을 통해 기대되는 효익은 e-business를 통해 최소비용으로 최대수익을 증대, 광고비용 감소 및 효과 상승, 마케팅과 영업의 연계로 인한 정확한 판촉활동 분석, 보다 정확한 수요예측과 생산계획 반영, 정확한 고객분석으로 인한 적절한 가격제시 및 고객응대 등이 있다.

3) SCM

(1) SCM의 의의

공급망(supply chain)은 어떤 제품을 판매하는 경우 자재 조달·제품 생산, 유통, 판매라는 흐름이 발생하는 과정을 의미한다. 공급망관리(supply chain management, SCM)란 구매, 제조, 분배, 유통을 거쳐 소비자에 이르는 모든 재화 및 서비스 그리고 그 흐름에 수반되는 가치의 흐름을 통합하고 연계하여 전체적인 시스템으로 이해하고 정보와 물리적 제품의 흐름이 원활히 진행될 수 있도록 관리하는 활동이다. 즉 고객 서비스수준을 만족시키면서 시스템의 전반적인 비용을 최소화할 수 있도록 제품이 정확한 수량으

로 정확한 장소에, 정확한 시간에 생산과 유통이 가능하게 하기 위하여 공급자, 제조업자, 창고 보관업자, 소매상들을 효율적으로 통합하여 관리하는 활동이다.

(2) SCM의 목적

SCM의 목적은 재화 및 정보의 흐름을 적절히 관리하여 공급망 체인을 최적화 하여 조달시간 단축, 재고비용이나 유통비용 삭감, 고객 문의에 대한 빠른 대응을 실현하는 것이다.

즉, 자재의 조달에서 제조, 판매, 고객까지의 물류 및 정보의 흐름을 종합관리하고, 전체적인 관점에서 생산과 공급을 최적화 즉, 원자재공급업체, 부품공급업체, 유통업체, 물류업체 나아가 고객과 보다 긴밀한 관계를 유지할 수 있게 됨으로써 보다 높은 수익을 추구하는 것이다.

(3) SCM의 실행

SCM을 구축하여 실행과정은 기업의 전 기능 통합, 기업간 채널 통합, 채널 개발 전략의 세 부분으로 나누어 볼 수 있다(김승환 외, 2007).

첫째, 기업의 전 기능 통합단계로 기업 내부에 공급사슬을 구성하고 있는 관련 사업단위뿐만 아니라 재무, 인사, 경리, 물류 등 모든 기능들을 통합하여 하나의 단일 사업체계로 보는 것이다. 이것을 달성하기 위해서는 일일 관리업무와 기획과정을 동시화하는 것 뿐만 아니라 부서간의 장벽을 제거하고 전략적 합의와 동의가 요구된다.

둘째, 기업 간 채널 통합은 첫 번째 SCM 구축 다이내믹스의 확장이며, 다만 조직의 벽을 넘어 존재하는 사업 파트너들과 SCM 기본 관리운영 통합을 구현한다는 점이 다를 뿐이다.

기업들이 보다 명확하게 정의되어 있는 그리고 확실하게 의사소통이 되는 목표를 실행하여야 하고, 고도의 협상기술과 상호 중요 비즈니스 프로세스에 대한 지식 그리고 복수의 채널 파트너들로 확대시킬 수 있는 업무능력과 의사결정 능력을 필요로 한다.

셋째, 채널 개발전략은 지속적으로 채널 간의 중복적인 역량들을 흡수시키면서 고객에게 가치를 제공할 수 있도록 장기적인 측면에서 새로운 시장 우위를 추구하기 위한 공급사슬상의 파트너들 간의 독특한 핵심역량들을 서로 합치시키기 위한 능력들을 개발하는 것이다.

　기업은 SCM의 실행 결과에 대하여 성과를 측정하여 활용하는 일은 중요하다. 성과측정의 결과를 유사 업종에 속하는 타 기업들에 대한 성과측정치와 비교하여 기업의 목표를 설정하거나 개선해 나가는 노력뿐만 아니라 동종 산업에 속한 초우량기업과의 비교를 통해서 해당 기업의 열등한 부분의 성과지표의 차이를 극복하기 위한 개선방안과 개선전략을 수립하여 실행할 필요가 있다.

단원핵심문제

01 전자결제의 유형별 장·단점을 비교 설명한 것 중 가장 거리가 먼 것은?

① 전자화폐는 기업측면에서 기존 어음제도의 문제점을 해소시켜주는 효과가 있지만, 컴퓨터 해커에 의한 대량도난의 위험성이 있다.

② 전자수표는 소비자 측면에서 선불제이므로 자금 운용상 유리하지만, 사용하는 절차가 상대적으로 번거롭다.

③ 신용카드는 금융기관 측면에서 시스템 구축이 용이하고 수수료 수입 증가 효과가 있으나, 기업측면에서는 카드수수료가 발생한다.

④ 홈뱅킹 등 온라인 결재는 금융기관 측면에서 송금과 이체에 따른 수수료 수입이 증가하지만, 소비자 측면에서는 별도의 이체행위를 해야 하는 번거로움과 송금 및 이체 수수료가 발생된다.

02 다음 중 MIS의 운영에 필요한 물리적 구성요소에 속하지 않는 것은?

① 하드웨어　　　② 소프트웨어　　　③ 보고서 작성　　　④ 데이터베이스

03 경영정보시스템에 대한 설명 중 가장 거리가 먼 것은?

① 여행사 접수창구에서 항공권과 호텔예약을 일괄적으로 처리할 수 있는 것은 각 기업의 컴퓨터가 연계하여 작동되기 때문이다.

② 보통 은행이나 편의점에서 사용하는 ATM은 집중처리시스템으로 분류된다.

③ 컴퓨터가 점차 소형화, 고성능화, 저가격화가 되면서 분산처리시스템이 보급되기 시작하였다.

④ IT 전문가가 주도권을 갖고 컴퓨터시스템을 개발하는 방법을 EUC(End-User Computing)라고 한다.

04 다음 중 경영정보시스템이 경영활동에 이용될 때 얻을 수 있는 이점으로 가장 거리가 먼 것은?

① 수작업 대신 컴퓨터 대체를 통해 생산성을 향상시켜서 원가절감이 가능하다.

② 경영활동에 필요한 제 정보를 신속히 제공한다.

③ 변화와 혁신의 도구로 이해됨에 따라 구성원들의 업무적 부담감이 상승한다.

④ 기업내부와 외부 구성원들 간의 정보 교류가 가능하여 의사소통을 향상시킬 수 있다.

05 정보의 가치에 영향을 미치는 요인에 대한 설명 중 가장 거리가 먼 것은?

① 정보의 양은 많으면 많을수록 정보의 가치가 절대적으로 커진다.

② 정보의 적합성이 높을수록 정보의 가치가 커진다.

③ 정보의 정확성을 확인할 수 있는 증거성은 해당 정보의 본래 출처를 확인하거나 이미 알려진 다른 정보와 비교함으로써 파악될 수 있다.

④ 의사결정자의 요구에 부합되는 형태로 정보가 제공되어야 정보의 가치가 커진다.

06 다음 중 전자상거래의 장점에 대한 설명으로 적절하지 않은 것은?

① 공간효율 : 본사는 조그맣게 있지만 세계 어디서나 서비스가 가능하다.

② 시간효율 : 하루 24시간 전 지구촌을 상대로 경영활동이 이루어진다.

③ 소비자 구매정보 : 인터넷을 이용해서 전 세계회사의 제품에 관한 정보를 얻을 수 있다.

④ 간접 거래 : 직접거래가 불가능하므로 중개인의 역할이 크다.

07 다음 중 E-Business를 설명한 것중 가장 거리가 먼 것은?

① 디지털 기술과 네트워크 기술을 기반으로 한다.

② IT를 활용하여 기존의 비즈니스 모델을 재정비하거나 새로운 비즈니스 모델을 창출한다.

③ 기존시장 보다 더욱 고객위주의 시장이라 할 수 있기에, 고객정보를 효과적으로 활용하는 것이 중요하다.

④ 주로 아날로그 방식으로 수행되는 제조 사업방식이다.

08 거래처리시스템의 특성에 관한 설명 중 가장 거리가 먼 것은?

① 상대적으로 짧은 시간 내에 많은 양의 데이터를 처리한다.

② 적용업무가 단순하고 명백하므로 이용자의 적극적 참여 없이도 시스템전문가에 의해 상대적으로 쉽게 분석·설계할 수 있다.

③ 문제해결이나 새로운 기회의 추구와 같은 의사결정을 지원하는 용도로 주로 사용된다.

④ 주로 일선업무를 수행하는 하위경영층에 의해 사용된다.

09 다음 e-Business에 대한 설명 중 가장 거리가 먼 것은?

① e-Business 환경 하에서는 디지털방식에 의한 인터넷거래나 전자뱅킹이 가능해지지만 정보 기술이 경영의사결정에는 영향을 줄 수가 없다.

② 인터넷을 통행서 많은 기업들이 중간 유통단계가 최소화되고 컴퓨터 기술을 이용하여 소비자에게 직접 유통하는 방식으로 바뀌고 있다.

③ 대부분 인터넷 웹에서는 상거래나 커뮤니티에 기반을 두어 소비자와의 상호작용에 기반을 둔 모델을 이용할 수 있다.

④ 인터넷 홈페이지를 통한 상점은 시간에 구애받지 않고 열려있으며 인터넷이 가능한 공간에서는 항상 쉽게 접근이 가능하기 때문에 시공간의 제약을 극복하게 되었다.

10 지식경영에서 지식을 형식지와 암묵지로 구분하는데, 형식지에 대한 설명으로 가장 올바른 것은?

① 개개인의 독특한 노하우와 주관적인 경험으로 구성된 지식

② 사람의 귀와 귀 사이(between ears), 즉 머릿속에 존재에 있는 지식

③ 감성적이며 직관적인 지식

④ 책자, 매뉴얼, 데이터베이스 등과 같은 형태로 형상화된 지식

11 다음의 설명 중 지식경영과 가장 거리가 먼 내용은 무엇인가?

① 현대사회는 지식 및 정보가 경영의 핵심자원이기에 지식의 활용이 기업생존여부에 큰 영향을 미친다.

② 기업환경의 변화속도가 빨라짐에 따라 새로운 지식을 생산하고 그것을 활용/공유하는 것이 중요한 요소가 된다.

③ 기업에서는 개인 및 조직이 지닌 지적자산을 체계적으로 발굴하여 조직의 공통지식을 공유해야 한다.

④ 조직 내의 지식이 더 잘 공유될 수 있도록 조직구조를 집권화해야 한다.

12 다음의 빈칸에 들어갈 내용으로 가장 적절한 것은 무엇인가?

( )은/는 좋은 비즈니스 아이디어를 가진 사람이 특정 지역에 한정된 고객들을 대상으로 사전에 고안된 방식을 통해 자신의 비즈니스 이름을 사용하여 제품이나 서비스를 사용할 권리를 다른 제3자에게 판매하는 것이다. 예를 들어 던킨 도넛, 서브웨이, 홀리데인 인 등이 이런 방식이다.

① 라이센싱(Licensing)

② 프렌차이징(Franchising)

③ 합작투자(Joint Venture)

④ 해외직접투자(Foreign Direct Investment)

13 다음 중 지식경영에 대한 설명으로 가장 적절하지 않은 것은?

① 지식경영은 조직 구성원 개개인의 지식이나 노하우를 활용하는 경영기법이다.

② 암묵지는 문서나 매뉴얼처럼 여러 사람이 공유할 수 있는 지식이다.

③ 형식지와 암묵지는 상호작용을 하면서 지식이 확장, 공유된다.

④ 지식은 형식지와 암묵지로 구분된다.

14 경영혁신을 추진할 때에는 크든 작든 구성원들의 저항에 직면하게 된다. 경영혁신에 대한 저항을 관리하는 방법으로 가장 올바르지 않은 것은?

① 자신이 참여한 결정에 저항하는 것은 어렵기 때문에 의사결정과정에 반대자를 참여시킨다.

② 변화에 따르지 않는 구성원들에게 임금삭감, 전근, 승진상의 불이익 등 직접적인 위협과 힘을 가하여 변화를 이끌어낸다.

③ 정보가 없거나 부정확한 정보와 분석이 존재하는 경우 일대일 토론, 집단발표, 리포트 등의 교육과 커뮤니케이션을 통해 구성원들을 설득한다.

④ 사실을 보다 과소평가하고 바람직하지 않는 정보를 있는 그대로 공개하여 경영혁신 수용도를 높인다.

15 다음 보기에서 설명하고 있는 것은 무엇인가?

타업종이나 동일 업종의 최고 수준을 가진 기업을 모델로 삼아 그들의 독특한 비법을 배우면서 부단히 자기 혁신을 꾀하는 경영전략기법의 하나이다.

① 리스트럭처링

② 다운사이징

③ 벤치마킹

④ 아웃소싱

16 전사적 자원관리(ERP)에 대한 설명 중 가장 거리가 먼 것은?

① ERP를 도입하게 되면 기업 내의 영업, 생산, 구매, 자재, 회계 등 모든 조직과 업무가 IT로 통합되어 월(月)단위 정보수집기간이 주(週)단위로 축소된다.

② 계속적으로 변화하는 경영상황에 대한 정보를 신속, 정확하게 경영하층부까지 제공하여 신속한 의사결정이 가능하다.

③ 기업내 또는 기업간 업무가 하나의 데이터베이스로 통합되기 때문에 관련 데이터의 일원화와 공유가 가능해진다.

④ ERP 패키지 내에 포함되어 있는 Best Practice라는 선 진 프로세스를 회사내에 적용시킬 수 있어서 BPR을 자동적으로 수행한 결과를 가져올 수 있다.

17 다음의 빅데이터(big data)에 의한 가치창출이 가능한 분야에 대한 설명 중 가장 거리가 먼 것은?

① 고객의 패턴을 추출해서 실시간 예측 및 미래예측이 가능하다.

② 고객의 일상데이터로부터 새로운 패턴을 발견하여 숨은 니즈발견이 가능하다.

③ 고객 개인별로 차별화해서 유용한 정보를 제공하여 맞춤형 서비스가 가능하다.

④ 고객의 니즈가 빠르게 변하기 때문에 실시간 대응이 어렵다.

18 다음을 설명하는 가장 적절한 용어는 무엇인가?

> 기업이 고객의 거래정보와 모든 고객접점에서 얻어지는 접촉정보들을 통합적으로 분석 및 관리하고 이를 영업 및 마케팅 활동에 전략적으로 활용함으로써 고객이탈을 방지하고 고객의 평생가치 및 기업의 수익기여도를 극대화하는 경영활동

① 고객만족관리(CSM–Customer Satisfaction Management)

② 고객관계관리(CRM–Customer Relationship Management)

③ 컴퓨터통합생산(CIM–Computer Integrated Manufacturing)

④ 공급사슬관리(SCM–Supply Chain Management)

19 다음 중 기업의 정보관리에 대한 설명으로 가장 적절하지 않은 것은?

① 기업의 정보관리 기능이란 조직 내 각종 의사결정이 효율적이고 효과적으로 이루어질 수 있도록 필요한 정보를 필요한 때에 필요한 사람들에게 체계적으로 제공하는 일체의 활동을 일컫는다.

② 전사적 자원관리(ERP : Enterprise Resource Planning)란 재무, 회계, 마케팅, 인사, 생산, 재고관리, 유통 등과 같은 경영의 전 기능을 체계적으로 계획, 관리, 통제하는 것을 목적으로 구축된 정보관리시스템이다.

③ 공급사슬관리(SCM : Supply-Chain Management)란 원자재 공급자, 생산자, 도매상, 소매상 그리고 최종소비자들을 포함하는 물자공급의 전 과정을 하나의 단위로 묶어 종합적으로 관리하는 정보관리시스템이다.

④ 고객관계관리(CRM : Customer Relationship Management)란 마케팅, 영업, 서비스부서 등을 정보시스템을 통하여 묶어 미래고객을 제외한 현재와 과거고객에 집중하여 종합적으로 관리하는 정보관리시스템이다.

Answer   1. ②   2. ③   3. ④   4. ③   5. ①   6. ④   7. ④   8. ③   9. ①   10. ④   11. ④
          12. ②   13. ②   14. ④   15. ③   16. ①   17. ④   18. ②   19. ④

경영
관리론

Understanding of Business

Chapter 08

통제 활동

Chapter

5

계획 활동

1. 의사결정의 이해

1) 의사결정의 의의

의사결정(decision making)이란 어떤 문제해결을 위하여 제반 대안을 모색하고 그 중 최선의 대안, 즉 최대의 기대효과와 실현가능성이 가장 높은 대안을 의도적으로 선택하는 행위이다. 즉 경영에서 의사결정은 경영 목적을 합리적으로 달성하기 위하여 판단의 대상이 되는 여러 가지 대안을 마련하고, 그 중에서 특정 상황에 가장 효과적이고 실행 가능한 최적안을 선택하는 과정인 것이다.

2) 의사결정의 종류

경영과정에서 여러 가지 다양한 의사결정을 하게 되므로 의사결정 문제를 일률적으로 명확하게 구분하는 것은 쉬운 것이 아니지만, 다음과 같이 구분하여 설명할 수 있다.

(1) 정보상태에 따른 의사결정

확실성하의 의사결정(certainty decision)은 의사결정 대상의 정보가 확정적인 상황하에서의 이루어지는 의사결정이다. 이 경우에는 단순히 대안을 분석하여 최선의 대안을 선택하기만 하면 된다.

위험하의 의사결정(risk decision)은 정보가 확실하지는 않으나 각 상황이 발생될 객관적인 확률을 아는 경우에 이루어지는 의사결정을 말한다. 위험한 환경은 경영자가 의사결정을 할 때 너무나 자주 접하게 되는 상황이며 특히 아이디어나 지속적인 혁신을 통해 성공하려고 하는 창업가 또는 혁신주도자의 경우에 해당되는 전형적인 의사결정유형이다.

불확실성하의 의사결정(uncertainty decision)은 장래 상황의 객관적인 확률을 알 수 없고, 오직 주관적인 판단만이 가능한 경우의 의사결정을 말한다. 불확실한 환경 하에서 경영자가 문제를 해결하기 위해서는 창의력이 필요하고 기존의 행동방식과는 완전히 다른 독특하고 새로우며 혁신적인 대안이 필요하다. 이러한 상황에서는 대개 문제해결을 위해 집단적으로 의사결정[1]에 참여하게 된다.

(2) 정형 및 비정형 의사결정

정형화된 의사결정(programed decision)은 이미 설정된 대안을 기준으로 일상적이며 반복적으로 이루어지는 의사결정, 프로그램화되기 쉽고, 자주 되풀이, 구조가 비교적 명확하다.

따라서 의사결정은 보통 표준화된 절차를 따라 이루어진다.

반면, 비정형화된 의사결정(non-programed decision) 의사결정은 사전에 알려진 해결안이 없는 경우에 이루어지는 의사결정으로 프로그램화할 여지가 적고 개인의 경험, 판단, 능력 등에 의해 많은 영향을 받는다. 이와 같은 상황에서 제대로 된 선택을 하기 위해서는 경영자들은 엄밀하게 계획된 의사결정 과정을 따라야 한다.

---

1) 집단의사결정(group decision)이란 의사결정 과정에 토론 및 지식의 교환 등 집단적 상호작용을 거쳐 문제해결 대안을 선택하는 과정을 말한다. 집단의사결정은 개인 보다 많은 정보제공을 통하여 보다 많은 대안을 개발할 수 있고, 해결책의 수용 가능성과 합법성을 증가시킨다는 장점이 있다. 반면, 의사결정에 더 많은 시간과 자원이 소비되며, 최적안 보다 못한 타협안을 도출할 가능성, 의견불일치로 구성원 간에 갈등을 유발할 가능성, 의사결정 결과에 대한 책임소재가 분명하지 않은 단점이 있다.

(3) 경영계층별 의사결정

전략적 의사결정(strategic decision)은 대외적 전략경영의 결정을 말하며, 기업의 내부문제 보다는 주로 기업의 외부문제의 해결에 관련된 있는 의사결정이며, 최고경영층에 의해 이루어지게 된다. 즉, 외부환경의 변화에 기업 전체를 대응 내지 적응시키기 위한 의사결정 및 참여할 사업결정, 제품믹스 결정, 시장선정 결정 및 제 자원 배분에 관한 의사결정 등이 있다.

관리적 의사결정은 기업의 목표와 전략을 실행하기 위한 구체적 의사결정, 기업 내부의 조직 제 자원활용의 극대화에 관한 의사결정, 인력 및 원재료를 획득, 인적자원의 개발 및 훈련, 자본 및 설비조달의 의사결정으로 주로 중간경영층에 의해 이루어지게 된다.

업무적 의사결정(operational decision)은 일상적인 경영활동의 능률을 최대로 하기 위한 의사결정으로서 대내적 경영계획의 집행, 즉 일상적으로 행해지는 업무에 관한 의사결정으로 주로 하위경영층에 의해 이루어지게 된다. 업무적 의사결정은 자원 변환과정의 효율성을 극대화, 재고수준의 결정, 가격결정, 연구개발 및 월간 생산계획 의사결정 등이다.

3) 합리적 의사결정 과정

(1) 1단계: 문제인식

경영자는 문제를 해결할 조치를 취하기 전에 반드시 문제를 인식하고 그 범위와 본질을 분석해야만 한다. 문제를 인식하기 위해 경영자는 우선 문제가 존재한다는 사실을 인식하고 그것을 정형적 · 비정형적 문제로 구분하여 정의하고 그 상황을 진단한다.

(2) 2단계: 대안개발

일단 문제가 인식되고 분석된 후에 경영자들은 어떤 대안에 대해서도 판단은 하지 않으면서 가장 분명한 대안에서 가장 창의적인 대안까지 포함하여 가능한 모든 대안을 개발하기 위해 시도한다. 경영자들은 대안을 개발하는데 사용한 방법과는 상관없

이 그들이 고려할 수 있는 대안을 많이 가지고 있는 경우에 더 나은 의사결정을 할 수 있다.[2]

(3) 3단계: 대안 평가

경영자들은 각각 대안의 강점을 평가하고 실행 불가능하거나 부적절하거나 너무 비용이 많이 소요되거나 혹은 받아들여질 수 없는 대안들을 제거해 나간다.

(4) 4단계: 최적안 선택

이전 단계에서 평가한 대안에 대해 경영자들은 의사결정을 한다. 경영자들은 남아 있는 각 대안의 위험과 이익을 고려하여 최선의 대안을 선택한다. 이 단계에서는 위험과 보상 사이의 관계를 고려하는 것이 중요한데 경영자는 시간이나 비용조건을 가장 잘 충족시키는 대안을 선택함으로써 의사결정을 최적화하려고 노력한다.

(5) 5단계: 최적안의 실행

경영자들은 일반적으로 조직구성원을 활용해 의사결정내용을 실행에 옮기기 때문에 그들에게 어떤 영향을 미칠 것인지를 고려해야 한다. 의사결정사항을 실행에 옮기는데 있어 가장 효과적인 방법은 가능한 한 의사결정과정에 조직구성원들을 참여시키는 것이다.

---

2) 대체안을 개발하는 방법으로는 브레인스토밍, 델파이기법, 명목집단기법 등이 있다. 브레인스토밍(brain storming)은 여러 사람이 모여 문제 해결을 위한 다양한 아이디어를 자유롭게 제시하고, 이러한 아이디어들을 취합·수정·보완해 정상적인 사고방식으로는 생각해낼 수 없는 독창적인 아이디어를 얻는 방법을 말한다. 브레인스토밍을 성공시키기 위해서는 ①타인의 아이디어를 비판하지 말고, ②자유분방한 아이디어를 환영하며, ③되도록 많은 아이디어를 서로 내놓도록 해야 한다. 델파이기법(delphi method)은 델파이 기법은 예측하고자 하는 어느 특정 사회현상에 대하여 그 분야의 전문지식을 가진 전문가들에게 앙케트를 통하여 의견을 듣고, 그것을 집계한 결과를 다시 앙케트로서 회답자에게 보내어 그 의견들을 집계한다. 즉, 비대면에 의해 미래를 예측하는 질적 예측 방법의 하나로, 여러 전문가의 의견을 되풀이해 모으고, 교환하고, 발전시켜 의사결정하게 된다. 명목집단기법(nominal group technique, NGT)은 구성원들이 모여 표결이 이루어지기 전에 각 구성원들은 토의없이 문제에 대한 아이디어를 서면 작성하여 제출토록 하고 제출된 아이디어를 기록한 후, 토의를 거쳐 표결을 통해 집단 의사결정을 한다.

(6) 6단계: 실행결과의 평가와 피드백

의사결정내용 및 실행에 대한 결과를 평가하고 피드백을 제공하는 것이다. 이를 통해 경영자는 목표달성 여부를 알 수 있고, 의사결정과정 및 실행을 개선하는데 필요한 조치를 취할 수 있다.

2. 계획과정

1) 계획의 의의

개인이나 조직은 행동에 앞서 장래의 행동방안을 가다듬어 대체적인 행동과정을 설정하게 된다. 기업의 활동도 합리적으로 수행하기 위해서는 기업이 앞으로 해 나가야 할 방향과 행동방향을 결정하게 된다. 예를 들면, 사업의 실행에 앞서 이루어지는 목표 설정과 예산편성 등의 절차를 계획기능이라고 할 수 있다. 계획(planning)은 경영의 가장 기본적인 기능이라고 할 수 있으며, 계획기능이 적절히 수행되면 조직화, 지휘 및 통제기능에 대한 방향을 제시하게 된다. 계획이란 기업의 미션과 장·단기 목표를 선택하고, 목표를 달성하기 위한 전략을 수립한 후, 선택된 전략수행을 위해 어떻게 자원을 배분할 것인지에 대한 기업의 공식적인 의사결정과정이다.

계획기능은 기업을 둘러싼 환경의 변화가 급변할 뿐만 아니라 장래 예측의 불확실성이 높기 때문에 더욱 그 중요성이 높아지게 되었다. 기업과 관련한 환경변화 요인은 기술의 변화, 회사방침의 변화, 경제활동수준의 변화, 경쟁의 질적 변화, 사회적인 가치기준과 의식구조의 변화 등을 들 수 있다.

경영계획(business plan)이란 기업의 미래지향적인 목표, 방침, 절차, 예산, 이익, 활동과정 등이 모두 포함될 수 있다. 경영학에서 말하는 경영계획은 전략계획(strategic planning)과 운영계획(operative planning)으로 크게 나눌 수 있다. 전략계획이란 기업의 목표달성을 위한 기업 전체의 거시적 중·장기계획이고, 운영계획이란 실제 업무수행 차원에서 각 부서 또는 각 개인이 수행해야 하는 구체적 단기계획을 말한다.

2) 계획의 목적

계획은 장래에 활동하고자 하는 방향을 미리 설정하는 것으로, 계획 수립의 목적은 미래의 불확실성과 변화에 대처, 목표지향성, 경제적 기업활동의 실현, 통제수단의 확보 등을 들 수 있다.

첫째, 계획은 미래의 불확실성에 따르는 위험과 변화를 예측하고 대처해 나갈 수 있도록 해준다.

둘째, 계획은 기업의 여러 부문활동을 통합하여 공통된 목표를 수행하게 할 뿐만 아니라 근시안적인 목표달성에서 벗어나 장기적인 관점에서 목표를 달성할 수 있도록 해준다.

셋째, 계획은 기업목표를 실현하는 활동을 하는데 합리성을 추구하고 능률적으로 활동하게 할 뿐만 아니라 비합리적이고 낭비적인 요소들을 제거하거나 최소화시켜 경제적 목표를 극대화할 수 있도록 해준다.

넷째, 계획은 조직의 경영성과를 측정하고 평가할 수 있게 하여, 경영자로 하여금 통제활동을 수행할 수 있는 기초를 제공할 수 있다.

3) 계획의 한계성

계획기능은 경영활동 중에 가장 기본적이고 중요한 활동이지만, 다음과 같은 한계성이 있음을 고려해야 한다(민경호, 2010).

첫째, 계획의 가장 중요한 한계성은 예측과정에 있다. 불확실한 미래 상황에 대한 정확한 예측이 가능하지 않은 경우 예측에 기반을 두고 작성한 계획은 무모하거나 큰 위험을 수반할 수 있다.

둘째, 환경의 급격한 변화는 예측의 효용성을 감소시킨다. 특히 외부환경의 변화는 장기계획의 유효성을 감소시킬 수밖에 없다.

셋째, 계획의 효과는 그 실행에 의해서 제한된다. 계획활동은 계획의 수립과 실행이 조화를 이루어야 하는데, 조직 내부의 저항과 갈등이 그 실행을 방해할 수 있다.

넷째, 계획은 시간, 비용 및 노력의 관점에서 제한된다. 계획은 실행과정에서 현실적으로 필요한 기술 및 인적·물적 자원을 이용하는 것이 불충분한 경우 축소되거나 제한을 받는다.

3. 전략계획과 운영계획

　경영계획(business plan)이란 기업의 미래지향적인 목표, 방침, 절차, 예산, 이익, 활동 과정 등이 모두 포함될 수 있다. 경영계획의 대표적인 것이 사업계획서라고 할 수 있다. 경영학에서 말하는 경영계획은 전략계획(strategic planning)과 운영계획(operative planning)으로 크게 나눌 수 있다. 전략계획이란 기업의 목표달성을 위한 기업 전체의 거시적 중·장기계획이고, 운영계획이란 실제 업무수행 차원에서 각 부서 또는 각 개인이 수행해야 하는 구체적 단기계획을 말한다.[3]

1) 전략계획

　중·장기계획인 전략계획의 주된 목적은 조직이 살아남기 위한 경쟁력 강화방안을 수립하는 것이다. 따라서 조직의 전략계획은 조직이 처한 경영환경분석을 통하여 이루어진다. 조직이 경영환경을 분석, 평가한다는 것은 〈그림 5-1〉과 같이 조직과 관련

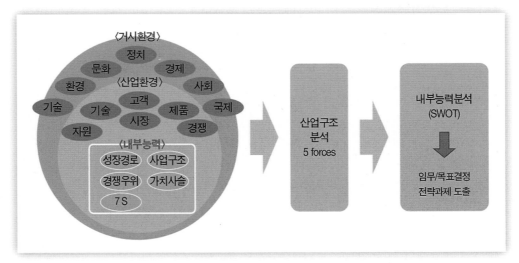

출처 : 최찬기외, 2014.

◈ |그림 5-1| 경영환경분석 Roadmap

---

3) 계획기간에 따라 장기계획(5년 내외), 중기계획(1~2년), 단기계획(1년 미만)으로 나눌 수 있다(김석진, 2007).

된 다양한 거시환경을 분석하고 또한 자원, 기술, 고객, 시장, 제품, 경쟁 측면에서의 산업환경을 분석하여, 이를 바탕으로 조직 내부능력을 평가하고, 조직의 SWOT(강점·약점·기회·위협)이 무엇인가를 파악하여, 조직의 임무와 목표를 설정하고 전략과제를 제시하는 것이다.

경영환경 분석을 통하여 마련되는 전략계획 경영활동을 성공적으로 이루기 위해서는 그 무엇보다도 산업환경분석과 임무, 목표, 전략, 산업구조분석에 대한 명확한 이해가 필요하다(최찬기외, 2014). 전략계획수립 관련 기법인 SWOT분석과 산업구조분석모형은 13장에서 별도로 다룬다.

2) 운영계획

전략계획이 2년 이상의 기간에 수행해야 할 임무와 목표설정, 중·장기 전략 관련 경영활동을 주요 내용으로 하는데 비하여, 운영계획은 전략계획의 실현을 위한 분기별, 월별 구체적 경영활동을 제공하는 것을 목적으로 하는 의사결정이다. 따라서 운영계획에서는 조직 내의 부서 또는 팀 단위로 수행해야 할 업무내용, 업무수행방법, 이를 위해 필요한 자원 및 일정에 관한 구체적인 내용이 제시된다.(최찬기외, 2014).

운영계획의 중요한 역할은 명확한 업무배당과 객관적이고 구체적인 평가기준을 설정하는 것이다. 운영계획 수립의 주요 내용의 하나는 각 부, 과 또는 팀별로 어떠한 업무를 어떻게 수행해야 하는가와 업무수행성과에 대한 평가기준을 설정하는 것이다. 즉, 각 부서 및 팀, 개인별로 성취해야 할 업무를 명확히 하고, 성과에 대한 평가기준을 설정하면 이를 근거로 업무수행의 진행상태뿐만 아니라 최종성과를 점검할 수 있게 된다. 예를 들면 부서 및 개인별 성과(예: 업적평가), 재무(수익 또는 비용) 및 영업실적(예: 매출신장 또는 이익), 생산(예: 생산량, 제품불량률, 장비가동률) 등이 평가기준에 해당된다.

운영계획 수립은 평가의 객관성과 신뢰성을 확보할 수 있도록 다음의 사항을 고려하여 평가기준 설정할 필요가 있다.

- 무슨 업무를 수행할 것인지 구체적으로 설정해야 한다.
- 업무성과를 측정 가능하도록 해야 한다.
- 업무수행 부서의 책임소재를 명확히 할 수 있도록 업무 자체가 구분되어야 한다.
- 성과기대치가 현실적으로 달성 가능해야 한다.
- 업무진행 스케줄 및 완료시간을 명확히 해야 한다.

기업은 다양한 방법으로 전략계획을 운영계획화한다. 이런 방법의 주요 내용은 부서 및 팀별, 개인별로 담당업무를 문서화하고, 각 업무별로 책임자를 결정하며, 필요한 시간과 자원을 산정하는 것이다. 운영계획 기법으로 이용되는 목표관리, 간트차트, PERT/CPM을 간략히 살펴본다.

(1) 목표관리(MBO)

① 목표관리의 의의

목표관리(management by objective, MBO)의 개념은 1954년 드러커(P. Drucker)는 기업의 계획 행태를 개선하는데 역점을 두고 MBO를 관리계획의 한 접근방법으로 소개하였으며, 그뒤에 역시 MBO를 제창하는 맥그리거(D. McGregor)는 이것을 업적평가의 한 기법으로 정착시켰다. MBO는 조직의 상하 구성원들이 참여의 과정을 통해 조직 단위와 구성원의 목표를 명확하게 설정하고, 그에 따라 작업활동을 수행하도록 한 뒤, 업적을 측정·평가함으로써 관리의 효율화를 기하려는 포괄적 조직관리 체제를 말한다. MBO는 목표를 통제의 수단으로 사용(management by control, MBC)하지 않고 작업자들을 자발적으로 목표설정에 참여시켜 동기유발을 꾀하고자 하는 것이다.

② 목표관리의 과정

목표관리의 과정은 〈그림 5-2〉와 같이 목표설정, 실행계획의 수립, 과정검토, 성과평가의 과정을 통하여 이루어진다.

목표설정 목표관리는 최고경영층의 전략목표 결정으로부터 그 과정이 시작된다.

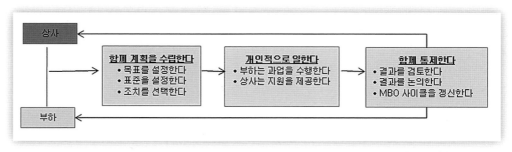

출처 : 유필화외, 2011.

◉ |그림 5-2| 목표관리의 과정

최고경영층에 의해 결정된 기업의 목표는 그 다음 중간경영계층으로 전달되며, 그들은 설정된 전략목표를 달성하기 위해 자신들이 달성해야 할 목표를 정의하게 되는 과정을 거치게 된다. 이러한 과정은 조직 전체를 거쳐 하부에까지 이어지며 모든 관리자들은 회사의 목표 달성을 위한 개개의 목표(goals)를 갖게 되는데, 이런 목표는 차후에 개인의 성과를 측정할 표준(standards)으로 사용 된다. 좋은 목표는 측정 가능해야 하며, 구체적이어야 하고, 달성 가능하지만, 지난해 보다는 더 높아야 하며, 해당 조직단위 및 관리자의 능력범위 내에 있어야 한다.

실행계획의 수립시 상사와 부하는 개인이나 조직단위의 목표를 어떻게 기간 내에 수행할 것인가를 나타내는 실행계획을 수립하고 이를 명문화하게 되는데, 구체적으로는 사업계획서와 예산서가 해당된다.

과정검토 실행계획이 제대로 진행되고 있는지 확인하기 위하여 정기적인 진척상황을 점검한다. 이러한 검토는 공식ㆍ비공식적으로 진행하게 되는데 점검을 통하여 시정조치가 필요한지를 알 수 있게 된다.

성과평가 개인이나 조직단위가 설정한 목표가 달성되었는지를 면밀하게 확인하는 과정이다. 이러한 확인 즉 통제과정이 완료되면 평가내용을 반영하여 다음의 목표를 설정하게 되는 피드백(feedback)이 이루어지게 된다. 피드백과정은 목표설정과 평가가 상호 연결될 수 있게 해주며 집단의 문제해결능력을 증진시켜 주고, 개인의 직무수행을 향상시켜 준다.

③ 목표관리의 효과 및 한계

목표관리는 조직의 전략적 변화를 계획하고, 실행하고, 통제하는데 매우 효과적인 방법이 될 수 있다. 즉, MBO는 조직의 목표를 더욱 효과적으로 달성할 수 있도록 개인들의 노력이 조정되고 상호간의 협력을 증대시킬 수 있는 관리기법이다. 때문에 실무에서 종합적인 조직운영기법으로 활용될 뿐만 아니라, 근무성적평정 수단으로, 그리고 예산 운영 및 재정관리의 수단으로 다양하게 활용되고 있다.

그러나 MBO는 목표달성에 의한 경영성과에 중점을 두고 있는 경영관리방법이므로, 조직이 단기목표설정에 치우치다 보면 중ㆍ장기 목표설정을 등한시하게 되거나 달성이 쉽도록 낮은 목표를 설정하는 부작용이 발생될 수 있다. 따라서 MBO의 성공적 운용을 위해서는 최고경영자의 지원, 구성원들의 자발적 참여, 개인 및 조직단위의 원활한 커뮤니케이션이 중요하다.

(2) 간트챠트

미국의 헨리 간트(H. L. Gantt)가 1919년 창안한 관리 도표로 작업계획과 작업 실적을 비교해 작업진도를 관리·통제하는 진척관리에 이용된다. 간트차트(Gantt chart)는 〈그림 5-3〉과 같이 프로젝트 일정관리를 위한 바(bar)형태의 도구로서, 각 업무별로 일정의 시작과 끝을 그래픽으로 표시하여 전체 일정을 한 눈에 볼 수 있을 뿐만 아니라 각 업무(activities) 사이의 관계를 보여줄 수도 있다.

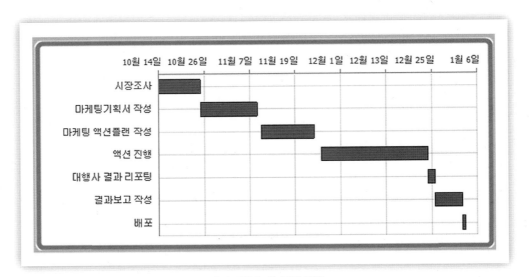

☀ |그림 5-3| 간트차트

간트차트는 한 축에 시간의 흐름을 표시하고 다른 한 축에 생산 사이클에서 요구되는 과업들을 표시, 전체 생산의 일정계획을 수립할 수 있고 핵심과업이나 지체작업을 손쉽게 파악할 수 있다. 간트는 과업의 성과뿐 아니라 생산일정계획의 작업순위를 결정할 수 있는 기준이 확립되어야 한다고 주장했는데, 생산과업의 작업순위가 효과적으로 계획·조정·수행되려면 최적 타이밍 결정이 우선되어야 한다고 보았다. 일정 계획이 수립되어 있지 못하면 병목현상이 발생하고 비효율이 내재돼 전체 시스템의 기능을 저하시킨다는 것이다.

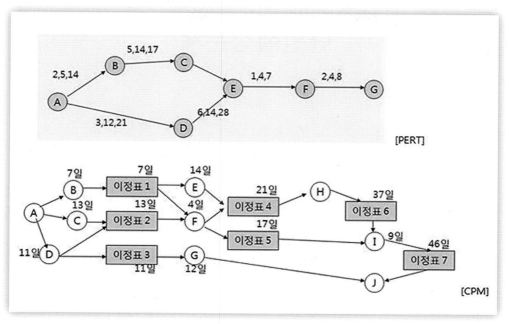

☀ |그림 5-4| PERT

(3) PERT/CPM

PERT(program evaluation and review technique, PERT)와 CPM(critical path method, CPM)은 〈그림 5-4〉
와 같이 업무수행에 필요한 제반 활동의 관계, 진행순서, 중요한 의사결정이 필요한
시점, 각 활동별로 필요한 시간 및 자원을 도표화하여, 단계별로 진척상황을 점검하여
성공적으로 프로젝트를 완성하도록 도와주는 기법이다. PERT/CPM을 적용하기 위해
서는 기본 적으로 네트워크(network), 주요 경로(critical path), 자원배분, 비용 및 필요시간을
파악하고 있어야 한다.

단원핵심문제

01 다음 중 경영의사결정에 대한 설명으로 가장 옳지 않은 것은?

① 의사결정이란 문제와 기회를 인식하고 그 문제를 해결하기 위한 대안을 찾아서 가장 좋은 대안을 선택하고 그것을 실행하는 과정이다.

② 경영자는 조직 내에서 의사결정을 수행하는 역할을 하고 있다.

③ 의사결정 유형은 경영주체관점에서 전략적/관리적/업무적 의사결정으로 나눌 수 있다.

④ 업무적 의사결정은 기업 환경에 적응하여 동태적인 균형을 실현하려는 입장에서 주로 기업 외부문제에 관한 의사 결정을 말한다.

02 다음 중 집단의사결정기법에 대한 설명으로 가장 적절하지 않은 것은?

① 명목집단기법은 구성원들이 각자 독립적으로 의사를 개진함으로써 집단 구성원의 적극적 참여를 유도할 수 있다.

② 델파이기법은 전문가 집단의 의견을 수렴하고 분석하는 대면적 집단토의 방법이다.

③ 브레인스토밍은 아이디어 창출을 위한 과정이므로 아이디어에 대한 비판이나 평가는 하지 않는다.

④ 브레인스토밍은 제시된 아이디어의 수정이나 개선을 허용함으로써 아이디어들의 융합을 가능하게 한다.

03 다음 중 경영의사결정에 대한 설명으로 가장 적절하지 않은 것은?

① 현실적으로 대부분의 기업에서는 집단에 의한 의사결정보다 개인에 의한 의사결정방법을 더 많이 사용하지만, 집단의사결정은 시간이 절약된다는 장점이 있다.

② 경영자는 조직 내에서 의사결정을 수행하는 역할을 하고 있다.

③ 의사결정의 중요도와 내용을 대상으로 하여 전략적 의사결정, 관리적 의사결정, 일상적 의사결정으로 나눌 수 있다.

④ 의사결정이란 기업의 경영활동에서 나타나는 문제를 발견, 인식, 해결하는 일련의 과정을 말한다.

04 개인이나 조직의 의사결정은 조직 성과로 연결되는 중요한 요소이다. 다음 중 조직의 의사결정에 대한 설명으로 가장 적절한 것은?

① 정형적 의사결정은 일상적이고 구조화된 문제를 다루며 책임수준이 낮아서 조직의 하위계층에서 이루어진다.

② 의사결정과정에서 대안의 평가는 의사결정자의 직관과 판단에 따른다.

③ 창의성이 요구되는 문제나 과업에는 개인의사결정보다 항상 집단의사결정이 더 적합하다.

④ 집단의사결정은 시간과 비용이 적게 들기 때문에 비교적 시간적 여유가 없을 때 적합하다.

05 다음 중 Plan-Do-See(PDS)란 무엇인가?

① 계획수립의 절차이다.

② 관리의 역할이다.

③ 관리의 목표과정이다.

④ 관리의 순환과정이다.

06 경영계획의 수립단계 순서가 가장 올바르게 나열된 것은?

① 조직 목표의 기술 → 목표를 달성할 수 있는 여러 대안들의 나열 → 각 대
안의 전제조건 분석 → 최적안 선택 → 실행을 위한 계획 수립 → 실행

② 조직 목표의 기술 → 각 대안의 전제조건 분석 → 목표를 달성할 수 있는
여러 대안들의 나열 → 최적안 선택 → 실행을 위한 계획 수립 → 실행

③ 조직 목표의 기술 → 목표를 달성할 수 있는 여러 대안들의 나열 → 최적
안 선택 → 각 대안의 전제조건 분석 → 실행을 위한 계획 수립 → 실행

④ 조직 목표의 기술 → 실행을 위한 계획 수립 → 최적안 선택 → 목표를 달
성할 수 있는 여러 대안들의 나열 → 각 대안의 전제조건 분석 → 실행

07 다음 중 경영계획화의 유형에 대한 설명으로 가장 적절하지 않은 것은?

① 계획기간에 따라 단기계획, 중기계획, 장기계획으로 구분할 수 있다.

② 단기, 중기, 장기의 개념은 업종과 규모 등에 따라 달라질 수 있다.

③ 단기계획에서는 경쟁업체 및 외부환경에 따라 사업을 확장할 것인지 포기
할 것인지를 검토한다.

④ 중기계획에서는 장기계획과 관련하여 생산설비의 확장 또는 축소를 검토
할 수 있다.

08 MBO는 많은 주요한 관리활동을 체계적인 방법으로 통합하고 조직과 개인의 목표를
효과적이고 효율적으로 달성하기 위하여 의도적으로 지향하는 종합적인 관리시스템
이라고 정의된다. 이러한 MBO의 장점이 아닌 것은?

① 관리의 개선

② 개인 참여와 책임이행

③ 단기목표만을 강조

④ 효과적인 통제의 개발

09 기업의 기본적인 장기적 목적과 목표 및 이를 달성하는데 필요한 활동과정의 선택과 자원의 배분에 대해 결정하는 것을 무엇이라고 하는가?

① 전략   ② 조직

③ 지휘   ④ 통제

10 인간성을 중시하여 기업의 구성원이 자발적으로 활동의욕과 창의를 불러 일으켜 높은 성과를 얻도록 그들 스스로 목표를 설정하고, 구성원 각자의 성과와 업적을 측정, 평가하여 조직전체목표의 효율적 달성을 기하는 경영관리기법을 무엇이라고 하는가?

① 목표에 의한 관리   ② 전략적 경영관리

③ 지속가능 경영관리   ④ 가치 경영관리

Answer   1. ④   2. ②   3. ①   4. ①   5. ④   6. ①   7. ③   8. ③   9. ①   10. ①

Chapter

6

조직 활동

1. 조직화의 개념

1) 조직화의 의의

조직화(organizing)란 조직의 목표를 달성할 수 있도록 조직구성원 각자의 직무와 상호 간의 관계를 규정하는 절차를 말한다. 조직화는 계획과정을 통하여 설정된 목표가 달성되도록 하기 위한 실천과정의 첫 부분이며, 조직구조를 설계하는 활동과 관련된 기능으로써, 구성원들이 기업목표를 달성하기 위하여 가장 효과적으로 협력할 수 있도록 수행하여야 할 업무, 즉 직무의 내용과 그 직무수행에 관한 권한과 책임을 명확하게 하고 이것을 위양하는 등 이들 간의 상호관계를 설정하는 과정이다(김석진, 2007).

조직화를 통하여 구성원들이 '무엇'을 해야 할 것이지 결정하고, '누가' 책임을 지며, '누구에게' 지시를 받고, '어떻게' 해야 하며, '어떤' 자원을 이용할 수 있는지를 결정하게 된다.

2) 조직화의 기본원리

기업의 목표를 효율적·효과적으로 달성할 수 있도록 제 자원들을 배치하고 분배하며, 책임·권한관계를 설정하는 관리행위인 조직구성시에 참고해야 할 제반 원리,

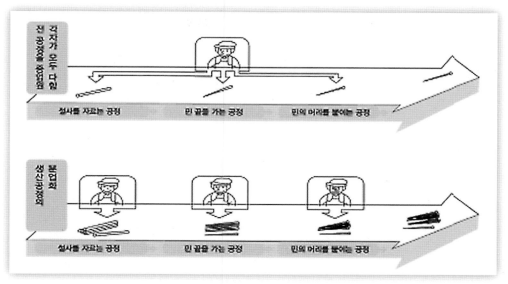

출처 : 김종성외, 2011.

◈ |그림 6-1| 분업과 전문

원칙들이 있다(민경호, 2010).

(1) 전문화의 원리 또는 분업의 원리

조직의 업무를 전문적으로 분화 또는 분업화하여 담당시킴으로써 업무의 기술과
숙련도를 단기간에 촉진시킬 수 있고, 업무 능률을 고도화시킬 수 있다는 것이다. 영
국의 아담 스미스(A. Smith)는 핀 작업의 예를 들어 능률향상을 강조하였다(〈그림 6-1〉).

(2) 명령통일의 원리

명령계통을 일원화하자는 원칙으로, 즉 명령은 한 사람으로부터 나와야 상위자와
하위자 간에 또는 각 구성원 간에 책임이 모호해지는 것을 방지하고, 책임전가와 같
은 것을 막을 수 있다는 것이다.

(3) 관리범위의 원리

능률적인 관리감독을 하기 위해서는 한 사람의 상사가 통제할 수 있는 부하의 수가

제한되어야 한다는 원리이다. 즉, 한 사람의 상사가 직접 감독할 수 있는 부하의 수에는 한계가 있다는 것이다.

(4) 권한과 책임의 원리

어떤 직무를 수행하기 위해서는 책임과 권한이 부여되어져야 한다. 이는 조직화할 때 일을 중심으로 권한과 책임을 대등하게 주어야 한다는 것이다.

(5) 권한위양의 원리

조직의 규모가 확대되거나 더 중요한 일에 집중하기 위해서 상위자는 일의 일부와 이에 따르는 권한을 하위자에게 위양해주어야 한다는 원리이다. 그렇다고 하여 모든 것이 위양되는 것은 아니며 상위자가 권한을 위양하는 만큼의 감독 책임이 발생한다.

(6) 기능화의 원리

조직화에 있어 조직에서 필요한 일 또는 업무를 중심으로 조직을 설계해야 한다는 원리이다. 조직 설계 시 '일 중심의 조직'을 만들지 못할 때에는 능률과 합리성을 추구할 수 없는 '사람 중심의 조직'이 되어 추구하는 목적을 달성하기 어려운 조직이 될 우려가 있다.

3) 조직구조의 구성요소

조직구조(organization structure)란 조직의 목표를 달성하기 위하여 개인과 집단의 행동을 유도할 부서의 체계적인 틀로서 조직화 기능의 기반을 제공하는 것이다. 조직화 기능이 경영자의 조직활동에 대한 의사결정 기능인 반면에 조직구조는 의사결정결과를 반영한 결과로 볼 수 있다(박정민외, 2011).

조직활동의 기반을 제공하는 조직구조는 복잡성, 공식화 그리고 집권화 등 세 부분으로 구성되며, 조직에 따라 이들 요소의 결합되는 정도가 다르다.

(1) 복잡성

조직구조의 복잡성(complexity)은 조직 내에 존재하는 분화의 정도를 의미한다. 조직

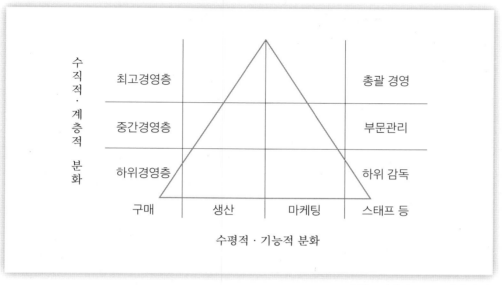

출처 : 김재명, 2015.에서 수정

◉ |그림 6-2| 조직의 분화 구조

은 성장하여 규모가 커지게 되면 조직활동들이 분화하게 되며, 많은 부서들이 설치되게 됨에 따라서 복잡성은 커지게 된다. 조직화에 있어 분화과정은 〈그림 6-2〉와 같이 수직적 분화과정과 수평적 분화과정으로 나누어진다. 조직의 업무량이 증대됨에 따라 상이한 부서나 전문화된 단위로 수평적 분화(부문화)가 이루어지며, 계층수가 많아지면서 수직적 분화도 이루어지게 된다.

(2) 공식화

공식화(formalization)는 조직 내 구성원들의 행동을 지시할 규칙이나 절차의 표준화 정도를 의미한다. 따라서 조직 내에 보다 많은 규칙이나 절차가 정형화 즉, 단순하고 반복적으로 이루어지는 직무일수록 조직구조는 보다 공식화된 조직구조 형태로 설계된다. 반면, 전문화 수준이 높은 직무일수록 공식화의 정도가 낮다. 그리고 공식화의 정도는 조직계층이나 부서에 따라서도 다르게 나타날 수 있다.

(3) 집권화

집권화(centralization)는 의사결정 권한이 조직 내의 한곳에 집중되어 있는 정도를 의미한다. 집권화가 큰 조직은 의사결정 권한을 최고경영층이 보유하게 되며, 반대로 분권화가 큰 조직은 권한이 하위경영층으로 많이 위양된다.

2. 조직구조의 유형

1) 라인 조직과 스탭 조직

라인(line) 조직은 조직의 핵심적인 활동을 수행하는 조직이다. 라인은 기업체의 주요 목적 달성에 필요한 직접적인 권한을 행사하고 그 결과에 대하여 책무를 진다.

이에 반하여 스탭(staff)은 라인이 기업체의 목적을 좀 더 효과적으로 달성할 수 있도록 라인에게 조언과 서비스를 제공하는 직책이나 부서를 뜻한다. 그렇지만 오늘날 기업 조직에서는 스탭에게 일정한 권한을 주어 그들로 하여금 라인에게 명령을 내릴 수 있게 하는 경우도 있다. 라인 조직과 스탭 조직은, 〈그림 6-3〉과 같이 이루어진다.

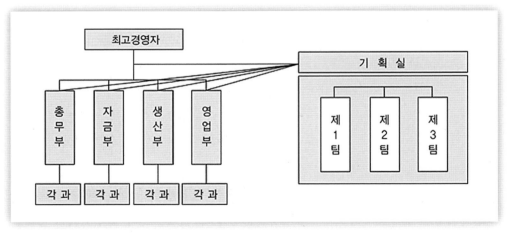

※ |그림 6-3| 라인 조직과 스탭 조직

2) 공식 조직과 비공식 조직

공식 조직(formal organization)은 일정한 목표를 합리적으로 달성하기 위하여 인위적·의식적으로 형성된 분업체제이다. 따라서 공식집단은 전체적인 조직업무와 명백히 관련되는 특정 목표를 실현하거나 특정과업을 수행하게 된다.

한편, 비공식 조직(informal organization)은 구성원 상호간의 접촉이나 친근성으로 말미암아 자연발생적으로 형성되는 조직으로서 사실상 존재하는 현실적 인간상호관계나 인간의 욕구를 기반으로 하며 구조가 명확하지 않으나 공식 조직에 비하여 신축성을 가진 조직이다. 비공식 조직의 구성원은 공유된 사회적·문화적 가치를 가지게 되고, 구성원들에게 귀속감 만족감 및 안정감을 제공할 뿐만 아니라 비공식 의사소통경로가 형성되어, 구성원들 사이에 의사소통을 도와주는 등의 장점이 있다. 비공식 조직의 목표가 공식 조직의 목표와 상충되는 경우, 관리자와 비공식 조직 구성원 사이에 갈등이 발생하거나 의사소통과정보가 왜곡되는 경우가 발생되는 단점이 있다.

3) 기계적 조직과 유기적 조직

번스와 스탈커(T. Burns & M. Stalker)는 〈표 6-1〉과 같이 조직을 기계적 조직과 유기적 조직으로 구분하면서, 기계적 조직은 권한이 집권화되어 있고, 관리 폭이 좁으며, 조정이 공식 적인 경직된 조직이므로 외부환경이 안정적일 경우 적합하며, 유기적 조직은 권한이 분권화 되고 규칙과 절차가 매우 융통성이 있고 관리 폭이 넓고 유연한 조직이므로 외부환경이 불안정한 경우에 적합하다고 지적하고 있다.[1] 기계적 조직(mechanic organization)은 마치 기계가 어떤 정형화된 절차에 따라서 작동되는 것처럼, 안정적인 환경에서 표준화되고, 규정된 절차 및 방식에 의해 운영되는 조직형태를 말한다. 기계적 조직의 특징은 조직목표를 효율의 극대화와 생산성의 향상에 두고 과업을 수행하며, 공식화의 정도가 높고, 비인격적 합리성을 중시하면서 고정적인 업무분담과 하향적 의사소통방식 등이 주로 행해진다.

반면, 유기적 조직(organic organization)은 환경 또는 상황의 변화에 매우 탄력적으로 반응 하면서 필요하다면 수시로 조직의 형태를 변형시킬 수 있는 유연성을 가진 조직형태를 말한 다. 유기적 조직의 특징은 유연성이나 적응력의 향상을 주요 목표로 하고, 주로 구성원들의 창의적인 능력에 의존하여 과업을 수행하며, 문서화된 규칙이나 절차가 적어 공식화가 낮고 인간의 잠재성을 중시하면서 탄력적인 직무 권한 책임관계의 형성과 쌍방적 커뮤니케이션 방식 등이 주로 행해진다.

---

1) Burns Tom and Stalker, G. M., *The Management of Innovation*, Tabistock, 1961.

표 6-1_ 기계적 조직과 유기적 조직의 비교

구분	기계적 조직	유기적 조직
주요 목표	• 효율성, 생산성	• 유연성, 적응성
운영 방식	• 기계적 방식에 의존	• 인간의 잠재력 활용
조직구조의 구성요소	• 높은 과업의 분화 • 높은 집권화 • 높은 공식화	• 낮은 과업의 분화 • 낮은 집권화 • 낮은 공식화
조직과정의 운영 방식	• 조직 지위에 기초한 의사결정 • 하향적 커뮤니케이션 • 상급자에 의한 조정	• 개인능력에 기초한 의사결정 • 쌍방적 커뮤니케이션 • 상호조절 및 자발적 조정
적합한 상황요인	• 대량생산, 연속생산 기술 • 안정적이고 단순한 환경	• 소량주문생산 기술 • 동태적이고 복잡한 환경

출처 : 최찬기외, 2014.

3. 조직형태의 변화

1) 전통적 조직형태

전통적 조직이란 기업활동이 상대적으로 안정적이었던 때에, 기업의 외부보다는 내부의 효율성만을 중시한 피라미드식 수직형 조직구조를 의미한다.

(1) 관료제 조직

관료제 조직(bureaucracy organization)은 권위적인 위계질서를 바탕으로 대규모 조직을 효율적이고 합리적으로 관리할 수 있는 조직체계를 말한다. 관료제 조직의 특징은 다음과 같다.

- 명확한 분업 : 각각의 직위에 따라 그 권한과 책임을 명확하게 정의한다.
- 권한체계에 따라 서열화 된 직위 : 낮은 계층의 직위는 그 보다 높은 계층의 감독을 받는다.

- 기술적 능력에 근거한 직위: 임용과 승진은 전문기술과 능력에 의한다.
- 공평한 규칙과 표준체계: 규칙과 표준을 일관성 있고 공평하게 적용함으로써 성과의 통합과 조정을 보장한다.

관료제 조직은 합리성을 강조하며 인간성을 고려하지 않고, 너무 경직되어 있으며, 형식적이고, 조직의 규모가 커짐에 따라 통제하기 힘들 정도로 비능률적으로 운영되고 구성원의 창의성이 떨어진다는 비판을 받고 있다.

(2) 기능별 조직

기능별 조직(functional organization)은 동일하거나 상호 밀접하게 관련된 활동 및 기능을 담당하는 종업원과 작업단위들을 별개의 부서로 묶어 단위화하여 설계한 조직구조이다. 예를 들어, 생산활동에 관여하는 종업원들을 묶어 생산부서로 만드는 기능을 중심으로 하는 조직 구조 형태이다(〈그림 6-4〉).

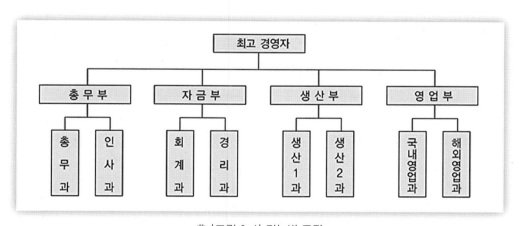

◉ |그림 6-4| 기능별 조직

집권적 조직의 대표적인 대표적 형태인 기능별 조직은 분업을 통한 기술의 전문화가 가능하며, 자원이 중복되지 않게 효율적 사용이 가능하며, 리더의 명령에 따라 조직이 일사분란하게 움직일 수 있다는 장점을 갖는다. 반면, 조정과 협력이 요구되는 환경변화에 둔감하며, 동기부여에 불리하며, 부서 이기주의가 나타날 수 있고, one stop service가 어렵다는 단점을 갖는다.

(3) 사업부제 조직

사업부제 조직(divisional organization)은 조직구조가 단위적 분화에 의해 제품별, 지역별, 고객별 등 독립채산제로 독자적 활동을 하는 분권적 조직의 한 형태이다〈그림 6-5〉. 즉, 경영활동을 단위사업부로 세분하여 독립성을 인정하고, 권한과 책임을 위양함으로써 자주적인 이익중심점 (profit center)로 운영된다. 그리고 본사는 각 사업부를 전반적으로 관리하며, 조직 전반에 걸친 핵심적인 문제에 대해서만 의사결정을 한다.

분권적 조직구조의 대표적인 형태인 사업부제 조직은 조정이 용이하여 불확실한 조직환경에 적합하며, 최고경영자의 부담 완화, 권한위양에 따른 부문관리자의 양성 용이하고, 부문관리자의 창의성 발휘와 동기부여가 가능하며, 사업부의 경영성과를 명확하게 평가할 수 있다는 장점이 있다. 반면, 전문지식과 기술 발전에 불리하며, 인력의 중복에 따른 규모의 불경제가 발생, 사업부간의 과다한 경쟁으로 조직 전체의 관점에서 경영효율이 떨어질 수도 있다는 단점이 있다.

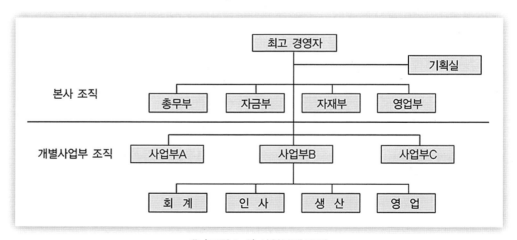

※ |그림 6-5| 사업부제 조직

2) 동태적 조직형태

(1) 매트릭스 조직

매트릭스 조직(matrix organization)은 기능별 부문화와 사업별 부문화가 결합된 혼합형 부문화가 이루어진 행열모형의 조직을 말한다〈그림 6-6〉. 매트릭스 조직은 조직의 활동을 기능적 부문으로 전문화시킴과 동시에 전문화된 부문에 다시 사업별로 연결 통합시키는 사업형태를 가지고 있으며, 실무자들은 양쪽의 책임자에게 보고토록 하는 경우이다. 기술적 전문성과 제품혁신이나 변화가 조직목표달성에 중요한 역할을 해야 하는 경우 활용된다.

매트릭스 조직구조의 장점은 여러 제품라인에 걸쳐 인적자원을 유연하게 공유하거나 활용할 수 있으며 불안정하고 급변하는 조직환경에 적합하게 대응할 수 있다. 다만 이중권한체계로 인한 혼란·갈등·좌절과 갈등 해결을 위한 시간과 노력의 낭비가 발생된다는 단점이 있다.

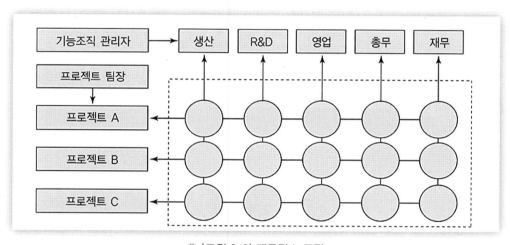

☀ |그림 6-6| 매트릭스 조직

(2) 팀 조직

팀 조직(team organization)은 경쟁심화 및 환경변화의 가속화에 대응하여 수평조직화와 슬림화의 원리에 충실하여 전통적인 기능중심의 조직과 계층형 조직구조를 탈피하여 조직 내 거의 모든 하위 단위들이 팀으로 재편성된 조직을 말한다. 이 조직에서는 팀원들이 팀 내의 모든 업무를 공동으로 처리하며 명령지휘계통이 아니라 업무중심, 과제중심으로 조직을 편성한다. 따라서 중간관리자는 관리업무를 주업무로 하던 것에서 벗어나 담당업무의 전문가로서 역할을 하게 된다.

팀조직은 능력제 형태로서 유능과 무능이 확연히 분리된다. 장점으로는 업무중심의 조직이므로 의사결정의 신속성과 기동성이 제고되고, 이질성과 다양성의 결합을 통한 시너지 효과를 촉진한다는 것이다. 또한 정보와 사고의 교류가 용이하다는 장점이 있다. 그렇지만 팀장의 역할이 커지며 책임성의 소재 여부가 애매모호해져서 누구도 책임질 수가 없으며 공동책임의 개념을 갖게 되는 팀조직에서는 팀장의 능력에 의존도가 크므로 팀장의 리더십 부족이 조직 운영의 비효율을 초래할 우려가 있다. 또한 팀원의 전문능력 부족 시에는 팀의 원활한 유지에 장애가 된다는 단점이 있다.

(3) 네트워크 조직

네트워크 조직(network organization)은 조직의 자체 기능은 핵심역량 위주로 합리화하고 여타의 기능은 아웃소싱(outsourcing)하거나 전략적 제휴 등을 통해 외부기관과의 계약으로 수행하는 조직을 말한다〈그림 6-7〉. 네트워크 조직은 계층이 거의 없고, 조직 간의 벽도 없으며, 부문간 교류가 활발하게 이루어지는 특징을 지닌다.

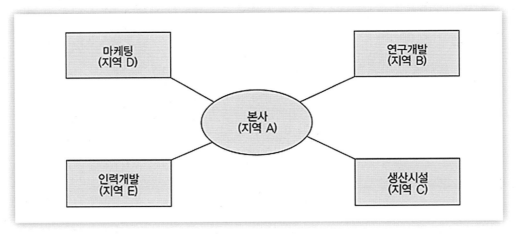

※ |그림 6-7| 네트워크 조직

네트워크 조직은 간단한 조직구조를 갖기 때문에 환경변화에 신축적으로 대응할 수 있고, 최저의 비용으로 자원을 활용할 수 있다는 장점이 있다. 반면, 계약관계에 있는 외부기관을 통제하는데 따른 어려움으로 조정 · 감시비용이 증대되며, 취약한 조직정체성으로 응집력 있는 조직문화나 조직구성원의 충성을 기대하기 어렵다는 단점이 있다.

(4) 프로젝트 조직

프로젝트 조직(project organization)은 특정한 과제 내지 목표의 달성을 위해 가장 적합한 능력을 가진 인원을 결집하고, 문제를 집중적으로 처리토록 하는 임시적인 조직을 말하며, 태스크 포스(task force)라고도 한다〈그림 6-8〉. 구성원은 주로 계획에 관계가 있는 부문에서 선정되며, 목표달성까지 일상업무에서 떨어져서 그 일에 전념하지만, 과제 수행이 완료되면 조직은 해산되기 마련이다.

각 기업에서의 구체적인 예를 보면 신제품의 개발이나 새로운 사업분야에 진출과 같은 중요한 테마, 즉 신규적·혁신적인 당면 과제를 해결하기 위해 프로젝트 팀이 편성되고 있다.

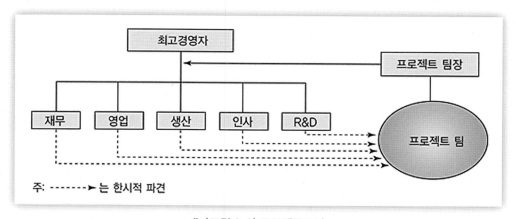

☀ |그림 6-8| 프로젝트조직

(5) 위원회 조직

위원회 조직(committee organization)은 어떤 특정한 과제의 합리적인 해결을 목적으로 각 부문에서 여러 사람들을 선출하여 구성된 조직이다. 위원회 조직은 공동으로 판단함으로써 부서간의 불화와 마찰을 피하면서 조직의 제 활동에 유익한 창의적인 아이디어를 창출해낼 수 있으며, 보다 건전한 결론에 도달할 수 있는 장점이 있다. 그러나 위원회 조직은 여러 위원들로 구성되어 있기 때문에 회의과정에서 시간낭비 및 기동성의 결여, 타협의 위험, 책임의 분산 및 책임부재로 불성실한 결정, 개인적 창의성을 저해하는 등의 단점이 나타날 수도 있다.

Chapter 06 단원핵심문제

01 다음 중 조직구조 설계시 고려해야 할 상황요인에 대한 설명으로 옳지 않은 것은?

① 조직의 규모가 커질수록 보다 전문화되며, 보다 많은 규칙을 갖게 되고, 더 많은 계층, 보다 많은 의사결정의 분권화를 하게 된다.

② 환경의 불확실성이 높은 연구개발부서는 낮은 공식화와 분권화에 의해 조직이 설계된다.

③ 제품생산기술이 고정적으로 한 가지 제품만을 생산하도록 되어 있어 생산제품의 변화가 거의 일어나지 않는 경우 조직은 전문화된 부서의 수, 관리계층의 수가 많아지고 공식화 정도가 높아진다.

④ 환경의 불확실성이 낮을수록 유기적이고 수평적인 구조를 선택하는 것이 성과가 높다.

02 다음 중 스탭(Staff)부서에 속하지 않는 것은?

① 기획부   ② 조사부

③ 판매부   ④ 홍보부

03 다음 조직의 형태에 대한 설명 중 올바른 것은?

① 프로젝트형 팀 조직은 일명 task force 조직이라고 한다.

② 팀 조직은 부서간의 장벽을 없애면서 다양한 명령 • 보고 체계를 갖는다.

③ 매트릭스 조직은 인적자원을 효율적으로 사용할 수 있으나 시장변화에 융통성 있게 대처하기 어렵다.

④ 라인(line)은 생산·인사·회계와 같이 기업목표달성에 필요한 핵심활동을 책임지고 수행한다.

04 다음 중 라인조직에 관한 설명으로 가장 적절하지 않은 것은?

① 신속한 기동성과 강력한 추진력을 갖고 있는 장점이 있다.

② 의사결정을 빨리 내릴 수 있으며, 일사불란한 명령 지휘가 가능하다.

③ 대규모 조직이 갖출 수 있는 시너지효과를 기대하기 힘들다.

④ 경영환경변화를 탐지하는 능력이 뛰어나다.

05 다음의 공식조직과 비공식조직에 대한 설명으로 가장 적절하지 않은 것은?

① 공식조직은 어떤 목적을 위한 인위적 조직이다.

② 공식조직과 비공식조직은 서로 보완적·촉진적인 상호작용을 함과 동시에 대립적으로도 작용한다.

③ 비공식 조직은 개인들의 학연, 지연, 기호 등에 의한 자연 발생적 조직이다.

④ 비공식 조직은 종업원들에게 만족감을 낮추며 기업성과와는 전혀 상관 없다.

06 다음 중 분권화조직의 대표적인 조직형태는 무엇인가?

① 라인 조직　　　　　　　　② 스태프 조직

③ 사업부제 조직　　　　　　④ 직능식 조직

07 다음 중 조직유형에 대한 설명으로 가장 적절하지 않은 것은?

① 라인스텝조직은 경영환경이 안정적이고 확실성이 높은 상황에 효과적 조직형태이다.

② 사업부제조직은 빠른 시장환경 변화에 불안정적이고, 시장의 세분화가 가능한 상황에서 효과적 조직형태이다.

③ 매트릭스조직에서 조직원은 능력을 최대한 활용할 수 있다는 장점이 있으나 이중지위체계에서 역할 갈등을 경험 할 수 있다.

④ 네트워크조직은 직능식(functional)조직과 프로젝트 조직의 혼합형태로 효율성과 유연성을 동시에 달성할 수 있는 조직형태이다.

08 사업부제 조직의 장점이 아닌 것은?

① 사업부간 연구개발, 회계, 판매, 구매 등의 활동이 조정되어 관리비가 줄어든다.

② 사업부는 이익 및 책임중심점이 되어 경영성과가 향상된다.

③ 사업부내 관리자와 종업원의 밀접한 상호작용으로 효율이 향상된다.

④ 실천에 의한 유능한 경영자가 양성된다.

09 오늘날 많은 기업조직에서 팀 제도를 도입하여 운영하고 있는데, 다음 중 팀 제도의 특성에 대한 설명으로 적합하지 않은 것은?

① 의사결정이 신속해진다.

② 관리업무가 강화된다.

③ 과제중심으로 조직구조가 변한다.

④ 자율과 책임이 강화된다.

10 급변하는 환경에 적응하기 위하여 설립된 조직의 성격으로 적절하지 않는 것은?

① 경영조직을 프로젝트별로 분화하여 조직화한다.

② 일시적이고 특정한 목적을 달성하기 위해 편성되는 잠정적인 조직이다.

③ 기업의 기동성과 환경적응성을 높일 수 있다.

④ 정태적인 조직이다.

11 다음 중 프로젝트 조직에 대한 설명 중 옳지 않은 것은?

① 특정한 프로젝트의 수행을 위한 일시적이고 잠정적인 조직이다.

② 협의 과정을 중요시 하고 각 부문의 정보를 반영할 수 있는 합리적 의사결정이 가능한 조직이다.

③ 경영활동을 프로젝트별로 분화하고 이것을 중심으로 제 기능을 시스템화한 것이다.

④ 프로젝트의 목표가 명확하므로 책임과 평가가 명확해 지는 장점이 있다.

12 다음 중 매트릭스(Matrix) 조직에 대한 설명으로 옳지 않은 것은?

① 기능식 조직의 이점과 프로젝트 조직의 장점을 결합한 조직형태이다.

② 역할 수행과 관련하여 갈등이나 모호성이 발생하기 쉬운 단점이 상존한다.

③ 자본집약적 산업의 경우 그 중요성이 더욱 부각된다.

④ 조직구성원의 능력을 최대한 활용하기 위한 조직형태이다.

13 다음 조직 형태에 대한 설명으로 적합하지 않는 것은?

① 위원회조직은 해당 관련분야의 관련성과 전문성을 가진 사람들로 이루어지며 회의식으로 진행된다. 위원회조직은 경영자의 경영활동 수행에 조언과 협조를 하지만 경영전반에 걸친 문제들에 대한 의사결정은 절대 수행할 수 없다.

② 프로젝트조직은 전통적인 라인스텝조직과 사업부제 조직의 보완조직으로 특정한 목표 혹은 특정한 계획이나 과업을 달성하기 위하여 일시적으로 조직내의 인적·물적자원을 결합하는 조직형태이다

③ 매트릭스조직은 조직의 기능에 따라 수직적으로 편성된 직능조직에 수평적으로 프로젝트조직의 모형을 부가시킨 조직으로 전통적인 기능적 조직과 프로젝트조직을 병합한 것이다

④ 팀조직은 상호보완적인 기술이나 지식을 가진 소수의 구성원들이 자율권을 갖고 기업의 목표를 달성하도록 구성된 조직으로 업무추진에 있어 불필요한 부서간의 장벽을 제거한 것이다.

 Answer   1. ④   2. ③   3. ①   4. ④   5. ④   6. ③   7. ④   8. ①   9. ②   10. ④   11. ②
12. ③   13. ①

Chapter 7

지휘 활동

지휘(directing)는 조직 구성원들이 조직의 목표를 효과적으로 달성할 수 있도록 동기를 부여 하고 감독하는 관리기능을 말한다. 따라서 지휘는 관리자와 피관리자의 상호 인간관계라고 할 수 있으며 조직 구성원들의 행동을 어떻게 지휘하는가 하는 문제는 조직을 성공적으로 이끄는 중요한 기능인 것이다. 경영자는 구성원들이 기업의 목표를 달성하기 위하여 의욕적으로 노력하도록 그들에게 동기를 부여하고 또 리드해야 한다. 그리고 지휘의 수단이라고 할 수 있는 의사소통을 이해하고 있어야 한다. 본 장에서는 지휘활동의 핵심인 동기부여·리더십 및 의사소통에 대하여 학습한다.

1. 동기부여

동기부여(motivation)는 구성원들이 기업의 목표를 자신의 목표 중 하나로 받아들여 그것을 달성하기 위해 열심히 노력하도록 유도하는 것을 말한다. 즉 인간이 가지고 있는 욕구를 자극하여 어떤 행동을 하도록 유도하는 것으로 경제적 보상을 포함한 여러 가지 보상으로 그 사람이 갖고 있는 욕구를 만족시켜 줄 수 있어야 한다(김석진, 2007). 동기부여에 관한 이론은 '무엇이 동기를 유발하는가'에 초점을 둔 내용이론과 '어떻게 동기가 유발되는가'에 초점을 둔 과정이론으로 나누어 살펴본다.

1) 내용이론

동기부여의 내용이론은 동기를 유발시키는 요인에 초점을 둔 이론으로 "인간은 만족되지 않은 내적 욕구를 가지고 있으며 이러한 욕구를 충족시키기 위하여 동기유발이 된다"고 가정하고 있다. 내용이론의 대표적 연구는 욕구단계이론, ERG이론, X·Y이론, 2요인이론을 들 수 있다.

(1) 매슬로우의 욕구단계이론

매슬로우(A.H. Maslow)는 인간은 지속적인 욕구를 가지는 존재이며, 일단 충족되어진 욕구는 단기적으로는 행동을 유발하는 요인이 되지 못한다고 전제하고, 이러한 욕구는 하위욕구가 충족되어지면 상위욕구로 이동하여 계층적으로 5단계로 이루어져 있다는 것이다.[1] 매슬로우의 욕구단계이론을 요약하면 〈표 7-1〉과 같다.

표 7-1_ 매슬로우의 욕구5단계

단계	명칭	내용	기업에서 충족가능분야
I	생리적 욕구 (basic needs)	의·식·주 및 성욕 등 본능적·신체적 욕구	통풍, 난방장치, 최저임금 등
II	안전의 욕구 (security needs)	물질적 안정과 타인의 위협이나 재해로부터 안전욕구	직장 안정과 고용보장, 작업환경, 근로조건 등 개선
III	사회적 욕구 (social needs)	사랑, 우정, 사교와 같은 인간 모임에 소속욕구	인간성 존중, 구성원간에 인간적 분위기 등
IV	존경의 욕구 (esteem needs)	타인으로부터 존경, 자아 존중, 타인 지배욕구	인정, 포상, 승진, 책임과 권한의 증대
V	자아실현 욕구 (self actualization needs)	보람과 가치있는 인생 삶을 추구	잠재능력 발휘, 창의성 개발, 도전적 과업, QWL의 실험

(2) 알더퍼의 ERG이론

ERG이론(Existence–Relatedness–Growth Theory)은 알더퍼(C.P. Alderfer)가 주장한 이론으로서 욕구의 수직적인 계층성을 인정한다는 측면에서 욕구단계이론과 일치한다. 그러나

---

1) A.H. Maslow, "A Theory of Human Motivation", *Psychology Review*, July 1943.

ERG이론은 두 가지 측면에서 욕구단계이론과는 근본적으로 차이점을 갖는다.[2]

첫째, ERG이론은 인간의 욕구를 다음의 세 단계로 구분하고 있어 차이가 있다. 세 가지 욕구의 분류는 인간의 핵심적 욕구를 생존을 위해 필요한 생리적·물리적 욕구인 존재의 욕구(existence needs), 다른 사람과의 주요 관계를 유지하고자 하는 관계의 욕구(relatedness needs), 창조적 개인의 성장을 위한 내적 욕구인 성장의 욕구(growth needs)이다.

둘째, 상위의 욕구가 좌절되었을 경우에는 비록 하위의욕구가 이미 충족되었다고 할지라도 다시 그 하위의 욕구로부터 동기부여가 된다고 본다. 이것은 매슬로우의 욕구단계이론이 일단 하위욕구가 충족되면 그것은 더 이상 동기부여 요소로서 작용하지 않는다고 주장한다는 측면에서 다른 점이다.

(3) 맥그리거의 X·Y이론

맥그리거(D. McGregor)는 인간의 유형을 2가지로 전제하고, 이를 X·Y이론이라고 하였다. 맥그리거는 〈표 7-2〉와 같이 저차원 욕구가 지배하는 X이론과 고차원 욕구가 지배하는 Y이론으로 인간의 본성에 대하여 다르게 가정한다.

표 7-2_ X·Y이론의 가정

X이론	Y이론
① 원래 사람원들은 일하기 싫어하며 가능하면 일하는 것을 피하려고 한다.	① 사람들은 일하는 것을 놀이나 휴식과 동일한 것으로 볼 수 있다.
② 사람들은 일하는 것을 싫어함으로 바람직한 목표를 달성하기 위해서는 통제되고 위협되어야 한다.	② 사람들은 조직의 목표에 관여하는 경우에 자기지향과 자기통제를 행한다.
③ 사람들은 책임을 회피하고 가능하면 공식적인 지시를 바란다.	③ 보통 사람들은 책임을 수용하고 심지어는 구하는 것을 배울 수 있다.
④ 대부분의 사람들은 작업과 관련된 모든 요소에 대하여 안전을 추구하며, 야심이 거의 없다.	④ 훌륭한 의사결정의 능력은 모든 사람들이 가지고 있으면, 경영자들 만의 영역은 아니다.

---

2) C.P. Alderfer, "An Empirical test of New Theory of Human Needs?", *Organizational and Human Needs*, Vol. 4, 1969, pp. 142–175.

맥그리거의 X·Y이론은 종래의 관리방식이 소극적 수동적인 X이론적 관리방식인데 비해 현대의 관리방식은 적극적 능동적인 Y이론적 관리방식이라야 한다는 것이다. 특히 동기부여를 위해서는 개인목표와 조직목표를 일치시켜야 한다는 통합이론(integration theory)을 주장하고 있다. 통합이론은 조직목표의 달성과 동시에 개인목표도 달성되어야 한다는 것이다.

(4) 허츠버그의 2요인이론

허츠버그(F. Herzberg)는 1968년에 직무태도에 관한 조사를 실시하여 〈그림 7-1〉과 같이 16개의 범주로 직무 관련 사항들을 직무만족과 직무불만족의 2요인으로 나누었다.[3]

직무불만족 요인은 위생요인(hygiene factor)이라고도 하는데, 이는 급여, 작업조건, 회

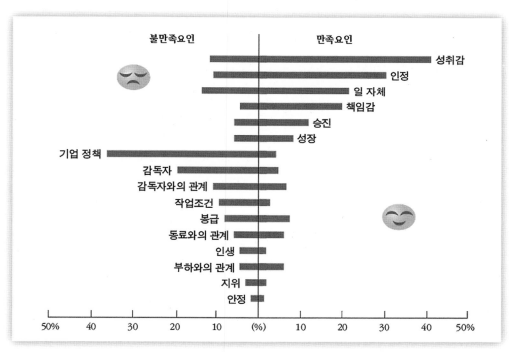

⚙️ |그림 7-1| 허츠버그의 2요인 조사 결과

---

3) F. Herzberg, "One More Time: How Do You motivative Employees?", *Harvard Business review*, January–February 1968, pp. 53–63.

사정책과 방침, 감독방식 등 작업자의 물리적 환경과 직접적으로 관련된 것을 말한다. 이러한 직무불만족 요인은 아무리 긍정적으로 작용한다고 하여도 직무만족에는 이를 수 없으며, 단지 직무불만족을 없앨 수 있을 뿐이라고 말한다. 한편, 직무만족요인은 동기요인(motivative factor)이라고도 하는데 이는 성취, 인정, 일 차체, 책임감, 승진 등 주로 작업자의 심리적 요인과 관련된 것을 말한다.

2요인 이론의 핵심적인 내용은 개개인이 직무만족을 느끼게 하려면 물리적 환경과 관련된 직무불만족 요인을 최대한 제거하여 직무불만족을 제거하는 방향으로 이끌어 가고, 성취감, 책임감 등 심리적 직무만족요인을 긍정적으로 작용하게 해야 한다는 것이다.

2) 과정이론

동기부여의 과정이론은 동기 유발이 어떠한 과정을 통하여 발생하는가를 설명하는 이론이다. 과정이론의 대표적 연구에는 공정성이론, 기대이론 및 강화이론이 있다.

(1) 아담스의 공정성이론

아담스(J.S. Adams)의 공정성이론(equity theory)은 조직 내의 개인과 조직 간의 교환관계에 있어서 공정성 문제와 공정성이 훼손되었을 때 나타나는 개인의 행동유형을 제시하고 있다. 즉 구성원 개인은 직무에 대하여 자신이 조직으로부터 받은 보상을 비교함으로써 공정성을 지각하며, 자신의 보상을 동료와 비교하여 공정성을 판단하는데 이때 불공정성을 지각하게 되면 이를 감소시키기 위한 방향으로 동기요인이 작용하여 균형을 찾는다고 하였다.

개인이 조직의 목표를 달성하기 위해 투입하는 것은 직무수행과 관련된 노력·업적·기술·교육·경험 등이며, 조직으로부터 주어지는 보상은 임금·후생복지·승진·지위·권력·인관관계 등을 포함한다. 〈그림 7-2〉와 같이 개인은 자기가 조직에 투입한 것과 조직으로부터 받는 보상을 지각을 통해 인식하고 비교하며, 이때 지각을 통한다는 것은 개인의 주관적인 판단을 의미하는 것으로써 개인은 자신의 보상/투입의 비율과 타인의 보상/투입의 비율을 비교하여 두 비율이 같으면 공정성이 지각되고 비율이 서로 다르면 불공정성을 지각하게 된다.

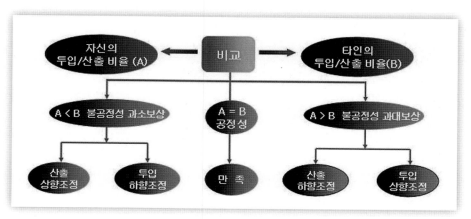

출처 : 김영재외, 2007.

◉ |그림 7-2| Adams의 공정성 이론

이러한 불공정성에 대하여 개인은 심리적인 긴장을 느끼고 긴장을 해소하는 방향으로 적응행동을 하게 된다. 예를 들면, 투입 대비 산출율이 낮을 경우 적은 노력을 기울이거나 임금인상을 위해 행동하며, 투입 대비 산출율이 높을 경우 더 많은 노력을 기울이게 된다. 아무리 노력해도 불공정의 정도가 해소되지 않을 경우 개인은 최종적인 수단으로 이직을 생각하게 된다.

(2) 브룸의 기대이론

브룸(V.H. Vroom)에 의해 제안된 기대이론(expectancy theory)은 조직 구성원의 동기유발에는 직무수행을 통해 얻을 수 있는 보상에 대한 구성원의 기대수준이 영향을 준다는 관점이다. 즉 기대이론은 구성원들이 어떤 방향으로 노력할 것인지, 하지 않을 것인지를 결정할 때, 세 가지 요소를 모두 고려한다고 주장한다. 〈그림 7-3〉은 세 가지 요소의 관계를 보여주고 있다.

$$동기부여 = f(기대치(E) \times 수단성(I) \times 유인값(V))$$

브룸에 의하면 종업원의 직무수행을 위한 동기부여는 종업원이 노력하면 특정한 결과(성과)를 가져올 것이라는 주관적 확률인 기대(expectancy), 그러한 성과로 보상이 주

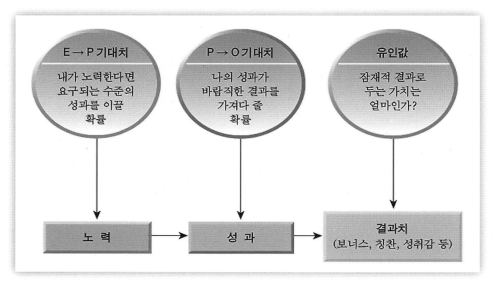

◉ |그림 7-3| 기대이론의 기본 구성요소

어질 것이라고 믿는 수단성(instrumentality), 그러한 보상에 대한 매력인 유인가(valence)에 달려있다고 보는 것이다. 즉, 세 가지 요소의 값이 각각 최대값이 되면 최대의 동기부여가 되지만, 각 요소 중에 하나라도 0(zero)가 되면 전체 값이 0(zero)가 되어 동기부여가 되지 않는다는 것이다.

따라서 경영자는 종업원을 동기 부여시키기 위해서는 그 개인의 욕구뿐만 아니라, 일정한 노력을 기울이면 달성될 수 있는 합리적인 수준을 제시하여야 하며, 그 목표를 달성했을 때 반드시 어떤 보상이 있고, 그 보상은 충분히 매력적이어야 하므로, 이들 3가지 동기부여 요소들을 극대화시켜야 한다.

(3) 스키너의 강화이론

심리학자 스키너(B.F. Skinner)의 강화이론(reinforcement theory)은 과거행동의 결과에 따라서 미래행동의 패턴이 결정된다는 것을 설명한다. 따라서 개인이 과거 어느 행동의 결과가 긍정적이었다면 미래에 비슷한 상황에서는 유사한 행동으로 반응할 것이며, 이 때 만약 결과가 부정적이었다면 다음 기회에는 부정적 결과를 피하기 위해 자신의 행동을 수정한다고 주장한다.

스키너는 행동과 결과의 관계를 네 가지 강화의 법칙에 의하여 설명하고 있다.

① **긍정적 강화**(positive reinforcement)

바람직한 행위의 빈도를 증가시키기 위한 방법으로 유쾌한 보상을 제공하는 것이다. 예를 들면 임금인상, 승진, 보상, 칭찬, 휴가 등과 같은 긍정적 자극이 해당된다.

② **부정적 강화**(negative reinforcement)

바람직하지 않은 결과를 피하기 불쾌하거나 해가 되는 자극을 주어 바람직한 행동을 하도록 유도하는 방법이다.

③ **소거**(extinction)

어떤 행위를 없애기 위한 것이다. 즉, 이 방법은 어떤 행위를 감소시키기 위하여 과거에 그런 행위와 관련되어 있던 긍정적인 강화를 철회하는 것이다.

④ **별**(punishment)

행위를 감소시키거나 금지하도록 하기 위하여 부정적인 결과를 제공하는 것이다. 예로 바라지 않는 행위가 일어났을 때 이를 비판한다든지, 임금을 주지 않고 정직을 시킨다든지 혹은 교육의 기회를 박탈하거나 새로운 장비의 사용을 금지하는 것 등이다.

이상의 4가지 강화전략을 비교 설명하면 긍정적 강화와 부정적 강화는 바람직한 행동을 증가시키는 것이 주목적이며, 처벌과 소거는 바람직하지 않은 행동을 감소시키는 것이 주목적이다. 또한 강화방법 가운데 어떠한 강화방법이 보다 효과적인지는 학습의 내용과 학습 환경에 따라 다르게 나타난다고 하겠다.

2. 리더십

1) 리더십의 의의

조직이 설정한 목표를 원만하게 달성하기 위해서는 구성원들의 상호협력과 지원이 필요하기에 조직을 이끌어가는 리더의 역할이 매우 중요하다. 때문에 리더는 조직 구성원들 간의 상호협력과 협동심을 발휘할 수 있도록 영향력을 행사하는 리더십(leadership)이 요구된다. 리더십은 조직 또는 조직 구성원이 주어진 업무와 관련된 행동을 지시하고 지시한 행동에 영향력을 행사하는 과정이라고 할 수 있다.

2) 리더십의 접근방법

리더십에 대한 연구는 1950년대까지는 리더의 개인적 특성에 초점을 맞춘 특성이론에 기반을 두었으나, 1960년대에 들어가면서 성공적인 조직에는 리더의 개인적인 특성보다는 여러 가지 상황에서 "어떤 행동이 가장 효과적인가?"에 초점을 둔 행동이론이 각광을 받기 시작했다. 그러나 경영환경이 급격하게 변화하면서 단순히 리더의 행동을 일률적으로 설명할 수 없다고 인식하게 되었다. 이에 따라 개별 상황에 따라 적합한 리더십을 발휘하여 최적의 성과를 이끌어 내도록 하는 상황이론으로 발전하였다(김석진, 2007).

(1) 특성이론

특성이론(trait theory)은 리더가 가진 특성이 무엇인가를 알아서 리더십 이론을 전개하는 접근방법이다. 특성이론에서 리더(leader)는 만들어지는 것이 아니고 선천적으로 타고나는 것이라고 주장한다. 이 이론은 리더가 갖는 특징으로 신체적 특성(신장, 외모, 힘), 성격(자신감, 정서적 안정성, 지배성향), 능력(지능, 언어의 유창성, 독창성, 통찰력) 등이 있다고 보았다.

그러나 특성이론은 리더의 어떤 특성들이 리더와 리더 아닌 사람들을 구분할 수 있는가에 관한 연구에 대해 일치된 견해를 제시하지 못하였을 뿐만 아니라 리더의 개인적 특성만을 고려하여 어떠한 리더십이 효과적인지를 설명할 수 없다는 점에서 일반화하는데 한계가 있다고 하겠다.

(2) 행동이론

훌륭한 리더는 구별되는 특성을 지닌 사람이 아니라고 가정하고, 훌륭한 리더의 행동적 특징을 연구하는 접근방식이 리더십 행동이론(behavioral theory)이다. 행동이론은 누가 훌륭한 리더인가를 밝히기보다는 훌륭한 리더는 어떤 행동을 하는가를 연구하였다. 즉, 이 이론은 리더십의 기능과 리더십의 스타일에 초점을 둔 이론인 것이다. 예를 들면, 훌륭한 리더들은 종업원들에게 어떻게 임무를 위임하는가? 어떻게 동기부여하

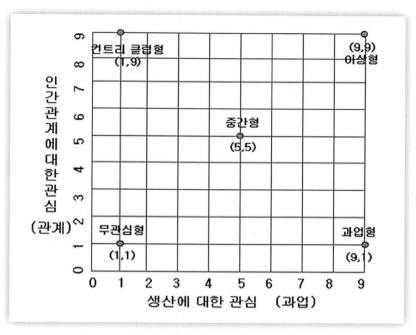

❂ |그림 7-4| 리더십 그리드

고 대화하는가? 어떻게 그들은 자신의 임무를 수행하는가? 등이 그것이다.

훌륭한 리더는 조직을 효율적으로 운영하기 위해 두 개의 주요 기능을 수행할 필요
가 있다. 첫 번째 기능은 일과 연관된 문제해결, 즉 결과중심기능이고, 두 번째 기능은
논쟁을 조정하고 개인이 그룹에서 가치를 느끼도록 포용해주는 인간중심기능이다.
이론적으로는 두 기능을 모두 성공적으로 수행할 수 있는 경영자가 훌륭한 리더가 될
것이지만, 현실적으로 대부분의 경영자는 두 기능 중 어느 한 기능에서만 자신의 리
더십을 발휘한다.

블레이크와 모우튼(R.R. Blake and J.S. Mouton, 1968)은 〈그림 7-4〉와 같은 리더십그리드를
만들어 리더가 지향하는 방향을 2차원으로 구분하였다. 횡축에는 생산(과업)에 대한 관
심의 정도를, 종축에는 인간에 대한 관심의 정도를 나누고 이를 격자로 계량화하여
리더의 행동유형을 5가지로 분류하고 있다.

① 무관심형(1-1형) : 리더의 생산과 인간에 대한 관심이 모두 낮아서 리더는 조직구
　성원으로서 자리를 유지하기 위해 필요한 최소한의 노력만 한다.
② 컨트리클럽형(1-9형) : 리더는 인간에 대한 관심은 매우 높으나 생산에 대한 관심

은 매우 낮다. 리더는 부하와의 만족한 관계를 위하여 부하의 욕구에 관심을 갖고, 편안하고 우호적인 분위기로 이끈다.

③ 과업형(9-1형) : 리더는 생산에 대한 관심이 매우 높으나 인간에 대한 관심은 매우 낮다. 리더는 일의 효율성을 높이기 위해 인간적 요소를 최소화하도록 작업 조건을 정비하고 과업수행능력을 가장 중요하게 생각한다.

④ 중간형(5-5형) : 리더는 생산과 인간에 대해 적당히 관심을 갖는다. 그러므로 리더는 과업의 능률과 인간적 요소를 절충하여 적당한 수준에서 성과를 추구한다.

⑤ 이상형(9-9형) : 인간과 과업 모두에 대한 관심이 매우 높다. 리더는 구성원과 조직의 공동목표 및 상호의존 관계를 강조하고, 상호 신뢰적이고 존경적인 관계와 구성원의 몰입을 통하여 과업을 달성한다.

블레이크와 모우튼은 효과적인 리더는 (9.9)의 유형으로 인간과 과업에 모두 관심을 갖는 리더이다. 만약 경영자의 리더십 스타일이 (1.9)의 컨트리클럽형으로 측정된다면 그는 생산(과업)에 대한 관심이 부족한 것으로 지적된다. 따라서 생산에 대한 관심을 증대시킬 수 있는 훈련기법을 적용하여 이상형(9.9)에 접근시킬 필요가 있다.

(3) 상황이론

리더에게 어떤 특성이 있는가를 밝히려는 특성이론과 성공한 리더의 행동적 특성 및 성격을 규명하려는 행동이론들은 리더가 처해 있는 상황을 무시하였다. 그러나 현실에서는 유사한 특성과 자질을 지닌 리더가 서로 상이한 상황에서 상이한 결과를 내는 경우가 종종 있다. 상황이론(contingency theory)은 모든 상황이나 조건에 적합한 최적의 리더십 특성이나 행동유형은 존재하지 않고 리더가 처해진 상황에 따라서 리더의 형태가 결정된다는 이론이다. 본서에서는 리더십의 스타일과 종업원의 준비수준을 연결한 허시와 블랜차드(P. Hersey and K.H. Blanchard, 1969)의 리더십 이론을 살펴본다.

허시와 블랜차드는 〈그림 7-5〉와 같이 리더를 직무와 관계라는 두 차원에서 네 가지 리더 유형, 즉 지시형 리더, 지도형 리더, 참여형 리더 및 위임형 리더로 구분하였다. 지시형 리더는 리더의 노력이 과업수행에 치중된 스타일을, 지도형 리더는 과업수행뿐만 아니라 종업원과의 원만한 인간관계를 형성하기 위해 노력하는 스타일을, 참여형 리더는 과업 수행 아이디어를 서로 공유하며 종업원의 참여를 유도하는 스타

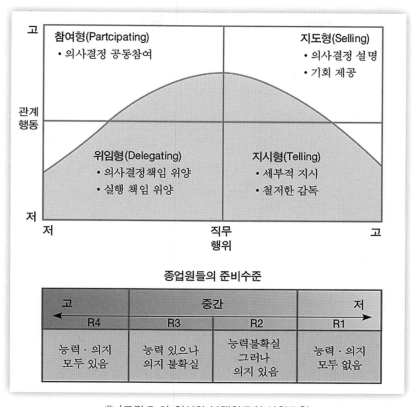

고				
참여형(Partcipating)		**지도형(Selling)**		
• 의사결정 공동참여		• 의사결정 설명		
		• 기회 제공		
관계 행동				
위임형(Delegating)		**지시형(Telling)**		
• 의사결정책임 위양		• 세부적 지시		
• 실행 책임 위양		• 철저한 감독		
저				
저		직무 행위		고

종업원들의 준비수준

고	중간		저
← R4	R3	R2	R1
능력 · 의지 모두 있음	능력 있으나 의지 불확실	능력불확실 그러나 의지 있음	능력 · 의지 모두 없음

◈ |그림 7-5| 허시와 블랜차드의 상황모형

일을, 위임형 리더는 과업과 관련된 의사결정을 전반적으로 종업원에게 위임하며 인간관계 형성에 별다른 관심을 보이지 않는 스타일을 말한다.

또한 주어진 상황에서 어떤 유형의 리더가 합리적인가를 결정하기 위하여 리더를 따르는 종업원들의 준비수준을 먼저 평가한다. 여기에서 종업원들의 준비수준이란 어떤 직무에 필요한 경험, 지식, 세부적 기술들이 포함되며, 의지는 심리적 준비로써 자신감, 동기부여, 의욕 등이 포함된다. 〈그림 7-5〉에서와 같이 종업원들의 준비수준은 4단계 R1(낮음), R2(중간 이하), R3(중간 이상), R4(높음)로 구분되는데, 종 모양의 곡선은 주어진 각 준비수준에 따른 가장 적합한 리더십 스타일을 말한다. 즉, R1에 대해서는 지시형 리더십 스타일, R2에 대해서는 지도형 리더십 스타일, R3에 대해서는 참여형 리더십 스타일 그리고 R4에 대해서는 위임형 리더십 스타일이 적합하다.

3) 리더십의 현대이론

(1) 거래적 리더십

거래적 리더십(transactional leadership)은 리더가 조직구성원들과 맺은 거래적 계약관계에 기반을 두고 영향력을 발휘하는 리더십을 의미한다. 리더는 구성원들이 원하는 보상을 제공하는 대신에 자신이 원하는 업무성과를 성취하도록 촉구하는 리더십을 발휘하는 것이다. 이 때 리더의 기본 역할은 구성원들에게 기대하는 업무성과의 수준 및 이를 달성할 때 주어지게 되는 보상, 달성하지 못할 때 주어지는 벌에 대한 정보를 제공하는 것이다.

(2) 혁신주도형 리더십

혁신주도형 리더십(transformational leadership)은 리더가 조직구성원들로 하여금 장래 비전의 공유를 통해 구성원들의 몰입도를 높임으로써 당초 생각했던 것보다 훨씬 높게 목표를 초월한 성과를 달성할 수 있도록 동기부여해 주는 리더십이다.

특정 성과의 가치와 중요성 그리고 그 성과를 달성할 수 있는 방법에 대해 구성원들의 지각수준을 상승시키고, 구성원들이 보다 큰 집단이나 조직을 위하여 자기의 이기심을 초월하도록 하며, 개인 욕구의 범위를 확장하거나 수준을 높이는 것이다.

(3) 카리스마적 리더십

카리스마적 리더십(charismatic leadership)은 리더가 조직구성원에 대한 극단적인 신뢰, 이들을 완전히 장악하는 거대한 존재감, 그리고 명확한 비전을 갖고 일단 결정된 사항에 관해서는 절대로 흔들리지 않는 확신을 가지는 리더십을 의미한다. 또한 조직구성원들은 이와 같은 리더의 모습을 통해 신뢰를 갖고 그를 따르게 된다. 여기서 카리스마란 리더의 자신감, 솔선수범 행동, 인상관리, 감정에 호소, 사상과 신념의 표현 등이 해당된다.

(4) 팀 리더십

팀 리더십(team leadership)은 조직구성원들 스스로가 자신을 리드하게 만드는 것으로 관리, 통제 보다는 팀 내외 정보흐름과 소통을 촉진하고, 자율을 최대한 보장하는 리더십을 말한다.

(5) 섬김의 리더십

섬김의 리더십(servant leadership)은 리더가 인간 존중을 바탕으로 조직구성원들이 잠재력을 발휘할 수 있도록 도와주고 이끌어 주는 리더십을 말한다. 섬김의 리더는 기본적으로 방향제시자, 파트너, 지원자 세 가지 역할에 초점을 두고 구성원들을 리드해 나가는 특징을 가진다. 여기서 방향제시자 역할은 조직의 비전을 제시해주는 역할을 말하며, 파트너 역할은 구성원들 간의 합의를 이끌어 내기 위해 의견을 조율하는 역할을 말한다. 또 지원자의 역할은 구성원들이 업무수행을 원활히 할 수 있도록 지원하고, 업무 외의 개인적인 삶에 있어서도 업무와 균형을 이룰 수 있도록 돕는 역할이다.

섬김의 리더십은 팀워크와 공동체에 기초한 리더십이며, 의사결정에 다른 사람의 의견을 반영시키는 리더십, 윤리적이고 배려하는 행위에 기초한 리더십이라고 말한다.

3. 의사소통

1) 의사소통의 의의

(1) 의사소통의 정의

모든 조직의 활동들은 의사결정을 토대로 이루어지게 되는데, 그러한 의사결정을 하기 위해서는 제반, 사실, 정보, 지식의 전달이 필요하게 된다. 의사소통(communication)은 조직운용의 필수적인 요건으로 인적·물적 요소들을 능률적이고 효과적인 활동단위로 조정하는 역할을 한다.

의사소통은 경영자에게도 매우 중요한 관리대상이다. 왜냐하면 경영자는 의사소통과정을 통해서 계획, 조직, 지휘, 통제활동을 수행하기 때문이다. 즉, 경영자가 계획을 수립하기 위해서는 정보를 제공받아야 하고 수립된 계획을 집행하기 위해서도 정보를 전달해야 하기 때문이다. 조직화 또한 의사소통을 필요로 하고 지휘와 통제활동은 그 자체가 의사소통이라고 할 수 있다.

(2) 의사소통의 과정

의사소통은 단순히 정보를 전달하는 데서 그치지 않고, 전달자(발신자)와 피전달자(수신자) 간에 공통성 내지는 합의가 조성됨으로써 발생하게 된다. 의사소통의 과정은 '발신자 – 메시지 – 수신자'를 중심으로 기호화와 해독, 소음과 피드백으로 이루어진다. 즉, 발신자가 전달하고자 하는 정보를 기호화하고 경로를 통해 전달하면 특정 의미로 해독하는 수신자를 포함하는 과정이다.

의사소통의 과정을 저해하고 혼돈시키는 요인을 소음(noise)이라고 한다. 의사소통 과정에서 주의할 사항은 다음과 같다.

첫째, 의사소통에는 반드시 사람이 포함되므로, 의사소통을 이해하기 위해서는 송신자와 수신자 간의 관계성을 이해할 필요가 있다.

둘째, 효과적인 의사소통을 위해서는 송신자와 수신자 간에 의미의 공유(shared meaning)가 이루어져야 한다.

셋째, 의사소통은 몸짓, 소리, 문자, 숫자, 언어 등의 상징으로 이루어진다. 따라서 상징은 메시지의 의미를 적절히 반영하는 형태로 구성되어야 한다.

2) 의사소통의 유형

조직의 의사소통의 유형은 의사소통의 공식적 채널, 권위구조, 직무내용 등에 따라서 크게 공식적 의사소통으로서 상향적·하향적·수평적·대각적 의사소통 그리고 비공식적 의사소통으로 구분할 수 있다(김석진, 2007, 최찬기외, 2014).

(1) 상향적 의사소통

상향적 의사소통은 하위자로부터 상위자에게 전달되는 것으로써 의견 혹은 불만, 불평 등 인간적 욕구를 충족시키며, 특히 그들의 참여의식을 고취시키기 위한 것이다. 이러한 의사전달 수단으로는 명령계통에 대응하는 보고계통, 불만처리 절차, 제안제도, 인사상담제도, 근로의욕 내지 사기조사, 노동조합 등이 필요하다.

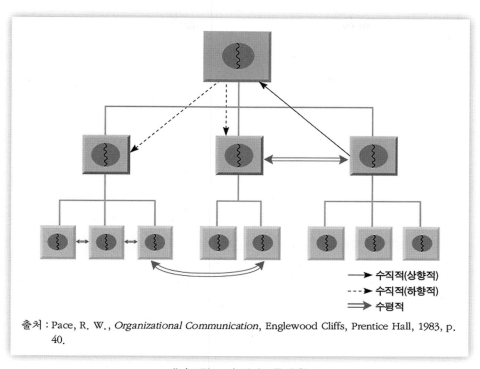

출처 : Pace, R. W., *Organizational Communication*, Englewood Cliffs, Prentice Hall, 1983, p. 40.

◉ |그림 7-6| 의사소통 유형

(2) 하향적 의사소통

하향적 의사소통은 상위자로부터 하위자에게 명령을 내리는 것으로써, 이를 관리적 의사소통 또는 상의하향적 의사소통이라고도 한다. 이는 명확성, 적합성, 일관성 및 적시성이 요구되며, 그 경로 내지 수단으로는 명령계통을 통해 구두나 서면으로 전달, 포스터나 게시판, 사내보, 종업원 편람 내지 팜플렛, 사내방송, 노동조합 등이 있다.

(3) 수평적 의사소통

수평적 의사소통은 조직 내에서 계층수준이 같은 구성원들 사이 또는 각 부서간의 연락을 위해 이루어지는 것으로서 그 수단으로는 주로 부서간의 심의, 토의, 회의, 레크레이션, 회람 등의 형식으로 이루어진다.

(4) 대각적 의사소통

대각적 의사소통이란 조직 내에서 동일한 계층에 속하지도 않고 또한 동일한 명령 체계에도 속하지 않는 조직단위 사이의 의사소통으로서, 이 의사소통은 여러 가지 기능과 조직의 계층을 가로질러 이루어진다. 태스크포스(task force) 조직에서 구성원간의 의사소통은 대각적 의사소통의 형태를 띤다.

(5) 비공식적 의사소통

비공식적 의사소통은 조직구성원들이 자신의 감정이나 느낌을 자연스럽게 표현할 수 있도록 도와주는 역할을 한다. 때문에 조직 내의 비공식적 의사소통 네트워크는 조직의 유효성을 위해서 매우 중요하며 조직의 갈등, 의사소통의 갈등해소 측면에서 그 역할이 매우 크다고 할 수 있다(최찬기외, 2014).

3) 의사소통 네트워크의 유형

조직이 팀 중심제로 다변화함에 따라서 팀 간의 또는 팀장과 팀 구성원과의 갈등 문제 해결과 합리적 의사결정을 위해서 의사소통의 중요성은 더욱 커지고 있다. 어떤

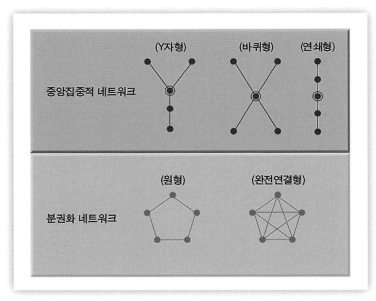

☀ |그림 7-7| 집단의사소통 네트워크 유형

업무가 팀에 의해서 이루어질 때 팀리더는 자신의 생각을 팀 구성원에게 어떻게 전달할 것인가를 생각할 필요가 있다.

집단의사소통 네트워크는 〈그림 7-7〉과 같이 5가지 형태가 있다. 이 중 세 가지는 네트워크에서 팀장을 중심으로 대부분의 메시지가 전달되기 때문에 중앙집권적 네트워크라고 불리며, 나머지 두 가지는 분권화 네트워크라고 불린다(최찬기외, 2014).

① Y자형 : 팀 내 강력한 리더가 있는 것은 아니지만 어느 정도 대표적인 인물을 통하여 팀 구성원 간에 의사소통을 하는 형태이다.

② 바퀴형 : 팀 내 강한 리더가 있어서 팀 구성원 간의 의사소통이 리더를 중심으로 이루어지는 형태이다.

③ 연쇄형 : 팀 내에서 서열이나 직위의 차이에 따라서 의사소통 경로를 설정하는 형태로 정확한 의사소통이 이루어진다.

④ 원형 : 팀 구성원들의 서열이나 지위가 서로 동등한 입장에서 의사소통을 하는 형태로, 위원회나 태스크포스(task force)팀에서 사용된다.

⑤ 완전연결형 : 팀 구성원들이 서로 자유롭게 의사소통을 할 수 있는 형태로, 누구든지 의사소통에 참여가 가능하며 주로 리더가 없거나 공식적 구조가 없는 비공식 팀에서 사용된다.

팀 내 의사소통 네트워크는 보편적으로 일반 조직체 내의 의사소통 네트워크에도 적용될 수 있다. 예를 들어, 신속한 의사소통이 요구되는 상황에서는 바퀴형과 원형, 리더가 필요할 때는 바퀴형, 팀 구성원의 만족감을 높이기 위해서는 원형과 완전연결형, 의사소통의 정확성을 확보하기 위해서는 원형을 제외한 의사소통 네트워크를 적용하면 유용하다.

 **Chapter 07** 단원핵심문제

01 다음 중 동기-위생이론에서 성격이 같은 요인끼리 묶인 것은?

① 승진-급여   ② 책임-신분보장

③ 작업조건-경영방침   ④ 직무 자체 - 보너스

02 다음 중 동기부여이론에 대한 설명으로 옳지 않은 것은?

① 매슬로우의 욕구계층이론 - 욕구는 계층을 형성하고 있는데, 어떤 단계의 욕구가 만족되면 그 보다 높은 단계의 욕구가 동기유발 요인이 된다는 것이다.

② 맥그리거의 XY이론 - 매슬로우의 욕구계층이론에 기초하여 인간긍정적인 X이론과 인간부정적인 Y이론을 전개하였다.

③ 허즈버그의 2요인 이론 - 인간은 상호독립적인 2가지 종류의 이질적인 욕구, 즉 동기요인과 위생요인을 가지고 있다.

④ 알더퍼의 ERG이론 - 인간의 욕구를 존재(E : existence), 관계(R: relateness), 성장(G: growth)의 3가지로 분류했다.

03 비공식적 커뮤니케이션을 설명하고 있는 항목이 아닌 것은?

① 파벌 형성의 원인이 된다.

② 혈연, 지연, 학연에 의해 형성된다.

③ 공개된 통로가 있는 것이 아닌 자생적으로 생긴 통로이다.

④ 상위 계층에서 하위 계층으로의 하향식 통로이다.

04 다음 동기부여의 내용이론과 관련된 설명으로 가장 적절한 것은?

① 매슬로우이론에 의하면 인간의 욕구는 생리적-안전-애정-존경-자아실현 등 5가지단계로 계층화되어 있다.

② 맥클리랜드는 인간의 욕구 중 성취 욕구, 권력 욕구, 친교 욕구를 주로 연구하였고 그 중 친교 욕구가 가장 중요하다고 주장 하였다.

③ 앨더퍼는 인간은 동기요인과 위생요인 2가지의 욕구를 가지고 있다고 주장하였다.

④ 허쯔버그는 ERG이론에서 욕구가 충족되면 상위욕구에 대한 욕망이 커지지만 목표가 좌절되면 하위욕구에 대한 욕망이 증가한다고 주장하였다.

05 다음 중 리더십(leadership)에 관한 설명으로 옳지 않은 것은?

① 리더십은 집단 및 조직의 목표설정을 위한 중요한 기능이다.

② 리더십이란 조직구성원으로 하여금 조직목적에 자발적으로 협조하도록 하는 영향력이라고 할 수 있다.

③ 리더십은 헤드십 및 팔로워쉽(followership)과 동일한 개념이다.

④ 리더십 이론은 리더 특성이론→리더 행동이론→상황적합이론으로 발전하였다.

06 리더의 명령과 지시에 따르면서 복종하게 되는 근거에 대한 설명 중 가장 거리가 먼 것은?

① 보상적 권력: 상사는 강력한 인사권을 가지고 있기에 부하는 상사의 지시를 따르게 된다.

② 강제적 권력: 상사는 자신의 요구를 따르지 않았을 경우, 부하를 처벌하거나 불이익을 줄 수 있다.

③ 합법적 권력: 상사가 부하직원들의 블로그를 직접 방문해 따뜻한 댓글을 남겨주는 '감성 경영'으로 호감과 존경을 갖도록 한다.

④ 전문적 권력: 직무에 없어서는 안 될 전문지식과 높은 기술을 리더가 가지고 있다고 인식되면 리더는 부하들의 행동에 영향을 줄 수 있다.

07 다음 중 리더십 유형에 대한 설명으로 옳은 것은?

① 거래적 리더십(transactional leadership)은 부하들에게 비전을 제시하여 그 비전 달성을 위해 함께 협력할 것을 호소한다.

② 비전적 리더십(visionary leadership)은 하위자들이 자기 자신을 스스로 관리하고 통제할 수 있는 힘과 기술을 갖도록 개입하고 지도하는 것이다.

③ 서번트 리더십(servant leadership)은 섬기는 자세를 가진 봉사자로서의 역할을 먼저 생각하는 리더십이다.

④ 카리스마적 리더십(charismatic leadership)에서 리더가 원하는 것과 하위자들이 원하는 보상이 교환되고, 하위자들의 과업수행시 예외적인 사항에 대해서만 리더가 개입함으로써 영향력을 발휘하는 것이다.

08 다음의 리더십 이론은 어느 것을 설명하는 것인지 가장 적합한 것은?

> 가장 효과적인 리더란 여러 가지 상황의 요구에 가장 부합 되는 리더라고 할 수 있다. 즉 추종자의 특성, 수행할 과정의 특징, 리더와 추종자 사이의 친밀도와 같은 상황적 여건에 가장 효과적으로 작용할 수 있는 리더십 스타일을 개발할 필요가 있다는 것이다.

① 특성이론   ② 행위이론   ③ 상황이론   ④ 직무이론

09 다음 중 조직 구성원간의 커뮤니케이션 기능에 대한 설명으로 적합하지 않는 것은?

① 지시통제기능으로 지시와 명령으로서 상급자가 부하 행동을 통제 조정하는 기능을 말한다.

② 동기부여기능으로 사원의 업적을 칭찬하고 목표 지정 및 상담을 통해 사원들의 사기를 향상시키는 기능을 말한다.

③ 감정표출기능으로 사원들의 만족, 흥분, 불만 등의 감정을 동료 혹은 상사에게 표출하는 기능을 말한다.

④ 수익증대기능으로 생산현장에서 생산성향상을 위해 발생되는 다양한 문제점을 분석하는 기능을 말한다.

10 다음 중 커뮤니케이션 네트워크와 조직성과에 대한 설명으로 가장 바람직하지 않은 것은?

① 커뮤니케이션 네트워크 유형은 사원들의 사기와 만족 수준에 영향을 미칠 수 있다.

② 커뮤니케이션 네트워크상 분산된 유형의 집단이 창의적이고 복잡한 문제 해결에 효과적인 편이다.

③ 커뮤니케이션 네트워크상 원형은 태스크포스 팀의 팀원들끼리 긴밀하게 정보를 주고받는 형태이다.

④ 커뮤니케이션 채널의 형태와 상관없이 집단 구성원 행동, 만족도, 분위기 뿐만 아니라 신속도, 정확도 등 의사소통의 유효성은 동일하다.

11 다음 중 의사소통의 장애요인에 대한 설명으로 옳지 않은 것은?

① 송신자가 부적절한 단어를 선택하거나 부정확한 표현이나 문자구성을 하면 수신자가 메시지 내용을 이용하기 어렵다.

② 상대방의 감정을 고려하고 감정이입을 하게 되면 수신자의 반응을 얻기 어렵다.

③ 수신자가 송신자로부터 메시지를 전달받기 전에 메시지의 전반적인 가치를 평가해 버리면 송신자의 메시지에 대한 정확한 해석이 어렵다.

④ 시간이 없어 압박을 받는 경우 의사소통의 정확성이 떨어지고 의사소통 기회의 상실을 초래할 수 있다.

 Answer 1. ③ 2. ② 3. ④ 4. ① 5. ③ 6. ③ 7. ③ 8. ③ 9. ④ 10. ④ 11. ②

Chapter

8

통제 활동

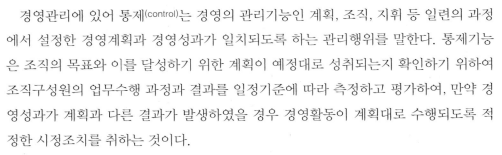

1. 통제의 의의

경영관리에 있어 통제(control)는 경영의 관리기능인 계획, 조직, 지휘 등 일련의 과정에서 설정한 경영계획과 경영성과가 일치되도록 하는 관리행위를 말한다. 통제기능은 조직의 목표와 이를 달성하기 위한 계획이 예정대로 성취되는지 확인하기 위하여 조직구성원의 업무수행 과정과 결과를 일정기준에 따라 측정하고 평가하여, 만약 경영성과가 계획과 다른 결과가 발생하였을 경우 경영활동이 계획대로 수행되도록 적정한 시정조치를 취하는 것이다.

조직의 구조가 복잡해지고 조직을 둘러싸고 있는 경영환경의 급격한 변화로 불확실성이 높아지고 있는 상황에서 목표를 효과적으로 달성해야 한다는 경영분위기 때문에 통제기능의 중요성은 더욱 높아지고 있다고 할 수 있다.

2. 통제과정의 구성

1) 통제과정의 의의

통제과정(control process)은 조직체 목표에 따라서 각 경영활동의 목표달성 표준을 정하고, 설정된 표준과 실제 경영성과를 비교하여 그 차이를 수정 보완하여 효율적이고 효과적으로 경영목표를 달성하는 과정이다. 따라서 통제과정의 기본 내용은 다음과 같다(최찬기외, 2014).

- 목표표준의 설정
- 목표 또는 계획과 경영성과 사이의 편차 측정
- 피드백에 따른 편차수정

그렇다면 조직은 무엇을 대상으로 통제하여야 하는가? 그 통제의 대상은 경영계층에 따라서 달라진다고 하겠다. 최고경영층은 재무, 인사, 마케팅, 기술, 회계와 같은 인적 · 물적 측면에서의 경영성과뿐만 아니라 특허권 같은 무형지식재산에서의 경영성과까지 통제대상으로 한다. 반면 일선 경영층의 경우는 주로 담당부서의 정형화된 업무성과를 통제대상으로 한다.

기업에서 볼 수 있는 업무부서별 통제대상을 정리해 보면 〈표 8-1〉과 같다.

표 8-1_ 경영통제의 대상

활동 또는 요소	통제대상
생산	품질, 생산원가, 공급자 관리, 생산실적, 재고관리 등
판매	판매실적, 광고비, 고객만족도, 광고채널 선택 등
자금	자금흐름, 유동성, 투명성, 부채비율 등
사람	노사관계, 이직률, 근무태도, 교육훈련성과 등
주식	주가 추이, 기업지배구조 등
지식	지식보급률, 지식획득비용 등
기술	R&D 투자액, 특허관리, 기술획득 등
전략	통합적성, 가치창출 등

출처 : 최찬기외, 2014.

2) 통제과정의 구성

통제과정은 획일적으로 고정된 것이 아니고 조직이 처한 상황에 따라서 차이가 있다. 일반적으로 통제과정은 사전에 표준계획이 설정되어 있는 가운데 성과측정, 차이

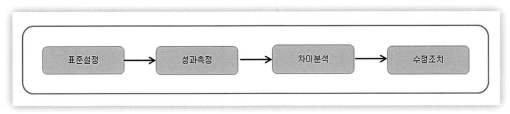

❋ |그림 8-1| 통제과정의 단계

분석, 수정조치의 단계로 구성되어 있다.

여기서는 일반적인 통제과정을 살펴보면 〈그림 8-1〉과 같다.

(1) 표준설정

표준설정은 경영통제가 적용될 수 있는 기초가 되므로 매우 중요하다. 여기서 표준 (standard)이란 성과를 측정하기 위하여 설정해 놓은 판단의 기준 또는 통제기준을 의미 하며, 산출기준과 투입기준이 있다. 또한 표준설정의 내용은 수치가 들어가는 구체적 인 표현이어야 한다.

(2) 성과측정

성과측정은 성과를 점검하고 측정하는 경영통제의 중심적 단계로 조직 내에서의 성과측정은 지속적으로 이루어지고 있으며 효과적인 통제를 위해서는 관련된 성과측 정치가 타당하고 목적적합하여야 한다. 따라서 경영자는 성과측정에 앞서 어떻게 성 과를 측정하며 얼마나 자주 측정할 것인가를 결정해야 한다. 또한 계량적 측정과 질 적 측정을 조화롭게 하는 것도 매우 중요하다.

① 성과측정방법

성과를 측정하기 위한 정보획득 수단에는 관찰, 통계보고서, 구두보고, 서면보고 등 이 있으며 하나의 방법에 다른 방법을 중복해서 사용할 수도 있으며, 이는 경영자가 어떻게 활용 하는가에 따라 달려 있다. 실제로 현장에 나가 종업원들의 활동과 성과 를 관찰 또는 조사할 수 있으며 구두 또는 문서로 받은 보고 중에서 계수나 사실을 분 석하여야 한다.

② 성과측정항목의 적합성

잘못된 평가기준을 설정하게 되면 여러 가지의 문제점을 초래하게 되며, 조직의 구성원들은 측정항목에 의해 행동하므로 오히려 성과측정방법보다는 성과측정지표가 더 중요할 수 있다. 대부분의 통제항목은 각 부문별로 구분되어 있으며 다음과 같다.

- 생산부문 효율성에 관련된 부문에 중심을 두어야 하며 일일 생산단위량, 불량률, 반송률, 1인당 생산량 등에 대한 항목을 측정해야 한다.
- 관리부문 타 업무에 대한 지원과 협조, 종합적 서비스에 중점을 두어야 하며 일일 보고서 수량, 시간당 처리 건수, 타 부문의 협조사항 처리시간 등을 측정할 수 있다.
- 영업부문 시장이나 고객과 관련되어 있는 부분에 대하여 초점을 두어야 하며, 이들은 시장점유율, 매출액, 영업인력 1인당 고객방문 횟수 등을 측정할 수 있다.

③ 계량화하기 어려운 과업의 측정

모든 활동들에 대해서 결과 또는 성과를 측정하기란 어려움이 있다. 그러나 대부분의 활동은 세분화될 수 있으며 측정 가능한 목표로 전환할 수 있다. 만일 성과측정 지표를 계량화할 수 없다면 관리자는 새로운 측정지표를 찾아야 하며 또한 측정지표를 개발해야 한다.

(3) 차이분석

현실적으로 성과표준과 실제성과와의 차이는 존재한다. 즉, 측정되는 성과가 표준보다 높을 수도 있고, 낮을 수도 있으며, 동일할 수도 있다. 따라서 경영자는 〈그림 8-2〉와 같이 표준과 실제 성과와의 차이를 분석하여 허용할 수 있는 범위를 어디까지 할 것인가를 결정하여야 한다.

또한 차이분석의 결과 성과가 표준을 초과하였을 때 이를 그냥 만족된 것으로 생각하지 않고 보너스, 훈련기회 제공, 승급, 급여 인상 등의 혜택으로 성과인정을 해주어야 한다.

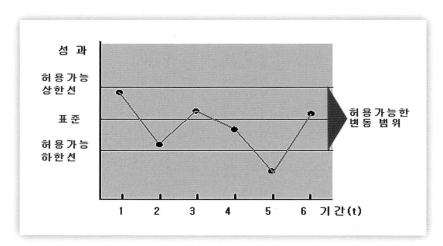

◈ |그림 8-2| 허용 가능한 변동 범위

(4) 수정조치

수정조치는 경영통제의 마지막 단계로 기준과 성과간의 차이를 수정하고 평가하여 시정하는 것으로 업무집행의 결과와 목표의 기준이 맞지 않을 때, 즉 우발적인 작업조건의 변경, 종업원의 교육이나, 능력의 결여, 계획이나 기준설정의 부적절, 경영자의 리더십 결여 등일 때 이루어진다. 수정조치 방법으로는 내·외부환경조건의 수정, 종업원의 교육훈련의 수정, 경영자의 리더십 및 동기부여방법의 수정 등 을 강구할 수 있다.

3. 효과적인 통제시스템

1) 효과적인 통제 방법

통제기능이 효과적으로 작동되도록 하기 위해서는 다음과 같은 측면이 고려되어야 할 것이다(박정민외, 2011).

(1) 통제의 공정성과 합목적성

통제는 통제 그 자체에 목적이 있는 것이 아니라 경영성과를 높이고 목표를 달성하는 것이 근본적인 목표이기 때문에 통제를 위한 통제가 되지 않도록 하여야 한다.

(2) 통제의 적시성

통제의 기능은 경영목표의 달성을 촉진하는 것이므로 시정조치의 시간적 여유를 고려하여 계획하고 진행되어야 한다. 예를 들면, 연간 생산목표를 1월 중으로 통제할 필요는 없으면 월간 목표를 설정하고 매월 말 달성여부를 특정하고 필요한 통제활동을 해야 한다.

(3) 통제의 경제성

통제의 대상은 경영활동 전체를 포함한다. 그러나 통제 대상의 일부는 그것이 경영활동에서 차지하는 비중이 사소하여 통제로 인한 비용의 지출보다 통제에 의해 얻게 될 이익이 상대적으로 적을 수 있다. 따라서 통제 대상의 선정은 원가-효익 분석(cost benefit analysis)을 통하여 기업이 특정 대상의 통제에 의하여 손해보다 이득이 많음을 확인할 필요가 있다. 또한 통제는 긍정적이며 자기통제적 역할을 할 수 있어야 하고 실적과의 편차에 대한 시정조치는 신속하게 이루어져야 한다.

(4) 합리적 보상제도

통제가 효과적이 되려면 각 조직단위나 개인이 자신에게 주어진 목표를 달성하고 나아가 조직 전체의 자발적이고 창조적으로 협력할 수 있도록 통제결과에 대한 합리적 보상제도가 있어야 한다. 이것은 경영성과가 인사고과에 반영되어 승진 승급 혹은 인사이동의 기초자료로 활용되거나 기타 다른 형태로 해당 부서가 종업원에게 영향을 주는 것을 의미한다. 또한 보상제도는 합리적이고도 공정해야 하며, 동시에 신축성과 인간성을 유지함으로써 인간을 규제하고 속박하는 역기능을 갖지 않도록 신중히 수립되어야 한다.

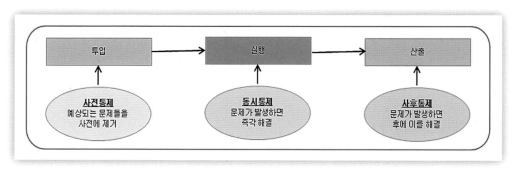

☀ |그림 8-3| 통제 유형

2) 경영통제 유형

경영통제는 일반적으로 〈그림 8-3〉과 같이 세 가지 유형으로 분류할 수 있다. 사전 통제(투입통제), 동시통제(실행통제), 사후통제(산출통제 혹은 피드백통제) 등이 그것이다.

(1) 사전통제

사전통제(preliminary control)는 예측될 수 있는 문제점을 탐지하여 사전에 제거해 주고 통제가 행위에 앞서서 수행되므로 가장 이상적인 통제방법이다. 사전통제의 가장 중요한 핵심은 어떤 문제점이 발생하기 전에 경영조치를 취한다는 점이다. 종업원의 적절한 교육훈련이나 효과적인 내부통제시스템의 구축이 바람직하다.

(2) 동시통제

동시통제(concurrent control) 혹은 실행통제는 어떤 행위가 실행 중일 때 이루어지는 통제방법으로 실행 중일 때 통제를 함으로써 사후에 발생하게 될지도 모르는 문제점을 사전에 제거할 수 있다. 수정비용이 적게 들고, 지체없이 적시에 통제가 이루어지며 관리자가 직접 현장에서 업무를 감독 할 수 있다. 적절한 경영정보시스템이 필요하다.

(3) 사후통제

사후통제 혹은 피드백통제(feedback control)는 가장 널리 사용되는 통제기법으로 이는 어떤 행위가 일어난 후에 통제가 되는 것으로 경영자 또는 조직 구성원들이 문제에 대한 정보를 알았을 때는 이미 그 문제가 종료되어 있기 때문에 결과를 변경시키거나 새로운 결과를 생성시킬 수 없다는 한계점이 있다. 반면에 피드백을 통한 경영자들 자신의 계획의 효율성에 대한 정보를 알 수 있으며, 미래에 유사한 계획을 수립하는 데 도움을 주며, 종업원 자신들의 과업수행 결과에 대한 동기부여를 할 수 있다는 장점도 가지고 있다. 그러므로 실제 많은 부문에서는 사후통제가 쉽게 활용되고 있다.

4. 통제기법

1) 예산통제방법

(1) 예산통제의 의의

예산(budget)이란 일정기간 동안 한 조직의 수입과 지출에 관한 예정계획 또는 계획서이다. 예산통제(budget control)란 기업의 경영활동에 관한 모든 계획을 화폐가치로 나타내어 예산으로 수립하고 이를 기초로 경영활동을 수행하며, 예산과 실제 실행결과의 차이를 분석하는 관리기법이다. 예산에는 수익예산, 비용예산, 이익예산, 현금예산, 자본예산 등이 있다.

(2) 예산관리 절차

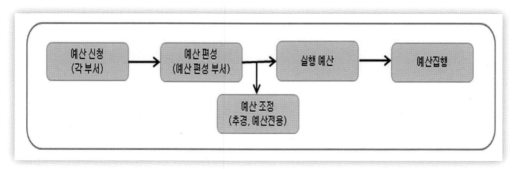

☀ |그림 8-4| 예산관리 절차

예산관리란 각 부서로부터 예산을 신청 받아 예산을 편성하고 집행과정에서 조정하고, 실행예산과 집행예산을 토대로 예산을 통제하는 일련의 과정을 말한다.

2) 비예산통제방법

(1) 내부통제시스템에 의한 통제

기업은 기업 활동과정에서 내·외부적으로 여러 위험에 직면할 수 있는데 기업 자산의 안정을 보호하고, 회계 및 영업에 관한 제 자료의 정확성과 신뢰성을 촉진하기 위하여 내부적으로 업무시스템을 구축하여 운용하게 된다. 내부통제시스템(internal control system)은 조직원이 규정된 조직의 목표와 경영방침을 준수하도록 유도하고, 수행하고 있는 경영활동에 대한 효율성을 높이기 위해 구축하여 운영되는 조직, 시스템, 프로세스라고 하겠다.

내부통제시스템의 목적은 기업경영의 효과성과 효율성의 향상, 재무보고의 신뢰성 확보, 관련 제 법규의 준수를 유도하는 것이다. 또한 이의 적절한 준수를 위해서는 성실하고 유능한 종업원, 적절한 업무분장, 적절한 승인 절차, 증빙서류 및 회계장부의 문서화, 자산과 문서에 대한 접근 및 사용 통제, 독립적인 내부 검증기능 등의 요건을 갖출 것이 요구된다.

(2) 감사에 의한 통제

감사란 잘못된 사항의 적발뿐만 아니라 개선점이나 경영에 도움이 되는 정보를 발굴할 목적으로 시행되는 통제방법으로 주로 사후통제에 중점을 둔다. 감사는 내부감사와 외부감사로 구분할 수 있는데 그 차이점은 〈그림 8-4〉와 같다.

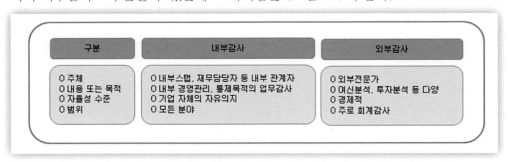

구분	내부감사	외부감사
O 주체 O 내용 또는 목적 O 자율성 수준 O 범위	O 내부스탭, 재무담당자 등 내부 관계자 O 내부 경영관리, 통제목적의 업무감사 O 기업 자체의 자유의지 O 모든 분야	O 외부전문가 O 여신분석, 투자분석 등 다양 O 경제적 O 주로 회계감사

☀ |그림 8-5| 내부감사와 외부감사의 비교

(3) 통계자료에 의한 통제

기업 활동의 여러 국면을 통계적으로 분석하여 경영활동의 성과를 예측하고 통제 여부를 사전에 결정하는 방법으로 사전통제에 이용된다. 통계자료에 의해 기업 활동의 흐름이 경영목표를 달성하기 어려운 것으로 추정되면, 경영계획이나 업무수행 방법을 수정하여 경영의 효율을 높이려는 것이 이 방법의 주요 목표이다. 따라서 통계적 자료의 정확한 수집, 분석, 평가가 바로 합리적인 경영통계의 결과와 직결되는 요인이 된다.

3) 재무적 통제방법

(1) 손익분기점분석(BEP)

손익분기점분석(break-even point analysis, BEP)이란 생산비, 판매량, 판매가격이 변할 때 이익의 변화를 분석하는 것으로 원가-조업도-이익분석(cost-volume-profit analysis, CVP)이라고도 한다. 손익분기점분석은 협의로는 고정비와 변동비의 합계인 총비용과 총수익인 매출액이 일치하여 이익도 손실도 발생되지 않는 즉, 이익이 0이 되는 판매량 또는 매출액을 분석하는 것을 의미한다. BEP판매량과 BEP매출액은 아래의 계산식에 의거하여 구할 수 있다. 여기서 단위당 공헌이익(contribution margin)이란 단위당 판매가격에서 단위당 변동비를 차감한 금액으로 제품 1개를 판매했을 때 변동비만 고려하여 순이익에 공헌하는 금액을 의미한다.

$$BEP(판매량) = \frac{고정비}{단위당\ 매출액 - 단위당\ 변동비} = \frac{고정비}{단위당\ 공헌이익}$$

$$BEP(매출액) = \frac{고정비}{1 - \dfrac{변동비}{매출액}} = \frac{고정비}{1 - 변동비율} = \frac{고정비}{공헌이익율}$$

기업의 경영계획이나 단기 이익계획 등을 수립 할 때에 손익분기분석이 활발하게 활용되고 있으며, 비용, 매출액, 이익을 분석함으로써 기업의 이익구조 및 기업의 안전도를 알 수 있어 경영관리에 유용하게 이용할 수 있다.

(2) 경제적 부가가치(EVA)

기업이 본업을 통해 벌어들인 영업이익 중 세금을 뺀 금액에서 자본코스트를 공제한 금액을 경제적 부가가치(economic value added: EVA)라고 한다. 즉, 기업이 투자된 자본을 빼고 실제 얼마나 이익을 냈느냐를 따지는 경영지표다. 기업은 자금을 제공한 투자자에게 이익을 되돌려줄 의무가 있다. 따라서 투자자들이 제공한 자본 이상의 이익을 실현하는 것이 기업활동의 궁극적으로 목표하는 개념에서 나왔다. 1980년대 후반 미국의 스턴 스튜어트사에 의해 도입된 것으로 선진국에서는 기업의 재무가치와 경영자의 업적을 평가하는데 있어 순이익 또는 경상이익보다 훨씬 효율적인 지표로 활용되고 있다.

(3) 균형성과표(BSC)

균형성과표(balanced score card: BSC)는 과거의 경영성과에 대한 재무적인 측정지표에 추가하여 미래성과를 창출하는 동안에 대한 측정지표인 고객, 공급자, 종업원, 프로세스 및 혁신에 대한 지표를 통하여 미래가치를 창출하도록 관리하는 시스템을 말한다. 즉, 기업의 경영성과를 재무지표뿐만 아니라 재무, 고객, 내부 비즈니스 프로세스, 학습과 성장이라는 네 가지 관점의 지표로 종합적이고 균형적으로 관리하는 도구(tool)이다.

(4) 활동기준원가계산(ABC)

활동기준원가계산(activity-based costing: ABC)은 기존의 전통적인 원가계산방식의 문제점을 개선하기 위해 도입된 새로운 원가계산방법이다. ABC는 제조간접원가를 소비하는 활동(activity)이라는 개념을 설정하고 이러한 여러 활동들에 따라 제조간접원가를 배부하고 각 제품별로 활동소비량에 따라 제조간접원가를 배부함으로써 기존의 전통적인 원가계산방식에 비해 좀 더 합리적인 원가배부를 목적으로 하는 원가계산방식이다.

4) 기타의 통제방법

(1) 통계적 품질관리(SQC)

통계적 품질관리(statistical quality control, SQC)란 대량생산방식에 의해 제조되는 제품관리에 일반적으로 쓰이는 형태로써 제품을 가장 경제적으로 산출할 것을 목표로 하여 생산의 모든 단계에 통계학의 원리와 기법을 응용하는 것이다.

(2) 재고관리

재고관리(inventory management)는 구매, 생산, 판매의 기업 활동과정에서 수요와 공급을 원활하고 합리적으로 유지함과 동시에, 재고자산의 보유에서 발생하는 비용을 최소화시킬 수 있도록 재고수준을 유지해 나가려는 관리·통제활동이며, 재고에 대한 투자가 가장 적절하게 이루어지도록 계획, 통제, 관리하는 것이다.

(3) 개인적 관찰에 의한 통제

생산 현장이나 작업장 등에서 상급자가 개개인의 작업이나 행동을 관찰하고, 필요한 경우 수정 지시함으로써 본래의 목표대로 작업이 진행되도록 하는 통제방법이다. 관찰에 의한 통제는 주로 동시통제의 형태를 취한다.

단원핵심문제

01 다음 중 경영통제에 관한 설명으로 가장 적절하지 않은 것은?

① 경영통제는 경영순환과정의 마지막 단계로써 다음의 계획수립 단계에 피드백하는 활동이다.

② 권한위임이 활발한 조직에서 결과에 대한 책임을 확실히 하는 매커니즘으로 경영통제가 필요하다.

③ 네트워크 정보망에 따라 경영통제의 범위가 넓어지고 속도가 빨라지고 있으며 이에 따라 중간경영층의 역할과 입지가 축소되는 경향이 있다.

④ 경영통제는 성과표준에 근거한 경영계획을 평가하는 활동으로 관리자는 이 과정에서 환경변화에 대한 조직적 대응이 어렵다.

02 다음 중 경영통제 활동의 과정에 대한 설명으로 가장 적절하지 않은 것은?

① 표준설정은 평가활동의 첫 단계로 업무성과측정을 하기 위한 기초가 된다.

② 업무성과를 측정할 때는 수량적 표기를 위해 반드시 계량적 측정만 가능하므로 계량화가 어려운 부분은 통제대상이 될 수 없다.

③ 수정을 위한 조치는 업무성과의 측정결과가 설정된 표준과 일치하지 않을 때 취해진다.

④ 업무성과가 표준에 미달되었을 경우, 목표나 전략을 수정 하거나 조직의 짜임새를 변경하는 등 다양한 방법으로 수정 조치를 취할 수 있다.

03 다음 중 경영통제의 유형에 관한 설명으로 가장 적절하지 않은 것은?

① 종업원을 생산활동에 투입하기 전에 교육이나 훈련하는 것은 사전통제에 해당한다.

② 일선 감독자들이 작업진행상황을 직접 측정하고 수정하는 것은 동시통제에 해당한다.

③ 사후통제는 작업종료 후 이루어지는 통제활동으로 결과 변경이 불가능하며 피드백만 가능하다.

④ 미래 예측이 어려운 시장에서는 사후통제보다 사전통제를 충분히 함으로써 통제의 효과를 높이고 비용을 줄일 수 있다.

04 다음 중 손익분기점에 대한 설명으로 옳은 것은?

① 영어표기는 BET(Break Even Time)이다.

② 매출액과 순이익이 일치하는 점이다.

③ 손익분기점의 매출량 = 고정비 / (단위당 제품가격-단위당 변동비)

④ 단위당 가격에서 단위당 변동비를 차감한 금액을 목표이익이라고 한다.

05 한국기업은 A제품을 생산·판매하고 있다. A제품의 제품 단위당 판매가격이 9천원, 단위당 변동비가 3천원, 총 고정비가 300만 원일 때 손익분기점(BEP) 판매량으로 가장 옳은 것은?

① 100개　　　　② 250개　　　　③ 500개　　　　④ 1000개

 Answer 1. ④　2. ②　3. ④　4. ③　5. ③

경영 업무기능

Understanding of Business

Chapter

9

인적자원관리

"기업은 곧 인재다"라는 말이 있듯이 현대산업사회에서 기업의 가장 중요하고 커다란 자산은 바로 인력자산이며, 인적자원은 기업의 미래를 결정하는 중요한 척도가 되기도 한다.

따라서 조직에서 인적자원관리는 개인의 목표와 조직의 목표가 동시에 달성되는 방향으로 나아가지 않을 수 없다. 따라서 인적자원관리(human resource management, HRM) 혹은 인사관리(personnel management, PM)는 조직 내에서 가장 중요하고 유일하게 능동적인 자원인 인간의 활동을 계획·실행·통제하는 스탭(staff)기능으로서 조직 전반에 걸쳐 경영자에게 조언하는 역할을 하는 것이다. 본장에서는 인적자원관리의 전반적 과정과 노사관계에 대하여 살펴본다.

1. 인적자원관리 개념

개인은 자신의 욕구를 스스로의 능력에 비추어 수정하고 조정함으로써, 달성가능한 욕구를 갖게 된다. 인적자원관리는 조직의 목표달성에 필요한 활동을 수행할 능력을 갖춘 사람을 확보, 개발, 동기부여, 평가, 유지하고 특정 활동이나 조직분위기를 개발함으로써 직원들의 만족도와 능률을 극대화하는 과정이라고 말한다. 그 목적은 조직구성원들이 인간적인 만족감을 얻게 하고 그들이 가진 창조적 능력을 최대한 발휘하게 함으로써 조직이 지향하는 목표를 효율적으로 달성하도록 하는 것이다.

인적자원관리의 기능은 경영관리의 제 기능 중에서 가장 기본적인 관리기능이며, 기업의 경영성과를 좌우하는 중심적인 활동이다. 따라서 조직이 효율적으로 인사관리를 함으로써 기업의 성장 발전이 가능하게 된다.

2. 인적자원관리 과정

인적자원관리과정이란 〈그림 9-1〉과 같이 조직이 필요로 하는 적정한 요건을 갖춘 노동력을 적시에 적량을 조달하여 배치할 수 있도록 하기 위해 종업원의 모집으로부터 시작하여 선발, 교육훈련, 인사고과, 승진, 이동, 배치, 급여, 고용안정, 복리후생, 임금관리, 인간관계관리, 노사관계관리 등 모든 활동을 관리하는 과정을 말한다.

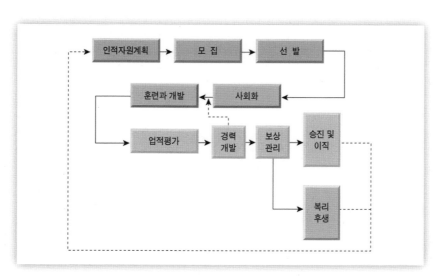

❁ |그림 9-1| 인적자원관리 과정 흐름도

1) 인적자원계획

기업은 조직의 인력수급을 계속적이고 적절하게 충족시켜줄 수 있도록 인적자원의 수급계획 (human resource planning)을 수립하여야 한다. 이러한 계획은 현재와 미래에 기대되는 부서 확장 및 감원 등의 내부적 요인분석, 노동시장과 같은 외부적 요인분석 등을 통하여 이루어진다. 이 분석의 결과로 수립된 인력계획은 인적자원관리 과정상 다른 단계의 전제가 된다.

(1) 직무분석

직무분석(job analysis)은 면접, 관찰 또는 연구를 통하여 직무에 관한 정보를 수집하여 특정한 직무의 성질, 그 직무를 수행함에 있어 종업원에게 요구되는 숙련 지식 능력 및 책임과 같은 직무상의 제 요건을 알아내는 과정을 말한다. 직부문석은 인적자원관리 전반을 관리하는 기초가 되는 것으로서 정원관리, 선발과 배치의 기준, 업적평가 항목 선정, 교육훈련의 내용, 임금관리를 하는데 밀접하게 관련되어 있다. 직무분석에 필요한 정보는 면접(interview) · 관찰(observation) · 설문서(questionnaire) 등을 통하여 획득한다. 직무분석의 결과는 직무기술서와 직무명세서로 요약된다.
- 직무기술서(job description) : 직무 명, 직무 개요, 직무 요건, 직무 특성 등이 포함된다.
- 직무명세서(job specification) : 특정 직무를 수행할 구성원의 자격요건, 인적요건 등이 포함

(2) 직무분류

직무분류(job classification)는 동일 또는 유사한 역할과 능력을 요구하는 직무들을 집단으로 분류하는 것으로, 선발·이동·교육훈련·인사고과·승진 등을 수행하는 기초가 된다.

(3) 직무평가

직무평가(job evaluation)는 직무분석과 직무분류를 기초로 하여, 직무의 상대적 가치를 결정하는 방법이다. 이는 직무 자체의 중요도를 평가하는 것으로 직무급의 결정이나 임금관리의 기초가 된다. 직무평가의 방법은 정성적 평가방법으로 서열법과 분류법이 있고, 정량적 평가방법으로 점수법과 요소비교법 등이 있다.

(4) 직무설계

직무설계(job design)는 기업의 목표를 효과적으로 달성함과 동시에 직무를 수행하는

개인에게 의미와 만족감을 부여하기 위하여 필요한 직무의 내용·기능·관계를 적극적으로 설계하는 활동을 말한다.

- 직무순환(job rotation) : 권태감이나 작업의 단조로움을 제거하기 위하여 서로 다른 직무를 담당하도록 담당직무를 바꾸어 주는 직무교대의 방식으로, 전문가보다는 일반관리자를 만드는 직무설계방식이다.

- 직무확대(job enlargement) : 수평적 직무확대를 의미하며 단순한 작업요소 한 가지만 작업하던 것을 몇 개의 작업요소 또는 수 개의 작업요소를 동시에 작업할 수 있도록 하여 단조로움을 제거하자는 목적으로 만든 직무설계방식이다.

- 직무충실화(job enrichment) : 수직적 직무확대를 의미하며 단순히 직무를 구조적으로 크게 하는 것이 아니라 직무의 내용을 풍부하게 만들어 작업상의 책임과 권한을 늘리며 능력발휘와 보람과 도전성이 있는 직무를 만드는 것이다.

2) 모집

모집(recruiting)은 인적자원 수급계획에 따라 회사가 필요로 하는 능력 있는 인력을 조직으로 유인하는 활동이다. 모집활동은 크게 내부모집과 외부모집으로 구분한다. 조직이 보유한 기능목록이나 사내 공개모집을 통하여 충원하는 내부모집은 모집절차가 간편하며, 기존 종업원에 대한 기록을 이미 보유하고 있고, 종업원들의 사기에 좋은 영향을 미칠 수 있다. 반면, 조직의 외부에서 충원하는 방식의 외부모집은 광고, 직업소개소, 교육기관 추천, 현 구성원의 추천, 노조의 추천, 근친 등용 등의 방법이 이용된다. 내·외부모집의 장·단점은 〈표 9-1〉과 같이 요약할 수 있다.

표 9-1_ 내부모집과 외부모집의 장 · 단점

구분	사내모집	사외모집
장점	• 시간과 비용 절감 • 종업원의 고과기록으로 정확한 능력 평가 • 종업원의 사기와 동기부여에 효과 • 능력개발을 촉진시킴	• 유능한 인재의 확보 • 새로운 인재가 갖는 지식과 정보 취득 • 새로운 조직 분위기 활성화에 효과 • 인력개발을 위한 비용 절감
단점	• 모집 범위가 제한되어 유능한 인재확보 곤란 • 변화가 없어 조직 침체 위험 • 승진 경쟁으로 불편한 인간관계 조성 우려 • 연고주의로 파벌주의 형성 우려	• 모집과 인력 확보에 비용이 소요됨 • 업무 적응 때까지 시간과 노력 필요 • 부적격자를 채용할 가능성 • 승진 기회 상실로 내부의 사기 저하 가능 • 기존 종업원과의 갈등 우려

3) 선발

선발(selection)은 지원자 중에서 조직이 필요로 하는 자질을 갖춘 사람을 평가하여 선택하는 활동이다. 일반적으로 선발의 순서에는 ①지원서의 작성, ②초기 스크린 면접, ③테스트, ④배경조사, ⑤선발면접, ⑥신체검사, ⑦채용이라는 7단계의 과정이 있다. 그러나 실질적인 선발과정은 조직에 따라 다르고 같은 조직이라도 모집하고자하는 직렬이나 직급에 따라 다양한 선발방식이 이용된다.

4) 사회화 및 배치

사회화(socialization)는 새로이 선발된 인력에게 불안감과 두려움을 없애주고, 조직이 그들에게 기대하고 있는 바가 무엇인지를 소개하고 그들이 이러한 방향으로 태도를 보이도록 변화시키는 노력을 말한다. 예를 들면, 선발된 직원에 대하여 조직의 정책과 직무 및 책임 등을 최초로 교육하는 오리엔테이션(orientation)이나 신입직원교육 등이 해당된다.

배치(placement)는 선발된 인력을 적재적소에 배치하는 관리활동이다. 이 때 고려할 것들은 적재적소주의, 실력주의, 인재육성주의, 균형주의 등이다.

5) 교육훈련과 개발

조직의 목적에 기여할 수 있도록 개인이나 조직의 능력을 증진시키는 활동이다. 교육훈련(education & training)은 직무기술, 예를 들면 관리자에게 새로운 의사결정 기법이나 정보처리능력 등을 교육시키는 활동이다. 그리고 개발은 현재의 직무수행에 요구되는 것이 아니라, 승진을 위한 준비나 조직 내의 전반적인 역할을 수행할 수 있는 능력을 증진시키기 위한 교육이다.

교육훈련은 관리자를 위한 교육과 비관리자를 위한 교육으로 나누어 실시되는 경우가 많다. 먼저, 관리자를 위한 교육에는 대역법(understudy), 행동모델법, 사례연구, 역할연기 등이 있으며, 비관리자를 위한 교육훈련에는 도제교육, 실습장 훈련, 코칭 등 작업현장에서 이루어지는 OJT(On the Job Training)와 직장 밖에서 이루어지는 세미나에의 파견, 대학에의 청강, 외부 교육기관에 참가하여 수강하는 것과 같은 off-JT 등이 있다.

6) 업적평가

업적평가(performance appraisal)는 인사고과라고도 하는 것으로 개개인의 성과기준과 직무 수행결과를 비교하고, 미래의 능력을 평가하는 관리활동이다. 현대의 인사고과는 미래지향적인 입장에서 개인의 육성과 적재적소에의 배치 등 적극적인 능력개발을 목적으로 하고 있다.

전통적 인사고과는 과거 지향적 입장에서 과거실적에 의한 차별적인 상벌시행의 기초자료로 사용하는데 목적을 두었으나, 현대의 인사고과는 미래지향적인 입장에서 개인의 육성과 적재적소에의 배치 등 적극적인 능력개발을 목적으로 하고 있다. 현대적인 인사고과는 과거의 인사고과에 비해 능력주의, 다면평가, 능력개발 육성 중심, 목적별 고과, 계층별 직종별 평가, 공개주의, 참여주의 등의 특징을 나타내고 있다. 또한 전통적으로 인사고과는 피고과자의 상사에 의해 실시되는 경우가 많았으나, 최근에는 인사고과의 정확성과 객관성을 제고시키기 위하여 피고과자의 상사뿐만 아니라 동료, 부하, 본인, 외부인 등으로 인사고과자의 범위가 확대되고 있다.

인사고과의 방법으로는 중요사실 기록법, 자기신고법, 면접법, 목표관리법 등이 있다. 인사고과과정에서 발생될 수 있는 오류는 다음과 같이 요약할 수 있다.

- 현혹효과(halo effect) : 고과자가 피고과자의 장점 혹은 단점의 어떤 한 면을 기준으로 해서 다른 것까지 함께 평가해 버리는 경향을 말한다. 이러한 현상은 쉽게 관찰되지 않는 특성 또는 성격적인 특성 등으로 인해 발생하게 된다. 오류 방지를 위해서는 여러 평가자들이 같은 사람을 독립적으로 평가하게 하여 평가자들 간의 현혹효과 상쇄, 피평가자들이 서로 평가, 평가자가 어느 한 사람의 전체 항목에 대한 평가를 하지 않고, 한 가지 특성에 대하여 모든 구성원들을 전부 평가하도록 하는 방안 등이 있다.

- 관대화 경향(leniency tendency) : 피고과자의 실제 능력이나 실적보다는 더 높게 평가하는 경향을 말한다. 그 원인으로는 부하와 대립하지 않으려는 고과자의 특성, 나쁜 평가가 고과자자신의 책임이 될 수 있다는 사고에서 발생되는 오류이다. 오류의 발생을 방지하기 위해서는 강제 할당법 사용, 평가요소에 대한 명확한 정의, 고과 전에 고과자에게 주의 깊게 평가하도록 교육과 훈련을 하는 방안이 있다.

- 중심화 경향(centralization tendency) : 평가의 결과가 평가 상의 중간으로 나타나기 쉬운 경향이며, 이는 고과자가 고과방법을 잘 이해하지 못하였거나 시간의 부족, 고과

자의 안이한 태도 등에 의해 발생하게 된다. 오류의 발생을 방지하기 위해서 강제할당법 등을 사용하는 방법이 있다.

- 시간적 오류(recency error) : 고과자가 피고과자를 쉽게 기억할 수 있는 최근의 실적이나 능력 중심으로 평가하려는 태도이며, 이러한 태도는 피고과자와의 왜곡된 관계를 가져오기 쉽다. 시간적 근접오차를 방지하기 위해 평가요소를 하나씩 배열하고 이것으로 전원을 평가하거나 고과표의 설계시 유사한 요소를 가능한 간격을 두어 배열하는 방안 등이 있다.

- 규칙적 오류(systematic error) : 가치판단상의 규칙적인 심리적 오류에 의한 것으로 항상오류하고도 한다. 예를 들면, 특정 고과자가 다른 고과자에 비해 후한 평정을 한다든가 또는 이와 반대 경향을 나타내는 경우, 혹은 보통 고과의 목적이 감시인 경우 낮은 평가가 나타나기 쉽고 관리목적일 경우 높게 평가하는 경우가 해당된다.

- 대비오차(contrast error) : 고과자가 자신이 지닌 특성과 비교하여 피고과자를 평가하는 경향으로 특히 고과자의 편견에 많이 좌우된다. 오류를 방지하기 위해서는 자기신고법이나 자기평가법 등을 도입하여 부하가 기입한 자료를 참고로 자기 자신의 평가편차를 파악하고, 그 요인을 조정하는 방안이 있다.

7) 경력개발

경력개발(career development)은 개인의 관심과 가치관, 적성, 현재의 업무 및 활동상황 등을 파악하여 미래 직무에 필요한 지식과 기술을 개발 축적하게 하는 관리활동이다. 경력개 발이 필요한 이유는 조직 구성원이 평생 동안 조직에 종사하면서 잠재력을 최대한 발휘할 수 있도록 하려면 지속적인 개발 프로그램의 운영이 필요하기 때문이다.

성공적인 경력관리를 위해서는 경력에 관한 정보를 이용하여 경력계획을 수립하고 경력에 관한 상담 및 지도, 경력개발 세미나 개최, 경력경로 설계 등이 필요하며, 조직에서 구성원들의 경력관리를 해주고 있다는 것을 구성원이 알 때, 각 개인은 희망과 만족감을 갖고 긍정적으로 업무에 임할 수 있다.

8) 보상관리

보상(compensation)은 조직구성원이 조직을 위해 과업을 수행한 것에 대하여 조직이 구성원들에게 여러 가지 욕구를 충족시켜 주기 위하여 제공해주는 임금, 봉급, 수당, 상여, 복리후생을 등 모든 것을 의미한다. 조직의 보상시스템은 기업 측에서 보면 동기부여의 수단이 되며, 조직구성원의 입장에서는 생계비, 욕구 충족 등 개인적 목표 실현에 필요한 소득이 되기 때문에 매우 중요하다.

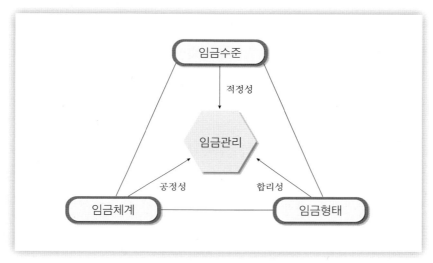

◉ |그림 9-2| 보상관리의 3대 지주

보상관리의 3대 지주는 〈그림 9-2〉와 같이 임금수준, 임금체계, 임금형태로 구분된다.

여기서 임금수준이란 종업원에게 지급하는 임금의 평균 수준을 말하며, 기업의 지불능력이나 사회수준, 생계비를 등을 고려하여 적정하게 책정하게 된다. 임금체계란 각 개인 종업원에게 임금을 배분하는 구성 내용을 말하며, 연공급, 직무급, 직능급, 자격급 등이 해당된다. 또한 임금형태는 임금의 계산 산정 및 지급방법으로 시간급제, 성과급제, 인센티브제, 특수임금제 등으로 분류할 수 있다. 기업에서 임금수준, 임금체계, 임금형태는 각각 독립적으로 작용하는 것이 아니라 서로가 상호보완적으로 작용하게 된다. 조직의 보상시스템은 조직 내에서 이루어지는 다양한 활동과 과정에 영향을 미침으로써 궁극적으로는 조직의 유효성에 영향을 미치게 된다.

임금(기본급+수당+상여금)에서 기본급은 수당과 상여금의 수준을 결정하기 때문에 보상에서 중요한 역할을 담당하기에, 아래에 간단히 살펴본다.

- 연공급(wages on seniority) : 근무연한에 따라 임금수준이 결정되는 것으로 학력, 연령, 근무 연한 등이 중요한 임금결정 요인이다.
- 직무급(wages on post) : 직무에 따라 임금에 차이를 두는 것으로 직무의 난이도와 위험 조건 등을 감안하여 직무가 같으면 학력, 근무 연한, 연령에 관계없이 같은 임금이 지급된다.
- 직능급(wages on job evaluation) : 직무특성에 직무수행능력까지 고려하여 임금수준을 결정하는 것으로 개인마다 능력 차이를 고려하여 임금을 지급하는 것이다.
- 연봉제(annual base salary) : 개인별 능력과 업적을 평가해 임금을 결정하여 지급하는 방식으로, 매년 업무성과에 따라 보수를 계약하는 방식이다. 연봉제는 연공서열에 따라 임금을 지급하는 기존의 직급제나 호봉제를 깨뜨리면서 과거의 고용관행과 기업문화를 바꾸어 놓은 새로운 임금체계이다.
- 임금피크제(salary peak) : 일정 연령까지는 임금이 상승하다가 이후에는 차츰 임금이 줄어드는 급여체제로 일정 근속연수 혹은 나이가 되어 임금이 정점에 다다른 후 다시 일정한 규칙에 따라 감소하도록 하는 임금체계이다.

9) 복리후생

복리후생(employee benefit & service program)이란 종업원과 그 가족의 생활수준을 향상시켜 근무의 효율성을 높이고자 임금 이외에 마련하는 간접적인 지원을 말한다. 복리후생은 법률에서 지급을 의무화한 법정 복리후생과 기업이 스스로 종업원에 대해 실시하는 법정외 복리후생으로 구성되어 있다.

3. 노사관계론

1) 노사관계의 의의

노사관계란 노동력을 제공하는 근로자와 노동력의 구매자인 사용자 사이의 거래관계를 말한다. 산업화가 진전되며 임금근로자들은 노동조합을 결성하여 근로조건의 개선과 경제적 사회적 지위향상을 도모하게 되었다.

오늘날 산업사회의 노사관계는 노동조합, 사용자, 정부가 주체가 되어 형성된다. 일반적으로 경영자와 종업원의 관계는 협동관계여야 하지만 한편으로는 사용자와 노동조합의 관계를 보면 대립관계에 있다. 따라서 양자 간에 상호관계와 담당기능이 적절하게 설정되고 유기적으로 연결되는 것이 산업평화와 산업민주화를 달성하는데 매우 중요하다고 할 수 있다.

2) 노동조합

(1) 노동조합의 의의

노동조합은 임금근로자가 노동생활의 여러 가지 조건을 유지 개선하기 위해서 자주적으로 조직된 근로자들의 단체이다. 노동조합은 헌법에서 노동 3권을 보장받고 있는데, 다음과 같다.

- 단체교섭권 : 임금, 승급조건, 노동시간, 복리후생, 고용, 해고 등에 대하여 사용자와 교섭할 수 있는 권한을 말한다.
- 단결권(단체협약) : 근로자를 대표하여 노동조합이 사용자와 노동조건 등에 대하여 협약할 수 있는 권한을 말한다.
- 단체행동권(노동쟁의) : 단체교섭이 잘 이루어지지 않을 때에 적법한 절차에 따라 사용자에 대항하여 쟁의를 할 수 있는 권한을 말한다. 단체행동의 유형으로는 동맹 파업(strike), 태업(sabotage), 시위(demonstration), 감시(picketing), 불매운동(boycott)이 있다.

(2) 노동조합의 형태

노동조합은 크게 직업별, 산업별, 기업별 노동조합과 일반노동조합으로 나누어진다.

- 직업별 노동조합 : 동일한 직종에 종사하는 임금근로자들끼리 모여서 만든 노동조합이다.
- 산업별 노동조합 : 동일한 산업 또는 동일 기업에 종사하는 전체 근로자들을 대상으로 조직되는 노동조합이다.
- 기업별 노동조합 : 동일 기업에 종사하는 근로자에 의하여 조직되는 노동조합이다.

- 일반조합 : 어떤 직종 또는 어떤 기업에 종사하느냐에 상관없이 동일 지역에 있는 중소기업을 중심으로 하여 조직되는 노동조합이다.

(3) 노동조합의 가입과 탈퇴

노동조합에 가입하고 탈퇴하는 것은 원칙적으로 근로자들의 자유의사에 따라 이루어지게 된다. 그렇지만 다음의 세 가지 숍(shop)제도에 따라 제약을 받는다.

- 오픈숍(open shop) : 조합원이나 비조합원 모두 고용할 수 있는 것으로 이는 조합가입이 고용조건이 아닌 제도이다.
- 유니언숍(union shop) : 사용자의 자유로운 채용은 허용되지만, 일정한 기간이 견습기간이 지나면 본인의 의사와는 상관없이 자동적으로 노동조합에 가입하게 되는 제도이다.
- 클로즈드숍(closed shop) : 노동조합 가입이 고용의 전제조건이 되는 가장 강력한 제도이다.

숍제도는 노동조합의 가입여부와 취업을 연관시키는 것으로 노동조합의 양적인 면을 좌우할 수 있는 제도이다.

3) 노사관계제도

(1) 단체교섭

단체교섭은 노동조합의 대표자가 노동 3권을 배경으로 근로조건, 예를 들면 임금, 노동시간, 복리후생, 고충처리절차 등을 기업의 대표자와 교섭하는 활동이다. 단체교섭의 결과 내용의 합의가 이루어지면 노사당사자는 합의사항을 서면으로 협약을 체결하게 된다. 이러한 합의가 지켜지지 않을 때, 노동조합은 최후의 실력행사로 단체행동권을 발휘하여 노동쟁의(labor dispute)에 들어가게 되며, 이에 대해 사용자는 시설관리권을 발휘하여 공장폐쇄와 조업단축의 실력행사를 할 수 있다.

(2) 경영참가

경영참가란 근로자가 기업의 의사결정과정에 참여하는 것을 뜻한다. 경영참가에는 이윤참가와 의사결정 참가(관리참가)와 같은 직접참가 방식이 있고, 간접참가로 자본참가 등이 있다.

① 이윤참가제도

이윤참가제도는 임금 이외에 일정기간 동안에 발생한 이윤을 일정비율로 근로자에게 분배해주는 제도로서, 노사 간의 협동정신과 능률향상을 촉진시킨다. 이윤참가의 예로는 스캔론 플랜과 럭커 플랜을 들 수 있다.

② 관리참가

관리참가는 근로자가 조직의 의사결정에 참여하는 제도이다. 예를 들면, 노동조합이 최고경영자의 임명이나 근로조건, 채용, 해고 등 인사에 관한 의사결정에서의 참가와 재무계획, 생산계획, 판매계획 등을 들 수 있다.

③ 자본참가

자본참가는 근로자에게 자기 회사의 주식을 소유하게 하여 소속감이나 애사심을 가지게 하는 제도이다. 이러한 제도는 노사 간의 협력을 촉진시키는 제도로서 종업원 지주제도 (employee stock ownership)의 예를 들 수 있다.

Chapter 09 단원핵심문제

01 다음 중 인사관리와 관련된 활동에 대한 설명으로 가장 적절하지 않은 것은?

① 인사관리란 조직에서 인적자원을 관리하는데 관련된 모든 기능과 활동을 의미하는 경영활동의 한 과정을 의미한다.

② 인력수요를 예측하기 위해서는 직무분석기법을 활용하는데, 직무분석을 위해서는 직무기술서와 직무명세서를 활용할 수 있다.

③ 직무조사표에 의해 관련 직무에 관한 제 항목을 상세하게 기술하여, 직무분석내용을 정리한 후 그 요점을 기술한 문서가 직무기술서이다.

④ 직무기술서는 직무 및 그 직무에 필요한 항목 및 요건만을 개인적 자격에 중점을 두어 작성한 양식을 의미한다.

02 다음 중 인적자원관리의 목표에 대한 설명으로 옳지 않은 것은?

① 자질을 갖춘 잘 훈련된 직원을 공급하는 것이다.

② 조직 내에서 직원의 효용을 극대화하는 것이다.

③ 금전적 보상, 복지, 승진, 직무만족 등을 통해 직원 개개인의 욕구를 충족시키는 것이다.

④ 구성원의 보건 및 안전은 영리집단에서는 인적자원 관리의 목표에 포함되지 않는다.

03 종업원이 직무에 관한 지식과 기술을 현직에 종사하면서 감독자의 지시 하에 훈련받는 현장실무중심의 현직훈련을 의미하는 직무 현장훈련(OJT)에 해당하는 교육훈련 방법은?

① 역할연기　　　② 도제식훈련　　　③ e-러닝　　　④ 세미나

04 다음은 어떠한 직무평가방법을 서술한 내용인지 가장 적절한 것은?

> 평가하려는 직무를 사전에 규정된 등급 혹은 부류에 배정하여 직무를 평가하는 방법

① 서열법(rank method)

② 직무분류법(job classification method)

③ 요소비교법(fact comparison method)

④ 점수법(point rating method)

05 다음 중 직무분석의 정의로 가장 적합한 것은?

① 직무의 상대적 가치를 결정하는 것이다

② 조직내의 개인의 자격요건을 정하는 것이다

③ 조직내의 직무 내용에 대한 정보를 수집, 정리하는 것이다

④ 조직내의 개인의 능력을 평가하는 것이다

06 다음 중 인사고과시 발생할 수 있는 현혹효과(halo effect)를 감소시킬 수 있는 방안이 아닌 것은?

① 여러 평가자가 한 사람을 평가한다.

② 어느 한 사람에 대해서 전체항목들을 아울러 평가한다.

③ 특성별로 평가를 구분하여 실시한다.

④ 종업원들로 하여금 서로 간에 평가하게 한다.

07 다음 중 인사고과에서 나타날 수 있는 오류가 아닌 것은?

① 현혹효과   ② 대비오류

③ 상동적 태도   ④ 알파위험

08 다음 중 연봉제에 대한 설명으로 가장 적합한 것은?

① 연봉제는 조직구성원의 능력과 성과에 따라서 차등 지불되는 임금체계로서 고정급이 특징이다.
② 연봉제는 근로시간 기준의 임금, 사람중심의 임금결정 제도이다.
③ 연봉제가 실시되면 파격인사기용이 가능하게 된다.
④ 임금이 모든 구성원에게 균등하게 배분되므로 조직 구성원의 동기부여에 효과적이다.

09 다음 중 임금 수준의 결정 요인이라고 볼 수 없는 것은?

① 기업의 지급능력
② 경영에 대한 공정성
③ 물가 생계비 수준
④ 노동력의 수급관계

10 일부 기업에서는 근로자가 일정 연령에 도달한 시점부터 임금을 삭감하는 대신 근로자의 고용을 보장해 주는 제도를 시행하고 있다. 이를 나타내는 용어로 가장 적합한 것은?

① 갠트임금제　　　　　　　　② 임금피크제
③ 유연근무시간제　　　　　　④ 포괄임금제

11 다음 중 기업의 임금 지급방법에 대한 설명으로 가장 옳지 않은 것은?

① 직무급은 직무의 상대적 가치에 따라 임금수준을 결정한다.
② 연공급은 종업원의 직무수행능력을 기준으로 임금수준을 결정한다.
③ 직무급은 '동일노동 동일임금 원칙'에 입각하고 있다.
④ 연공급은 임금계산이 객관적이고 용이하며 근로자의 생활을 안정시키는 장점이 있다.

12 다음 중 종업원지주제도의 목적과 가장 거리가 먼 것은?

① 종업원에게는 재산형성 촉진의 일환으로 실시된다.

② 종업원의 직접적인 경영참가의 한 방법으로 평가된다.

③ 우리사주조합제도가 대표적인 유형이다.

④ 효과적인 제도의 실시를 위하여 구입자금의 대부 등 회사가 특별한 편의를 제공해야 한다.

마케팅

마케팅이란 인간의 욕구충족을 위한 기업과 소비자 간에 이루어지는 교환활동을 의미하는데, 이는 경제발전 단계에 따라 다양한 변천과정을 거쳐 왔다. 1985년 미국 마케팅협회(American Marketing Association)에서는 "마케팅(marketing)이란 개인 및 조직의 목표를 만족시키는 교환을 실현시키기 위하여 재화, 서비스 및 아이디어를 창출하고, 가격설정, 촉진 및 유통을 계획, 실시, 통제하는 과정이다"라고 정의하였다.

1. 마케팅관리의 개념

1) 마케팅의 의의

마케팅관리(marketing management)란 조직의 목적을 달성하기 위하여 표적시장(target market)과의 바람직한 교환을 초래하기 위한 프로그램을 분석하고 계획하며 집행하고 통제하는 경영활동을 말한다. 이는 구체적으로 표적시장의 욕구(wants)와 필요(needs)를 제공하도록 계획하고, 시장에 대하여 정보를 제공하며, 동기를 유발하고, 서비스하기 위하여 가격을 책정하며 커뮤니케이션을 수행하고 유통기능을 담당하는 일을 포함한다. 그렇다면 이 마케팅활동의 지침이 되는 철학이나 개념은 무엇일까?

기업이나 다른 조직이 마케팅활동을 전개함에 있어서 그 지침으로 삼고 이념상의 목표로 지향할 개념(marketing concept)이나 철학에는 다음과 같은 다섯 가지 대체적 개념이 있다.

이는 마케팅관리의 역사적인 발전과정을 설명해 주기도 한다.

2) 마케팅의 발달

(1) 기업 중심적 마케팅개념

① 생산자 지향적

유통 효율성 개선에 초점을 둔 것으로 고객은 저렴한 가격에 좋은 품질의 제품을 선호할 것이라고 가정한다. 수요가 공급을 초과하는 상황이라 만들기만 하면 팔려 나가는 제품이거나 고객들이 저렴한 제품 공급을 원하기 때문에 마케팅관리가 생산자 중심으로 수행되어도 무방한 시장에서 이루어지는 경영활동이다.

② 판매 지향적

판매 중심은 고객들이 원하는 상품을 만들기보다는 기업이 만든 상품을 고객들에게 단순히 판매하는 것 자체가 목표다. 판매 중심적 기업은 고객이 자발적으로 기업에서 생산되는 제품이나 서비스를 충분히 구입하지 않을 것이라는 가정 하에 상당히 공격적인 영업 및 촉진 활동을 통하여 제품의 소비를 늘리고 기업의 이익을 획득하는 시기이다.

(2) 고객 중심적 마케팅개념

① 마케팅 지향적

고객의 입장에서 기업과 관련된 여러 가지 활동을 전개해 나가고자 하는 고객 중심적 마케팅 관리 철학이다. 기업목표의 달성이 표적시장에 속한 고객들의 필요와 욕구를 찾아내어 그것을 경쟁자들보다 더 효과적이고 효율적으로 충족시키고자 하는 것이다. 고객을 단순히 판매의 대상으로 보지 않고, 상품과 관련된 문제를 해결하여 만족을 얻을 수 있도록 하는 것을 목표로 한다. 따라서 상품기획, 가격결정, 광고, 판매촉진, 유통경로관리 등의 모든 마케팅 활동이 시장의 고객들에 초점을 맞추어 일관성 있게 통합되고 조정된다.

② 사회마케팅 지향적

기업이 마케팅활동에 대한 의사결정시 사회 전체의 이익과 복지를 고려해야 한다는 개념으로 고객지향 개념의 마케팅활동에서 고객만족을 통한 이윤추구만 하다보면 사회복지를 저해할 수 있다는 개념에서 출발하였다. 따라서 사회적 마케팅(social marketing) 개념은 고객만족, 회사의 이익, 사회의 복지 등 세 가지를 만족시키는 마케팅관리 활동이다.

2. 마케팅관리의 과정

마케팅관리 과정은 〈그림 10-1〉과 같이 사업기회탐색, STP과정, 마케팅믹스, 실행 및 통제의 5단계 과정으로 진행된다.

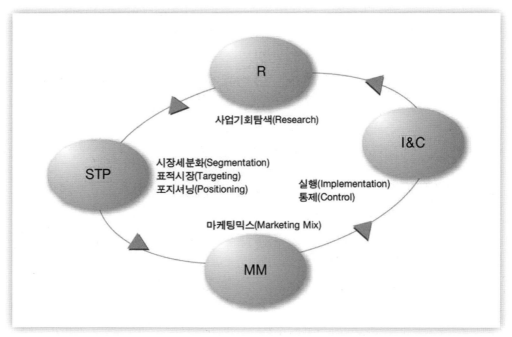

출처 : 최찬기외, 2014.

◉ |그림 10-1| 마케팅관리 과정

우선, 효과적인 마케팅관리는 조사로부터 시작된다. 사업내용과 시장을 조사하면 각기 다른 욕구를 가진 고객들로 구성된 서로 다른 세분시장(segmentation)들이 드러난다. 그러면 기업은 자신들이 경쟁자보다 탁월하게 충족시킬 수 있는 표적시장을 설정(targeting)하는 것이 바람직하다. 그런 다음 각 표적시장별로 제품을 포지셔닝(positioning)하여, 자사의 제품이 경쟁 제품과 어떻게 다른가 하는 것을 알려야 한다.

STP는 기업의 전략적 마케팅 사고를 대표하는데, 기업은 STP를 바탕으로 하여 소위 4P라고 불리는 제품(product), 가격(price), 유통(place), 촉진(promotion)의 믹스로 구성된 마케팅믹스를 실행(implimentation)한다. 마지막으로 통제(control) 측정치를 사용하여 결과를 모니터 및 평가하고, STP 전략과 마케팅믹스 전술을 개선한다(최찬기외, 2014).

1) STP 과정

STP과정이란 기업이 경영목표 달성을 위하여 일관성을 가지고, 시장을 나누고 목표시장을 설정하여 제품에 최적화된 이미지를 심는 과정을 말하며, 〈그림 10-2〉와 같이 이루어진다.

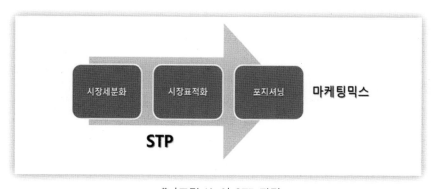

◉ |그림 10-2| STP 과정

(1) 시장세분화

시장세분화(segmentation)는 마케팅 효율을 높이기 위해 비슷한 특성의 소비자들끼리 집단으로 분류하는 것이다. 시장의 분류의 기준에는 지리적 변수, 인구통계적 변수, 심리묘사적 변수, 행위적 변수 등이 있다. 시장을 세분화 하는데 있어 중요한 것은 그 기준이 마케팅 프로그램에 유용해야 한다는 것이다. 즉 세분화 과정을 통해 구분되는 세분시장은 기업의 마케팅 활동에 대해 비슷한 반응을 보이는 고객집단이라 할 수 있다.

(2) 시장 표적화

시장표적화(targeting)는 시장을 여러 개의 세분시장으로 나눈 뒤, 공략 대상을 선별하는 과정이다. 기업은 후보 세분시장 중 이익 실현이 가능하고, 고객가치를 창출할 수 있으며, 또 이를 계속 유지할 수 있는 세분시장을 목표시장으로 삼아야 한다. 목표시장은 하나 혹은 그 이상의 세분시장이 선택될 수 있다. 보통 기업들은 한 세분시장을 목표로 시장에 진입하여, 점차 세분시장의 수를 늘려가기 마련이다.

(3) 포지셔닝

포지셔닝(positioning)은 타겟 고객들에게 제품이나 기업의 차별화된 이미지를 심어주는 것이다. 소비자가 판단하기에 제품이 경쟁사의 것과 차이가 나지 않는다면, 소비자에게 그 제품을 구입해야만 할 이유는 없는 것이나 마찬가지다. 경쟁사와 차별화 되는 자신만의 이미지로 제품이 고객들의 머릿속에 바로 떠오르게 하는 것이 중요하다.

2) 마케팅 믹스

고객만족은 마케팅 담당자에게 있어 가장 우선적인 일이다. 마케팅 담당자들이 해야 하는 많은 일들을 쉽게 4가지 요소로 구분할 수 있다. 이들 4요소는 마케팅과정에서 기억하기 쉽도록 4P라고도 하며, 제품(product), 가격(price), 유통(place), 촉진(promotion)이 해당된다.

(1) 제품

제품(product)은 수요에 영향을 미치는 상품이나 서비스, 또는 소비자의 욕구를 충족시키는 효용을 가지고 있는 유형적인 재화나 무형적인 서비스를 말한다. 제품의 마케팅믹스 요소에는 제품속성, 제품계열의 수와 제품품목의 수, 품질, 상표명, 포장, 디자인, 상품의 효용, 고객서비스 등이 있다.

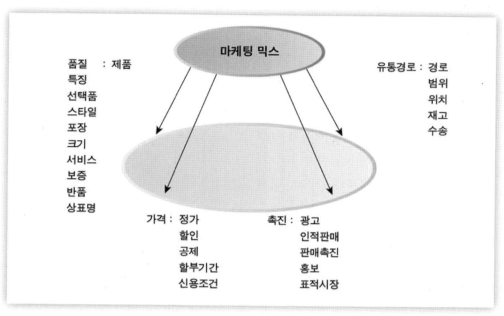

출처 : 최찬기외, 2014.

☀ |그림 10-3| 마케팅 믹스의 4P

(2) 가격

　가격(price)은 상품의 거래조건을 구성하는 것으로, 상품과 서비스의 효용 및 가치를 금액으로 표시한 것이라 할 수 있다. 가격에 대한 마케팅믹스의 요소에는 정가, 할인가, 할증, 공제, 리베이트, 지불기간, 신용조건 등이 있다. 가격은 다른 서비스와의 차별화, 고객이 인지하는 가치, 가격과 품질 간의 상호작용 등에서 중요한 역할을 한다.

(3) 유통경로

　유통경로(place)는 상품이 생산되어 소비되는 과정에 관련된 생산자, 도매상, 소매상 및 소비자까지 포함된 조직이나 개인의 활동을 의미한다. 유통경로는 서비스에 대한 고객의 기대 수준 분석, 유통경로의 목적 설정, 유통경로의 전략결정, 그리고 유통경로의 갈등관리 순으로 설계된다. 마케팅믹스 중에 정보통신 기술의 발달에 따라 마케팅 담당자가 앞으로 가장 유의 하여야 할 분야가 바로 유통경로이다.

(4) 촉진

촉진(promotion)수단에는 광고, 판매촉진, 홍보, 인적판매의 네 가지가 있다.

- 광고(advertising) : 제품에 대한 소비자의 인식 증가를 목표로 하는 활동으로 소비자를 교육시키는 장기적인 효과가 있다.
- 판매촉진(sales promotion) : 단기적인 매출 증가를 목표로 하는 활동으로 이벤트, 시승회, 보상판매 등이 해당된다.
- 홍보(publicity) : 보도자료나 매스컴, 기사 등과 같은 것으로 기업의 신뢰성 증가를 목표로 하며 가장 효과가 좋다.
- 인적판매(personal selling) : 개인이 행하는 세일즈(보험, 자동차 등)로 산업이 복잡해짐에 따라 그 중요성이 강조되고 있다.

마케팅 관리자는 기업이 포지셔닝을 얻기 위한 전략으로 ①욕구를 만족시키는 제품을 설계하기, ②제품 가격 책정하기, ③사람들이 구매할 수 있는 장소에 제품 유통하기, ④제품 촉진하기 등을 결합하게 된다. 이 4가지 요소들은 마케팅 프로그램 안에 섞여 있기 때문에 마케팅 믹스라고 한다〈그림 10-3〉.

마케팅믹스(marketing mix)란 마케팅활동의 목표를 효과적으로 달성하기 위한 경영 제 활동의 종합으로서, 기업이 설정한 표적시장(target market)에 대하여 발동되는 마케팅 방책들의 혼합도의 최고화를 꾀하는 것을 말한다. 따라서 마케팅 관리자는 마케팅 믹스의 4요소, 즉 제품(product), 가격(price), 유통(place), 촉진(promotion)을 효과적으로 결합하는 마케팅 프로그램을 설계해야 한다.

최근에는 서비스 산업의 발달과 서비스의 중요성이 새롭게 인식됨에 따라 붐과 바트너(Booms & Bitner)는 일반적인 마케팅믹스 4P에 확장된 마케팅믹스 7P를 제안하였다. 7P에는 4P에 사람들(people), 프로세스(process), 유형적 증거(physical evidence)가 추가된 개념이다.

3) 실행 및 통제

마케팅믹스를 통한 전략과 전술이 효과적으로 마련되어도 관리마케팅(administrative marketing)을 잘 하지 못한다면 마케팅은 실패한다. 관리마케팅이란 설정된 마케팅 계획을 실행하고 통제·평가하는 과정이다.

관리마케팅의 실행계획은 시장을 움직이는 영향요소들, 발생 가능한 여러 가지 시나리오들, 기업이 미래 시장에서 차지하고자 하는 위치 및 그곳에 도달하기 위한 단계들을 고려하여 수립되어야 한다. 개발 가능한 실행계획은 브랜드마케팅계획·상품군 마케팅계획·신상품 기획·세분시장 계획·지리적 시장계획·고객계획 등이 있다. 마케팅 실행계획은 상황분석(현재 상황 묘사, SWOT분석, 사업이 직면한 주요 이슈들, 미래에 대한 주요 가정들)·마케팅 목적과 목표·마케팅 전략(표적시장, 핵심 포지셔닝, 가격 포지셔닝, 전체 가치 제안, 유통전략, 커뮤니케이션 전략)·마케팅 행동계획·마케팅 통제 등을 모두 포함해야 한다.

한편으로 모든 실행계획들은 자금을 투입해도 좋을 만큼 훌륭한 것인지? 아니면 수정되어 져야 하는지? 를 평가받아야 하며, 또한 시장조사자·광고매니저·판매촉진매니저·브랜드 자산 매니저·사회집단 매니저 등을 효율적으로 조직한 효과적인 마케팅팀을 구성한다.

나아가, 마케팅 성과와 평가 통제는 재무 점수표, 마케팅 점수표 및 이해관계자 점수표 등을 활용하여 해석하고 수정활동을 실행한다. 최근 투명한 사회, 감성적 상회로 진입함에 따라 나타나는 변화는 기업과 제품(상품) 중심적 성격을 탈피하여 시장 및 고객 중심적인 성격으로 변하는 것이다. 따라서 마케팅 근시안(marketing myopia)에 빠지지 않기 위해 실행 통제과정을 통하여 '우리의 사업이 무엇인지', '고객은 누구인지', '우리가 제공하고자 하는 가치는 무엇인지' 끊임없이 스스로 자문해야 한다(최찬기외, 2014).

3. 마케팅관리 과제

마케팅관리의 과제는 수요와 공급의 조건이 어떠한가에 따라 다음과 같은 8가지로 요약할 수 있다.

1) 수요가 적은 경우

(1) 전환적 마케팅

전환적 마케팅(conversional marketing)은 부정적 수요상황에 필요한 마케팅개념으로서 소비자가 어떤 제품을 싫어할 때 그것을 좋아하게끔 전향시키는 과제를 가진 마케팅이다.

예를 들면, 예방접종, 치과, 정관수술, 채식주의자들의 육류소비 등의 경우에 왜 시장이 그 제품을 싫어하는지를 분석하여 오해를 풀고, 제품의 재디자인, 저가격 및 보다 적극적인 판촉 등을 포함한 마케팅 프로그램을 전개하여 시장에서 소비자의 신념과 태도를 바꿀 수 있는가를 분석하여 적용하는 것이다.

(2) 자극적 마케팅

자극적 마케팅(stimulational marketing)은 어떤 상품에 대하여 처음부터 지식이나 관심이 없는 소비자에게 자극을 주어 이에 대한 욕구를 가지게 하는 마케팅이다.

예를 들면, 농부가 새로운 영농방법에 흥미가 없다거나 제품은 출시되었으나 소비자가 모르는 경우 등의 경우에 제품이 가진 장점을 사람들의 자연적인 욕구·관심과 연결시킬 수 있는 방법을 찾는 것이다.

(3) 개발적 마케팅

개발적 마케팅(developmental marketing)은 명확한 소비자의 욕구는 있으나 이를 충족시킬 제품이 없는 경우, 이를 충족시킬 수 있는 새로운 제품을 개발하여 그 욕구를 충족시키는 마케팅이다.

예를 들면, 해가 없는 담배, 보다 안전한 이웃, 보다 에너지효율이 좋은 자동차 등, 현재에는 이러한 상품이나 서비스가 존재하지 않는 상황이므로, 잠재규모의 시장을 측정하여 수요를 충족시킬 수 있는 효과적인 상품이나 서비스를 개발하는 것이다.

(4) 재성장 마케팅

재성장 마케팅(remarketing)은 수요가 포화상태에 있거나 감퇴하는 상품에 대한 소비자의 욕구나 관심을 다시 불러일으키는 마케팅이다.

예를 들면, 신도수가 감소하는 교회, 지원자가 점점 감소하고 있는 지방대 등의 경우 시장의 원인을 분석하고 새로운 표적시장의 발견, 제품특성의 변화, 보다 효과적인 의사소통 방법의 개발 등을 통해 창의적인 재 마케팅으로 수요를 재생 및 부활시키는 것이다.

2) 수요가 비슷한 경우

(1) 유지적 마케팅

유지적 마케팅(maintenance marketing)은 경쟁에 대응하여 기존의 판매수준이 유지될 수 있게 하는 마케팅이다. 이때에는 환경조건을 지속적으로 검토하여 판매수준을 유지하기 위해 필요한 변화를 가해야 한다.

현실적으로 이런 사례가 거의 없다고 봐야 할 것이나, 조직은 자사의 질적 수준을 유지 향상하여야 하며, 또한 끊임없이 소비자만족을 측정하여 소비자로 하여금 조직이 일을 잘하고 있다고 믿도록 하는 것이다.

3) 수요가 많은 경우

(1) 역마케팅

역마케팅(demarketing)은 초과수요 시 수요를 일시적으로 혹은 영구적으로 감소시키려는 억제적 마케팅이다.

예를 들면, 에너지부족, 자원부족의 여건, 한 여름의 부산 해운대 해수욕장, 가을철의 국립공원 산들, 안전한 수준보다 높은 교통량의 한강교량 등의 경우, 초과수요를 감소시키려고 가격을 인상하거나 판촉과 서비스를 줄이는 조치를 취해야 한다. 즉, 억제마케팅을 해야 하는 것으로, 이는 수요를 소멸시키는 것이 아니라 잠시 또는 영구적으로 수요수준을 줄이는 것이다.

(2) 대항적 마케팅

대항적 마케팅(counter marketing)은 불건전한 수요가 있을 때, 수요나 관심을 줄이거나 없애려고 하는 사회지향적인 마케팅이다.

예를 들면, 담배, 술, 해로운 약품, 지나친 성적 영화, 청소년 대상의 성매매 등의 경우에 이런 것들을 좋아하는 사람들에게 공포를 줄 수 있는 의사소통, 가격인상 및 구입가능성 억제와 같은 방법을 사용하여 그것을 포기하도록 하는 것이다.

193

4) 수요의 타이밍(timing)이 맞지 않는 경우

(1) 동시화 마케팅

동시화 마케팅(syncronic marketing)은 수요가 계절에 따라 변동이 심할 때, 계절적 변동의 폭을 극소화하고, 수요와 공급의 시기를 일치시키는 마케팅이다. 즉, 생산의 시간적 패턴을 대응시켜 수요의 시간적 패턴을 바꾸려는 마케팅이다.

예를 들면, 러시아워의 꽉 막힌 차로, 주말에만 혼잡한 박물관 등의 경우에 변동가격, 판촉 그리고 기타 보상제도 등을 이용하여 수요의 시간적인 패턴을 변경시켜 불규칙 수요를 극복할 수 있는 방법을 찾는 것이다.

5) 제품수명주기에 따른 마케팅전략

(1) 제품수명주기의 의의

제품수명주기(product life cycle)란 시간의 경과에 따라 특정 제품의 생성, 사멸 및 경쟁의 정도를 보여주고, 이에 따른 매출, 이익의 추세를 나타내는 것을 말한다〈그림 10-4〉.

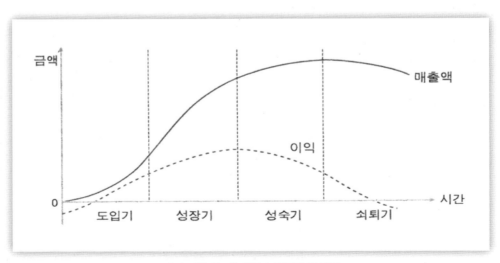

❋ |그림 10-4| 제품수명주기의 단계

(2) 제품수명주기의 단계별 특징

① 도입기

도입기(introduction)는 제품이 시장에 출시되기 시작하는 단계로 마케팅관리자는 잠재적 소비자들이 제품과 그 효용을 인지토록 하는데 초점을 맞춰야 한다. 신제품을 시장에 도입하는 초기에는 제품도입초기의 수요를 주도하는 소비계층인 고소득계층을 상대로 판매하는 고가정책을 취한다.

② 성장기

성장기(growth)는 새로운 제품이 소비자를 충분히 만족시키고 매력적이라면 판매는 급속하게 상승하는 단계로 제품은 이익을 발생하기 시작하기에 산업 내 다른 경쟁자들은 경쟁제품을 빠르게 시장에 출시하려고 노력한다. 가격전략은 초과 수요가 존재하기 때문에 고가정책을 계속 유지할 수 있지만 경쟁사보다 시장점유율을 먼저 확보하기 위해서는 저가전략을 채택할 수도 있다.

③ 성숙기

성숙기(maturity)는 판매성장률이 느려지기 시작하며, 성숙기 후반에는 판매량이 감소하기 시작하여 적극적인 판매촉진 활동이 필요하다. 성숙기에는 판매 성장률이 감소하며 경쟁이 치열해지는 시기이므로 시장점유율의 극대화 전략보다는 이윤을 극대화시켜서 쇠퇴기를 대비해야 하며, 제품에 대한 소비자의 재인식을 시킬 수 있는 방법을 모색한다. 아울러 제품 제조기술이 표준화되므로 가격경쟁이 일반적인 형태로 가격 인하가 된다.

④ 쇠퇴기

쇠퇴기(decline)는 판매량과 이익은 연속적으로 하락하고 새로운 제품이 도입기로 들어오기 시작하는 단계로 기업은 판매촉진을 감소하거나 중단할 것을 결정한다. 따라서 매출액이 저조한 품목들은 제거하여 최소한의 이익을 유지하는 수준에서 저가격정책을 택한다.

(3) 제품수명주기의 한계

제품수명주기 단계가 시장상황을 쉽고 간략하게 설명해 줌으로써, 자사 제품의 위치가 어디에 있는가를 판단하여 장래에 발생하는 사건을 예견하고, 다가오는 변화에 가장 잘 대응할 수 있도록 준비시키는데 도움을 줄 수 있다. 그러나 제품수명주기는 일련의 과정이 이루어지는 변동에 대한 원인이나 그 변동이 언제 발생할 것인가에 대해서는 설명해주지 못한다는 한계점이 있다.

Chapter 10

단원핵심문제

01 다음 중 마케팅 관련 설명으로 가장 적절하지 않은 것은?

① 마케팅이란 고객의 욕구를 충족시키기 위하여 기업이 행하는 시장과의 커뮤니케이션, 적시적소의 상품유통, 적정한 가격 결정, 제품의 설계와 개발 등을 의미한다.

② 마케팅 믹스는 기업이 표적시장에서 마케팅 목표를 달성하기 위하여 활용할 수 있는 마케팅 변수를 말하며, 제품(product), 가격(price), 유통(place), 기획(planning) 등이 그것이다.

③ 마케팅관리란 조직의 목표를 달성하기 위하여 마케팅활동의 대상이 되는 고객을 만족시킬 수 있는 마케팅전략과 계획을 수립하고, 그것을 실행 및 통제하는 일련의 활동을 말한다.

④ 마케팅 조사는 회사가 직면하고 있는 마케팅문제와 관련된 시장환경이나 마케팅 활동의 성과 등에 대한 정보를 체계적이고 객관적으로 수집, 분석, 보고하는 일련의 활동을 말한다.

02 마케팅에서 시장세분화 전략을 성공적으로 수행하기 위한 요건에 대한 설명으로 다음 중 가장 적절하지 않은 것은?

① 세분시장별로 세분시장의 규모와 구매력이 측정가능해야 한다.

② 세분시장 간에는 동질적인 소비자 욕구를 가져야 하고 세분시장 내에서는 이질성을 극대화할 수 있어야 한다.

③ 기업의 마케팅활동이 해당 시장에 소속된 고객들에게 접근 가능해야 한다.

④ 경제성이 보장될 수 있는 충분한 시장규모를 가져야 한다.

03 다음 중 기업의 전략적 마케팅과정의 순서로 가장 적합한 것은?

① 마케팅 계획개발→마케팅 기회분석 →표적시장선정→마케팅 믹스전략수립

② 마케팅 기회분석→표적시장선정→마케팅 믹스전략수립→마케팅 계획개발

③ 마케팅 계획개발→마케팅 믹스전략수립→마케팅 기회분석→표적시장선정

④ 표적시장선정→마케팅 기회분석→마케팅 계획개발 →마케팅 믹스전략수립

04 다음의 기사를 읽고, 가장 적합한 내용의 보기를 고른다면 무엇인가?

> A사는 에어컨을 생산하는 중견기업으로 다른 대기업에 비해 인지도 측면에서 상대적인 열세에 있었다. 그러나 축적된 기술력과 시장에서의 특화를 통해 김치냉장고를 개발 및 공략하여 중소기업이라는 약점에도 불구하고 김치냉장고 시장에서 가장 선호되는 경쟁력을 유지하고 있다.

① 브랜드관리   ② 데이터베이스 마케팅

③ 시장세분화   ④ 가격경쟁

05 다음 중 마케팅 믹스(Marketing Mix)에 관련한 설명으로 옳지 않은 것은?

① 마케팅 믹스는 제품(product), 가격(price), 유통(place), 촉진(promotion)의 머리글자를 따서 4P라고도 부른다.

② 제품관리를 위해서는 시장수요의 변화패턴을 의미하는 제품수명주기에 대한 이해가 필요하다.

③ 제품수명주기는 일반적으로 도입기, 성장기, 성숙기, 쇠퇴기로 구분된다.

④ 촉진관리란 생산자와 소비자 사이의 공간적 분리를 메워주는 마케팅활동이다.

06 다음 중 관계마케팅(relationship marketing)에 대한 설명으로 가장 거리가 먼 것은?

① 고객과의 신뢰형성을 강조한다.

② 데이터베이스 마케팅(database marketing)을 주요한 수단으로 활용한다.

③ 고객과의 지속적인 거래관계를 유지하고자 한다.

④ 신규고객의 유치를 강조한다.

07 다음의 마케팅 기법의 설명 중 가장 적절하지 않은 것은?

① 다이렉트마케팅-때와 장소를 가리지 않고 잠재적인 고객 또는 기존고객 정보를 확보하여 고객과 직접 1:1로 상대하여 거래를 유도하는 것을 목적 으로 하는 기법

② 데이터베이스마케팅-기업이 고객정보를 수집하여 컴퓨터에 입력하여 데 이터베이스를 만든 다음 이 자료를 이용하여 마케팅활동을 하는 기법

③ 텔레마케팅-원거리에 있는 잠재구매자에게 직접 방문하여 상품정보를 제 공하고 구매를 유도하는 마케팅 기법

④ 텔레비전 홈쇼핑-케이블 TV 홈쇼핑채널에서 방송한 상품 정보를 보고 구 매자가 전화를 걸어 상품을 주문하도록 유도하는 판매방법

08 다음 제품수명주기(PLC)에 따른 마케팅 목적에 대한 설명으로 적합하지 않은 것은?

① 도입기는 제품의 인지와 수요창출이 주목적으로 광고와 판매촉진에 많은 투자가 필요한 시기이다

② 성장기는 시장점유율 극대화가 주목적으로 선택적 수요를 자극하기 위해 촉진관리에 대한 투자가 필요하다

③ 성숙기는 자사제품의 경쟁우위면 관리가 주목적으로 자사제품이 경쟁제 품과 구별되도록 하기 위해 이익극대화보다 차별화된 비용 투자가 지속적 으로 필요하다

④ 쇠퇴기는 비용절감과 투자회수가 주목적으로 판매부진과 이익 감소로 인 하여 대부분 회사는 광고와 판매촉진비를 줄이고, 가격을 더 낮추며, 원가 관리를 강화하는 것이 필요하다

09 제품수명주기는 제품이 시장에 도입되어 폐기까지의 과정을 말한다. 다음 중 제품수
명주기의 각 단계에 대한 설명으로 가장 적절하지 않은 것은?

① 도입기에는 제품가격이 높은 편이지만 저조한 매출실적과 높은 광고비의
지출 때문에 이윤폭이 낮은 경향이 있다.

② 성장기는 시장잠재력을 확인한 경쟁자가 대거 시장에 진입하는 시기이며
이 시기에는 경험곡선효과에 의한 제조원가의 감소로 수익이 증가한다.

③ 성숙기에는 제품에 대한 수요가 포화상태이므로 품질개선을 통해 매출을
최대한 올려 현금유입을 극대화하는 수확전략을 구사한다.

④ 쇠퇴기에는 유휴생산시설이 증가하고 이윤감소 현상이 초래되어 많은 기
업이 시장에서 제품을 철수하게 된다.

재무관리

1. 재무관리의 개념

1) 재무관리의 의의

기업은 추구하는 목적을 달성하기 위하여 자본조달→고용·구매→제조→판매라는 경영활동을 반복적으로 지속하게 된다. 기업경영에 필요한 자금을 조달하여 토지, 건물, 기계, 설비와 원재료, 노동력 및 기타의 재화를 구입하여야 하는데, 그러기 위해서는 기업은 많은 자금 (돈)을 필요로 한다.

그러면 기업은 이런 자금을 어디서 어떻게 조달할 것인가? 금융기관에서 차입할 것인지? 주식이나 채권을 발행하여 자본시장에서 조달할 것인지? 를 결정하여야 한다. 그런데 자금시장은 정적인 시장이 아니고 끊임없이 변하고 움직이는 동적 시장이다. 때문에 자금조달에 관한 방법을 결정하였다고 하더라도 타이밍 또한 중요하다. 적절하지 못한 타이밍에서는 성공적인 자금조달을 결정할 수 없기 때문이다.

또한, 조달된 자금은 기업의 다양한 사업프로젝트에 사용되어야 한다. 우선순위를 정하여 사용규모와 사용 시기를 결정하고, 사용된 자금이 기업의 목표에 부합되게 집행되고 그 성과가 도출되고 있는가? 를 통제하고 평가하여 수시로 피드백시켜야 한다. 나아가 이와 같이 자금의 조달, 운용이 성공적으로 진행되면 경영과정을 통하여 회수된 자금을 배당, 이자, 원금상환 형태로 자금시장에 다시 적절하게 배분하고 지속적인 기업목표 달성을 위하여 재투자하여야 한다.

재무관리(financial management)는 기본적으로 기업의 자금흐름과 관련된 모든 활동을 효율적으로 관리하는 분야이다. 즉, 자금의 조달 및 운용과 관련된 계획·실행 및 통제, 그리고 상환 및 재투자를 다루는 경영기능인 것이다. 따라서 재무관리의 기능은 자금의 조달, 투자, 그리고 배당 의사결정으로 구성된다.

또한 재무관리의 목표는 기업의 목표와 일치해야 한다. 기업의 목적이 이윤추구이지만 지나친 이윤추구를 한다든지, 반사회적인 활동으로 기업의 목적을 달성하는 것은 기업의 사회적 책임과 상충되는 문제임을 고려하여야 한다. 때문에 재무관리는 이윤극대화 보다는 기업가치의 극대화, 즉 주주의 부를 극대화하는 것이라는 것이 설득력이 높다.

2) 재무관리의 기능

재무관리의 기능은 재무상태표를 통하여 설명될 수 있다. 〈그림 11-1〉과 같이 재무상태표의 오른쪽 대변은 기업활동에 필요한 자금을 '어떻게 조달하였는가?' 하는 자금조달의 원천을 나타내고 있으며, 왼쪽 차변은 조달된 자금을 '어디에 투자하였는가?' 하는 자금운용의 결과를 나타내고 있기 때문이다.

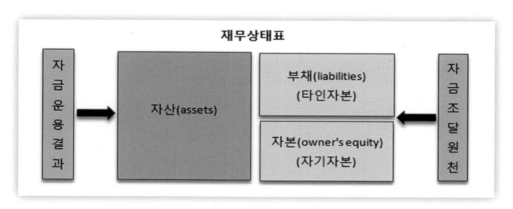

◉ |그림 11-1| 재무상태표와 재무관리기능

(1) 자금조달결정

자금조달결정(financing decision)은 기업 활동에 필요한 자금을 어떻게 조달할 것인지를 결정하는 활동이다. 즉 자기자본과 타인자본에 대한 의사결정을 의미한다.

자금조달결정의 궁극적인 목표는 기업 가치를 극대화하는 부채와 자본의 구성을 결정하는 것이므로, 자금조달의 최적배합과 관련된 의사결정이라고 볼 수 있다.

(2) 투자결정

투자결정(investment decision)은 기업의 미래 수익성과 성장에 직접 관계되는 활동으로써, 기업이 경영활동을 위해 어떤 자산에 투자할 것인가를 결정하는 것이다. 이와 같은 투자결정은 현금·재고자산·매출채권 등의 유동자산에 대한 결정과 건물·설비 등의 비유동자산에 대한 결정을 포함한다. 이러한 투자결정의 궁극적인 목표는 기업의 현재와 미래 상황을 고려하여, 기업이 소유하고 운영할 자산의 최적배합을 결정하는 것이다.

(3) 배당결정

배당결정(dividend decision)은 배당정책을 결정하는 기능이다. 기업의 배당정책은 기업이 획득한 이익을 배당과 유보이익으로 분리하는 것으로서, 이익을 기업내부에 유보하는 것은 자본조달과도 관련이 있다.

3) 재무관리의 기초 개념

(1) 시간가치

화폐의 시간가치(time value)란 어떤 한 단위의 화폐단위가 시간적 요인에 따라 다른 가치를 가지게 되는 것을 말한다. 예를 들어 누군가 현재의 만원과 1년 후의 만원 둘 중에 어느 하나를 선택하라고 한다면 누구든지 현재의 만원을 선택할 것이다. 그 이유는 현재의 만원을 미래의 만원보다 더 높게 평가하기 때문이다. 만약, 만원을 저축하여 1년 후에 찾게 된다면, 1년 후에 만원의 가치는 원금 만원에 1년간의 이자를 합한 금액이 될 것이다. 이와 같이 화폐의 시간가치는 자금의 조달과 운용을 주요 기능으로 하는 재무관리에서 매우 중요한 개념이다. 특히, 고정부채, 할부매매, 사채, 영업권, 감가상각방법, 유효이자율, 기업가치 평가 및 의사결정 등에 유용하게 사용될 수 있다.

① 현재가치

현재가치(present value)는 미래에 발생하게 될 자금의 가치를 현재시점의 가치로 평가한 금액을 말한다. 현재가치는 오늘의 만원이 내일의 만원보다 가치가 높다는 논리를 기본으로 하고 있다. 미래의 자금을 현재가치로 평가하기 위해서는 미래자금에 이자율을 적용하여 할인(discount)하는 절차로 계산하는데 아래의 식에 의하여 계산된다.

$$P_0 = \frac{P_n}{(1+i)^n}$$

(단, P_0: 현재가치, P_n: n시점의 가치, i: 이자율, n: 기간)

② 미래가치

화폐의 미래가치(future value of money)는 현재 소유하고 있는 현금을 미래 일정시점에서 평가한 가치이다. 현재시점에서의 100원과 미래시점에서의 100원은 서로 가치가 다르다. 왜냐하면 현재 시점에서 보유한 금액과 동일한 가치를 갖는 미래시점의 금액은 원금에 이자를 더해 준 것이기 때문이다. 복리계산방법으로 현재 자금에 대해 n기간 후의 가치를 계산하면 n 기간 후의 미래가치 Pn은 다음과 같이 나타낼 수 있다.

$$Pn = Po \times (1 + i)^n$$
(단, Pn: 미래가치, Po: 현재가치, r: 이자율, n: 기간)

(2) 위험

위험(risk)이란 미래에 예상되는 상황과 관련된 개념으로 재무관리에서 기본적인 분석도구를 제공하는 중요한 개념이다. 위험상태는 미래에 발생 가능한 상황에 대해 예측할 수 있으며, 그 발생 가능한 상황의 객관적인 확률분포가 알려져 있는 상황을 말한다. 여기서 객관적 확률이란 선험적 내지 경험적 확률을 말한다. 선험적 확률이란, 동전을 던졌을 때 앞면이 나올 확률 등과 같이 수학적 또는 이론적으로 계산되어 누구나 인정할 수 있는 확률을 말하며, 경험적 확률이란 인구사망률, 화재발생률 등과 같이 미래의 상황이 과거와 비슷하게 움직일 것이라는 가정 하에서 과거의 경험을 토대로 하여 계산하는 확률이다(최찬기외, 2014).

반면, 불확실성(uncertainty)이란 미래의 상황에 대한 객관적인 확률분포를 알지 못하는 상황이며, 이와 같은 상황에서는 미래에 발생할 사건의 확률을 주관적으로 추정하여 분석하게 된다.

(3) 현금흐름

기업을 운영하다 보면 회계 기록상으로는 이익이 발생하고 있는데 현금이라는 자금이 부족하여 도산하는 상황이 발생한다. 이러한 경향은 장부(회계)상의 이익을 중심으로 자금관리를 하는 경우 더욱 자주 발생한다. 따라서 자금운용을 담당하는 최고재무관리경영자(chief financial officer, CFO)는 현금흐름(cash flow)을 장부상의 이익보다 중시하는 자금관리를 한다. 그러면 장부상으로는 이익이 있는데 왜 도산이 발생하는가? 〈그림 11-2〉에서와 같이 흑자도산하는 기업의 자금흐름은 영업활동에서 창출된 이익의 몇 배를 금융기관에서 차입하여 투자하였는데 만약, 차입금융기관이 긴급히 대출금 상환을 요구하는 상황이 발생하게 되면 이에 대응할 수 없기에 흑자도산이 일어날 수밖에 없다(최찬기외, 2014).

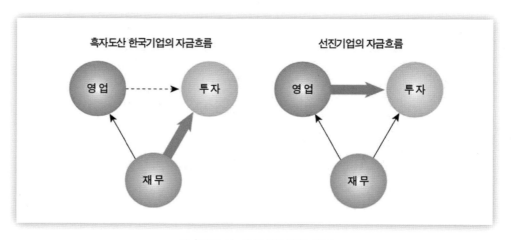

☀ |그림 11-2| 자금흐름의 비교

한편 현금흐름은 기업에 유입 유출되는 현금의 내용에 따라서 세 가지, 즉 영업현금흐름, 투자현금흐름, 재무현금흐름으로 구분할 수 있다. 기업의 활동에 따른 현금흐름의 차이점은 〈표 11-1〉을 참조할 수 있다.

표▶ 11-1_ 현금흐름의 구분

구분	유입	유출
영업현금흐름	현금매출, 매출채권 회수 재고자산 감소, 영업외수익	경비지급(원료, 경비, 인건비) 세금납부, 자산 증가, 이자비용
투자현금흐름	대여금 회수, 유가증권 처분, 비유동자산처분, 건설가계정 감소	자금의 대여, 유가증권 취득, 비유동자산취득, 건설가계정 증가
재무현금흐름	차입금 증가, 회사채 발행 당좌차월 증가, 유상증자	차입금 상환, 회사채 상환 당좌차월 감소, 배당금 지급

출처 : 최찬기 외, 2014.에서 수정

2. 자금의 조달

사업을 영위하기 위하여 소요되는 자금을 조달하는 방법은 〈그림 11-3〉와 같이 기업 내부에서 조달하는 내부자금조달과 기업의 외부에서 조달하는 외부자금조달로 나누어진다.

내부자금조달은 경영활동에 필요한 자금을 조달함에 있어 사내에 유보되어 있는 이익잉여금 등 내부자금으로 충당하는 것을 말한다. 반면, 외부자금조달은 다시 은행 등의 간접 금융기관에서 대출을 받는 방법과 증권시장에서 증권을 직접 발행하여 불특정 다수의 투자자들에게 이를 매각함으로써 자금을 조달하는 방법으로 나누어지며, 증권발행은 다시 회사채발행과 주식발행으로 분류된다. 따라서 기업의 자금조달은 크게 자기자본 조달과 타인자본 조달의 두 가지 형태가 있다.

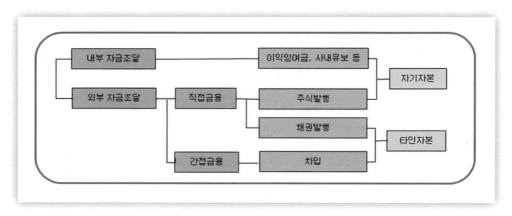

◈ |그림 11-3| 자금조달방법

1) 직접금융

직접금융(direct financing)은 자금의 수요자가 발행하는 본원증권(primary security)을 자금의 공급자가 직접 매수하여 자금을 조달하는 방식으로 주식과 사채의 발행을 통한 자금조달이 대표적인 형태이다〈표 11-2〉.

직접금융에 의한 자금조달은 운용기간이 장기간으로 기업의 장기 설비투자 등에 효과적으로 이용할 수 있는 장점이 있는 반면, 주식발행의 경우 기업의 지배구조에 영향을 미칠 수 있고 회사채 발행의 경우 회사의 신용이 좋지 않은 경우에는 발행금리가 높아지거나 발행 자체가 힘든 경우가 많은 단점이 있다.

표 11-2_ 주식과 사채의 차이점

구분	주식	사채
지위	주주	채권자
경영권 참여	참여가능(주주총회의결권)	참여 불가
자금의 대가	배당 수취	이자 수취
자산에 대한 권리 순위	사채권자 배분 후 잔여재산 배분권	주주보다 우선 순위

(1) 주식시장

주식시장은 기업이 주식(stock)을 발행하여 자금을 조달하는 시장이며, 일반적으로 보통주(common stock)와 우선주(preferred stock)의 두 가지 발행방식이 있다. 보통주는 매입과 동시에 해당 기업의 주주로서 중요한 의사결정에 관한 의결권을 부여한다. 우선주는 보통주의 소유주들보다 배당금을 지급받는 순위에서 우선권을 주는 주식을 의미하며, 기업이 파산할 경우에도 보통주보다 우선해서 기업의 잔여재산에 대한 우선 청구권을 갖지만, 일반적으로 의결권은 주어지지 않는다.

(2) 채권시장

기업이 필요한 자금을 채권을 발행하여 조달하는 시장을 말한다. 기업은 자금을 빌려준 대여자들에게 차용증서인 사채권을 발행하여 주고, 약정된 이자를 정기적으로 지급하다가 만기일에 원금을 상환하게 된다. 기업이 채권시장에서 채권을 발행하는 방식에 따라서 기업의 자산을 담보로 하여 발행하는 담보부사채(secured bond)와 기업의 신용만으로 채권을 발행하는 무담보부사채(debenture bond), 그리고 제3자의 지급보증을 이용하는 보증사채(guaranteed bond), 채권의 소유자가 필요시 발행기업의 주식으로 전환할 수 있는 권리를 부여하는 전환사채(convertible bond) 등이 있다.

2) 간접금융

간접금융(indirect financing)은 직접금융에 대립되는 말로서 자금의 공급자와 수요자 사이에 은행 등 금융기관이 개입하는 금융방식으로 금융기관이 일반 대중으로부터 예금을 받아 필요한 사람에게 대출해 주는 은행대출이 대표적인 형태이다. 간접금융시장의 자금거래는 두 단계를 거쳐 이루어진다. 첫 번째 단계는 자금의 공급단계로 자금공급자가 금융기관에게 자금을 예탁하고 금융기관은 자금공급자에게 예금증서 등 자신의 채무증서를 교부하는 단계이고, 두 번째 단계는 자금의 수요단계로 금융기관이 자금을 수요자에게 제공하고 차용증서를 교부받는 단계로 구성된다.

간접금융은 기업의 지배구조에 영향을 주지 않으며 기업이 운전자금 수요가 많을 때 차입하였다가 자금사정이 호전될 때 즉시 상환하는 등 자금수급에 기동성이 있고 지급이자에 대하여 세법상 손비처리가 가능하다는 장점이 있어 자금조달 수단으로 선호되고 있다. 그러나 간접금융의 경우 일반적으로 물적 담보의 부담이 수반되며 부채 코스트 증가 등으로 기업수지를 악화시킬 수 있는 단점이 있다.

3) 자기금융

자기금융(self financing)은 기업의 소요자금을 기업이 창출한 수익 또는 이익으로부터 감가상각비, 충당금, 준비금 또는 적립금 등에 충당하여 사외유출을 억제하고 사내에 자원을 유보시킴으로써 소요자금을 이익으로 조달하는 방법을 말한다. 기업의 설비투자 소요자금 중 자기금융으로 조달한 비율을 자기금융비율이라고 하며, 이 비율이 높을수록 경기변동에 대한 저항력이 큰 것으로 해석할 수 있다.

3. 투자의사결정

1) 투자의 기본개념

투자(investment)란 보다 많은 미래 수익의 획득 또는 경제적 효용을 얻기 위하여 현재의 자금을 투자대상에 투입하는 활동이다. 일반적으로 투자대상은 토지 · 건물 · 시설 · 원자재 등의 실물자산(real assets)과 공 · 사채 등의 금융자산(financial assets)을 들 수 있다.

따라서 투자란 화폐자산을 실물자산 또는 금융자산으로 대체하는 활동이며, 투자활동에는 다음의 3가지 요인을 고려하여야 한다.

- 위험(risk) : 투자원금의 가치상실과 투자수익의 변동성
- 수익성(profitability) : 투자원금으로부터 발생하는 수익의 정도
- 시장성(marketability) : 투자자금의 회수 용이성

2) 자본예산

(1) 자본예산의 의의

자본예산(capital budgeting)은 기업가치를 증가시킬 수 있는 투자기회를 찾는 과정이다. 재무관리담당자는 먼저 해당 투자안으로부터 미래에 실현될 현금흐름을 추정하여 수익률을 산정하고 필요한 자본의 조달가능성과 그 비용을 예측한 후 이를 토대로 여러 개의 투자안 중 기업가치를 증가시킬 수 있는 투자안을 선택해야 한다.

기업은 대개 대규모, 장기적인 투자안을 수행하고 있으며 투자효과도 장기에 걸쳐 나타나므로, 그 결정의 합리성 여부가 기업가치에 미치는 영향은 매우 크다. 경쟁적인 기업환경과 급속한 기술변화를 고려할 때 장기투자는 기업의 생존을 좌우할 수 있으므로 자본예산은 매우 중요하다.

(2) 자본예산 과정

기업현장에서 실제로 이루어지는 자본예산 편성의 과정은 복잡하고, 기업의 업종이나 규모, 개별기업이 처한 상황에 따라 차이가 있다. 일반적인 자본예산의 편성과정은 〈그림 11-4〉와 같이 네 단계로 구분되어 진행된다(최찬기외, 2014).

- 제1단계 : 투자안의 모색
- 제2단계 : 투자안으로부터 기대되는 현금흐름의 추정
- 제3단계 : 투자안의 경제성 평가 및 최적 투자안의 선정
- 제4단계 : 투자안의 수행 후 투자안에 대한 재평가 및 사후 감사

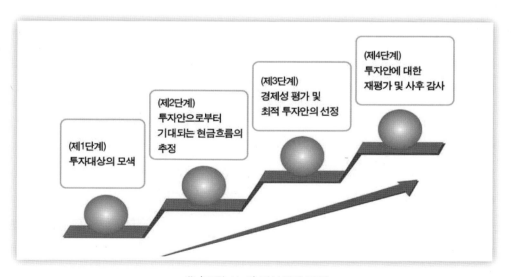

☀ |그림 11-4| 자본예산 과정

위의 네 단계 중에서 재무관리자의 주요 핵심 임무는 제1단계의 투자안 모색, 제2단계인 기대현금흐름의 추정, 제3단계인 투자안의 경제성을 수리적으로 평가하고, 이들 중 최적 투자안을 선정하는 활동이다.

3) 투자안의 경제성분석

현금흐름을 추정한 후, 특정 투자안이 얼마나 가치가 있는지 그 경제성을 분석해야 한다. 투자안의 경제성 분석에는 회수기간법, 회계적이익률법, 순현재가치법, 내부수익률법 등의 기법이 있으나 여기서는 순현재가치법과 내부수익율법을 설명한다(김석진, 2007).

(1) 순현재가치법

순현재가치(net present value, NPV)는 투자로 인하여 발생할 미래의 현금유입액(cash inflow)의 현재가치에서 현금유출액(cash outflow)의 현재가치를 비교한 차이(difference)를 말한다. 여기서 현재가치란 돈의 시간가치(time value of money), 엄밀히 이야기해서 시간의 돈가치를 감안하는 개념이다.

> 순현재가치 = (현금유입액의 현재가치 총계) - (현금유출액의 현재가치 총계)

순현재가치법을 이용한 의사결정에서는 상호배타적 투자안의 경우 순현재가치가 큰 투자안을 선택하고, 독립적인 투자안의 경우에는 순현가가 0보다 큰 모든 투자안은 투자가치가 있는 것으로 평가한다.

(2) 내부수익률법

내부수익률(internal rate of return, IRR)이란 투자로 인해 발생하는 현금유입의 현재가치와 현금유출의 현재가치를 일치시키는 할인율을 말한다.

내부수익률법을 이용하여 독립적인 투자안의 채택여부를 결정할 때에는 내부수익률이 조직이 설정한 대체투자 수익률을 능가하면 바람직한 사업이 된다. 상호배타적인 여러 투자안을 놓고 의사결정을 할 때에는 내부수익률이 가장 큰 투자안을 선택하게 된다.

4. 재무제표분석

재무관리의 궁극적 목표인 기업가치의 극대화를 위해서는 기업의 수익성을 높이고 위험을 감소시켜야 한다. 이러한 목표를 달성하기 위해서는 자본조달을 적절히 하여 자본구조를 최적상태로 유지하여야 하며 조달된 자금은 효율적인 운용과 투자를 하여야 한다.

자금운용의 결과로 나타난 재무제표상의 개별수치는 그 자체로는 별 의미가 없을 수 있다.

기업의 자금관리가 효율적으로 운영되었는가를 평가하는 기초자료로 활용하기 위해서는 특정 방식으로 개별 수치를 분석하여야만 하는데, 가장 많이 활용되는 재무비율분석이다. 재무비율은 산업평균치와 경쟁업체의 비율과 비교하여 특정 기업체의 재무상태나 경영성과를 평가하는데 널리 사용된다.

1) 재무비율분석

(1) 유동성비율

단기에 만기가 도래하는 채무를 이행할 능력을 측정하는 비율을 뜻하며, 유동비율과 당좌비율이 있다.

- 유동비율(%) = (유동자산/유동부채) × 100
- 당좌비율(%) = (당좌자산/유동부채) × 100

유동비율이 높다는 것은, 자산을 쉽게 현금화할 수 있다는 장점을 가진다는 것이다. 또한 쉽게 현금화될 수 있는 자산은 단기채무 변제에도 용의하며, 이는 갑작스러운 재무위험에 유기적으로 대응할 수 있다는 점을 시사한다. 또한 당좌비율은 재고자산에 의존하지 않고서도 단기채무를 변제할 수 있는 능력을 나타낸다.

(2) 레버리지비율

부채비율이라고도 하며 기업의 타인자본 의존도와 타인자본이 기업에 미치는 영향을 측정하는 비율이며, 부채비율과 이자보상비율이 있다.

• 부채비율$^{(\%)}$ = (총부채/자기자본) × 100

부채비율은 기업이 지급불능상태에 빠졌을 때 채권자의 채권이 보호를 받을 수 있는 정도를 판단할 수 있는 것으로서 100% 이하일 경우 자기자본이 상대적으로 더 많음을 의미하므로 채권자의 채권은 더 많은 보호를 받을 수 있다. 부채는 기업에 고정적인 이자부담을 주기 때문에 기업의 안정성을 위협하는 요소지만 경기가 좋을 때는 기업의 이익창출에 오히려 도움을 주는 이중성을 갖고 있다.

• 이자보상비율$^{(\%)}$ = (영업이익/이자비용) × 100

이자보상비율은 기업의 영업이익이 이자비용을 충분히 지급할 수 있는가를 측정하는 지표이다. 영업이익은 이자비용을 지불하기 전의 이익을 발한다. 이자보상비율이 낮을 경우, 투자에 대한 수익성이 좋지 못하거나 과다한 부채를 보유하고 있음을 나타내는 것이다.

(3) 수익성비율

기업경영의 총괄적인 효율성의 결과를 판매에 대한 수익이나 투자에 대한 수익으로 나타내는 비율이며, 매출액순이익률, 총자산이익률, 자기자본이익률 등이 있다.

• 매출액순이익률 = (당기순이익/매출액) × 100

매출액순이익률은 경상적, 비경상적인 모든 경영활동의 결과가 반영된 최종적인 경영성과를 측정하는 척도가 된다.

• 총자산순이익률 = (순이익/총자산) × 100

총자산순이익률은 경영자가 기업의 영업활동을 수행하기 위해 보유하고 있는 총자산을 얼마나 효율적으로 운영하였는지 나타내는 수익성 비율이다. 이 비율의 변동요인을 분석하기 위해서 매출액순이익률과 총자산회전율로 나눌 수 있다.(즉, 총자산순이익률은 매출액순이익률 x 총자산회전율이다.)

• 자기자본순이익률 = (순이익/자기자본) × 100

자기자본 순이익률은 주주가 투자한 자본에 대한 수익성을 측정하는 척도로 주주의 투자수익률을 의미한다.

(4) 활동성비율

기업의 자산, 재고 등의 물질적인 이용도를 측정하는 비율이며, 재고자산회전율과 매출채권회전율, 총자산회전율 등이 있다.

• 재고자산회전율 = (매출액/재고자산) × 100

재고자산회전율은 당기 중에 재고자산이 몇 번 판매되었는지를 나타내는 것이다.

• 매출채권회전율 = (매출액/매출채권) × 100

매출채권회전율은 채권의 현금화 속도를 측정하는 비율로 매출채권회전율이 빠를수록 기업은 판매대금을 빨리 회수하는 것을 알 수 있다. 이것은 매출채권의 질이 우수하고 유동성을 좋게 하는데 기여한다는 의미이다.

재무비율분석은 쉽고도 저렴하게 구할 수 있는 재무제표로부터 논리적 연관성이 있는 두 항목을 서로 나누어 구해지므로 계산이 쉽다는 장점이 있다. 반면, 비율분석은 과거의 자료인 재무제표에 근거하여 미래에 대한 예측에 활용하는 것이며, 선택가능한 대체적인 회계처리방법에 의거 작성된 재무제표 자료를 단순하게 비교하는 데는 한계가 있다.

2) 주식시장 관련 비율

주식의 시가는 특정 기업의 주식을 보유함으로써 기대할 수 있는 수익과 위험을 주식시장에서 투자자들이 어떻게 평가하고 있는지를 알 수 있는 정보를 제공한다. 주식시장 관련비율은 증권시장에서 투자자가 기업의 과거 성적과 미래 전망에 대하여 어떻게 생각하는가를 알려주는 비율을 뜻하며, 주당이익(EPS), 주가이익비율(PER), 배당수익률 등이 있다.

(1) 주당순이익

주당순이익(earning per share, EPS)은 기업의 진정한 소유를 나타내는 보통주 1주에 귀속되는 순이익을 의미하며, 종합적인 수익성의 지표로 볼 수 있다.

> 주당순이익(EPS) = (당기순이익 / 발행주식주)

당기순이익은 높을수록 좋고, 발행주식수는 적을수록 좋다. 따라서, 주당 순이익의 비율이 클수록 이익이 크다는 것, 즉 주식가격이 높다는 것을 나타낸다.

(2) 주가이익비율

주가이익비율(price earning ratio, PER)은 보통주의 시장가격을 주당순이익으로 나누어 계산한 비율로 기업의 이익 1원에 대해 시장에서 몇 원으로 평가하고 있는지를 나타낸다.

> 주가이익비율 (PER) = (주가 / 주당순이익) × 100

주가이익비율이 높다는 것은 주당 순이익은 평균수준인데 주가가 높을 경우 이 기업의 주가가 시장에서 높게 평가되고 있기에 미래 성장가능성이 있음을 의미한다. 반면, 주가는 평균수준인데 주당 순이익이 너무 낮은 경우라면 현재 기업의 수익성이 좋지 못함을 나타낸다.

(3) 배당수익률

배당수익률(dividend yield ratio)은 주당 배당액을 주당 시장가격으로 나누어 측정한 비율로 투자자들이 주식을 투자하여 얻은 배당수익의 크기를 나타낸다.

> 배당수익률 = (주당 배당액 / 주가) × 100
> 주당 배당액 = 배당총액 / 발행주식수

주식에 투자하여 얻을 수 있는 수익은 크게 시세차익과 배당수익으로 나눌 수 있는데 그 중에서 배당수익의 크기를 측정할 수 있는 비율이 배당수익률이다.

　주식시장 관련비율 정보는 주식의 시가를 단순 비교하여 얻을 수는 없다. 그 이유는 기업마다 순이익의 수준, 배당금, 발행주식수 등에서 차이가 나기 때문이다. 따라서 주식의 가격은 재무제표에 나타나는 수익성 지표와 관련하여 평가할 때 의미가 있다.

Chapter 11 **단원핵심문제**

01 다음 중 재무관리의 기능에 대한 설명으로 옳지 않은 것은?

① 재무관리의 기능은 투자의사 결정과 자본조달의사결정으로 요약할 수 있다.

② 투자의사결정은 기업이 자금을 어떻게 운용할 것인가를 결정하는 것을 의미한다.

③ 자본조달의사결정은 기업 활동에 필요한 자금을 어떻게 조달할 것인가를 결정하는 것이다.

④ 투자의사결정은 재무상태표에서의 대변항목들, 즉 부채와 자본에 대한 의사결정을 말한다.

02 기업의 자금조달방식 중 간접금융 방식에 속하지 않는 것은?

① 회사채의 발행 ② 은행차입

③ 매입채무 ④ 기업어음

03 기업의 자본조달시 고려사항에 대한 설명 중 가장 거리가 먼 것은?

① 자본사용에 대한 대가를 자본비용이라고 하고, 부채에 대한 이자와 주식발행에 따른 배당이 이에 해당한다.

② 회사채나 차입금에 외한 자본조달은 기업의 소유권과 경영통제에 많은 영향을 끼친다.

③ 과도한 부채차입은 재무위협을 크게 증가시켜 결과적으로 이자비용 증가에 따른 자금압박으로 인하여 차입이자율을 상승시 키기도 한다.

④ 금융시장의 금리가 변동되면 각 자본조달의 수단별로 상대적 매력도가 변화하게 된다.

04 기업의 재무제표상 수지 균형이 잡혀 있어 외관상 건전하게 보여도 자금회전이 안 되어 부도가 발생하는 경우가 있는데, 이를 무엇이라고 하는가?

① 디폴트
② 리콜제도
③ 흑자도산
④ 모라토리엄

05 다음 중 현재의 재무상태가 과거에 비해 어느 정도 개선되었는지 혹은 악화되었는지를 파악할 수 있는 가장 적합한 비율은?

① 활동성 비율
② 성장성 비율
③ 수익성 비율
④ 안정성 비율

06 다음 중 재무분석에서 사용하는 여러 가지 비율에 대한 설명으로 옳지 않은 것은?

① 유동성 비율은 짧은 기한(대개 1년)내에 갚아야 하는 채무를 이행할 수 있는 회사의 능력을 측정하는 것으로 당좌비율이 이에 속한다.
② 레버리지 비율은 회사의 타인자본 의존도와 타인자본이 회사에 미치는 영향을 측정하는 것으로 부채비율이 이에 속한다.
③ 활동성 비율은 회사가 자산을 얼마나 효과적으로 이용하고 있는지를 측정하는 것으로 매출액 순이익률이 이에 속한다.
④ 수익성 비율은 회사의 모든 경영활동이 종합적으로 효율적인가를 측정하는 것으로 자기자본 순이익율이 이에 속한다.

07 다음 중 기업의 안정성을 파악하기 위한 비율로서 옳지않은 것은?

① 유동부채비율
② 고정부채비율
③ 자기자본부채비율
④ 자기자본회전율

08 재무통계에서 사용되는 비율분석 중 하나인 레버리지비율에 많이 사용되는 측정방법
으로 가장 적절한 것은?

① 고자산회전율

② 투자수익률

③ 부채비율

④ 유동비율

09 다음 중 수익성과 유동성의 관계에 대한 설명으로 옳지 않은 것은?

① 수익성이 높으면 대체로 유동성이 높아지게 된다.

② 유동성과 수익성은 대체적으로 비례한다.

③ 성장률이 높아지게 되면 유동성은 악화된다.

④ 자본회전율이 높을 때 수익성과 유동성은 향상된다.

10 기업의 수익성을 나타내는 지표 중 하나인 자기자본이익률(ROE)을 계산하는 산식으
로 가장 옳은 것은?

$$① \quad \frac{당기순이익}{자기자본} \times 100 \qquad\qquad ② \quad \frac{매출액}{자기자본} \times 100$$

$$③ \quad \frac{주당배당액}{자기자본} \times 100 \qquad\qquad ④ \quad \frac{매출액}{총자산} \times 100$$

Answer　1. ④　2. ①　3. ②　4. ③　5. ②　6. ③　7. ④　8. ③　9. ②　10. ①

Chapter

12

회계관리

1. 회계의 기초 개념

1) 기업 활동과 정보

기업 활동은 크게 영업활동, 투자활동, 재무활동으로 구분할 수 있는데, 〈그림 12-1〉은 재무활동을 통하여 조달된 제자원이 어떻게 재화나 서비스로 전환되어 이윤 창출과정에 기여하게 되는지 설명하고 있다. 기업은 영업활동을 통하여 재화나 서비스를 구매 혹은 생산하여 고객에게 제공함으로써 목적으로 하는 이윤을 추구하게 된다.

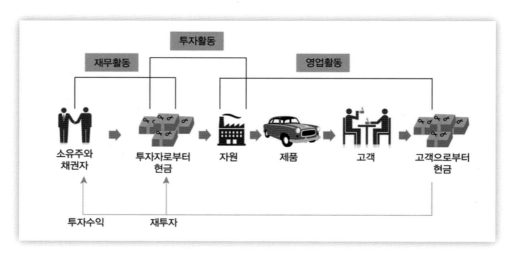

※ |그림 12-1| 기업 활동 요약

기업의 경영활동은 경영자나 종업원뿐만 아니라 외부공급자, 소비자, 투자자, 채권자, 정부, 지역사회 등 다양한 이해관계자들과의 상호작용을 통하여 이루어지고 있다. 기업은 이러한 이해관계자들과의 원만한 상호작용을 통하여 기업이 추구하는 목적을 달성해 나가지 않으면 안된다. 기업에 관련된 각각의 이해관계자들은 올바른 의사결정을 하기 위해서 해당 기업에 대한 다양한 정보가 필요하게 된다.

2) 회계의 의의

(1) 회계의 정의

회계(accounting)란 회계정보이용자인 이해관계자가 경제적 실체에 관한 합리적인 의사결정을 할 수 있도록 경제적 실체의 경제활동에 관한 유용한 정보를 식별, 측정, 전달하는 과정이다. 즉, 기업은 구매 및 생산, 판매, 인사, 재무와 같은 여러 기능들이 상호작용하는 과정에서 발생하는 경제적인 사건들을 회계장부에 기록하였다가 일정한 시점을 기준으로 결산하여 재무제표라는 회계정보를 만들어 회계정보이용자들에게 전달하게 되는데, 이와 같이 경제적 사건을 기록하였다가 보고하는 일련의 과정이 회계인 것이다. 회계정보이용자들은 기업이 작성하여 제공하는 건강상태에 관한 정보를 활용하여 다양한 의사결정을 하게 된다.

회계는 기업의 경영활동 과정에서 발생되는 경제적 사건에 대한 자료를 수집하고 처리하여 산출된 회계정보를 이용자들에게 전달하게 되는데, 재무적 정보를 작성하여 전달하는 일련의 과정을 회계정보시스템(accounting information system, AIS)이라고 한다. 또한 회계정보이용자들이 제공된 회계정보를 이용하여 기업의 경제활동과 관련한 의사결정을 하기 때문에 회계를 일컬어 기업의 언어 (language of business)라고도 한다.

(2) 회계정보이용자

기업을 둘러싼 다양한 이해관계자들은 기업과 관련한 의사결정을 행하기 위하여 기업에 대한 정보를 필요로 하는데, 그들이 요구하는 정보내용은 다양한 이해관계자들의 정보욕구에 따라 다르다. 기업의 경영활동과 관련하여 내·외부에서 이해관계를 갖는 집단, 즉 회계정보이용자들은 〈그림 12-2〉과 같이 경영자, 투자자(주주), 채권자, 공급업자(거래처) 및 소비자(고객), 정부 및 지역사회, 경쟁업자, 노동조합 등이 있다. 기업을 둘러싼 다양한 이해관계자들도 기업과의 거래와 관련된 의사결정을 하기 위하여 기업에 대한 정보를 필요로 한다.

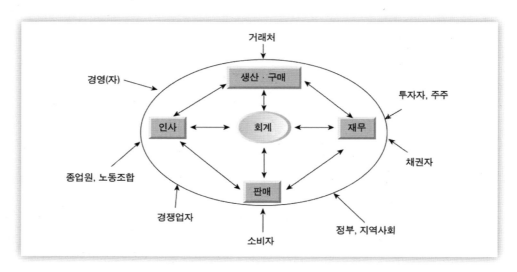

◈ |그림 12-2| 회계정보이용자

 기업이 회계정보이용자들에게 유용한 정보를 제공할 수 있기 위해서는 각각의 이해관계자들이 어떠한 목적으로 거래관계를 유지하고자 하며, 그들이 요구하는 정보의 내용이 무엇인지를 정확히 이해하는 것이 중요하다. 회계정보이용자들이 경제적 의사결정을 하는데 있어 어떠한 기대와 목적을 갖고 어떠한 내용의 정보를 필요로 하는지 〈표 12-1〉을 참조하여 이해할 수 있다.

표 12-1_ 회계정보이용자의 정보욕구

정보이용자	기 대	회계정보
경영자	경영계획, 경영통제 등	
주주·투자자	주가의 성장성, 배당 및 투자회수의 안정성 등	
채권자	원금과 이자회수의 확실성 등	기업의 수익성,
종업원(노동조합)	직장의 안정성, 보상(승진 포함)의 적절성 등	기업의 성장성,
거래처(공급업자)	대금회수의 확실성, 계약(거래)의 지속성 등	재무구조의 안전성,
소비자(고객)	품질의 우수성, 가격의 적절성, A/S의 충실성	현금유입의 안정성
정부	조세징수의 원활성, 고용수준의 안정성 등	
지역사회	환경보전활동의 적절성, 고용수준의 안정성 등	

3) 회계의 분류

기업의 내부에서 회계정보를 필요로 하는 사람을 우리는 내부정보이용자라고 하는데 이에 대표적인 사람으로는 경영자를 들 수 있다. 경영자(management)의 기본 기능은 기업의 경영활동을 계획하고 통제하는 역할을 수행하게 된다. 경영자는 경영계획이나 경영통제기능을 원만하게 수행하기 위하여 정보가 필요하게 되는데, 경영자의 경영의사결정에 유용한 정보를 제공하는 것을 목적으로 하는 회계를 관리회계(management accounting, M/A)라고 한다.

기업의 외부에서 회계정보를 이용하여 기업에 대한 경제적 의사결정을 하고자 하는 외부 정보이용자들의 의사결정에 유용한 정보를 제공하는 것을 목적으로 이루어지는 회계를 재무회계(financial accounting, F/A)라고 한다.

일반적으로 회계를 재무회계와 관리회계로 구분하지만, 산업실무의 편의에 따라서 정확한 과세소득 산정을 목적으로 이루어지는 세무회계(tax accounting, T/A)를 추가할 수도 있겠다. 재무회계와 관리회계, 세무회계의 특징과 각각의 차이점은 〈표 12-2〉의 내용을 통하여 이해할 수 있다.

표 12-2_ 회계의 구분

구분	재무회계(F/A)	관리회계(M/A)	세무회계(T/A)
목 적	외부보고 목적	내부보고 목적	세무보고
정보이용자	외부정보이용자	내부정보이용자	과세관청
보고의 형태	재무보고서 (재무제표)	특수목적 재무보고서 (특정양식 없음)	세법에 규정된 양식
작 성 근 거	일반적으로 인정된 회계원칙(GAAP)	경제적 의사결정이론	세법

2. 재무제표

기업은 경영활동과정에서 발생하는 경제적 사건을 복식부기원리에 따라 기록하고, 경영활동과정별로 분류, 요약하여 재무제표(financial statements, F/S)라는 회계정보를 작성한다. 재무제표는 투자활동과 재무활동을 요약한 재무상태표, 영업활동을 요약한 포괄손익계산서, 경영활동으로 인한 현금의 증감변동을 설명하는 현금흐름표, 자본의 크기와 그 변동에 관한 정보를 제공하는 자본변동표, 재무상태표나 포괄손익계산서 등의 이해를 돕기 위해 세부적인 내용에 대한 추가적인 설명을 하는 주석 등이 있다. 이들은 일정한 원리에 입각하여 장부에 기록하는데 이 때 사용하는 기록 원리를 복식부기(double entry bookkeeping)라고 부른다.

이와 같이 복식부기원리에 입각하여 기록한 자료들은 일정한 시점을 기준으로 하여 재무적인 정보로 요약하여 정보이용자들에게 전달되게 되는데, 회계정보로 요약하는 절차를 결산(closing)이라고 하며 결산과정을 통하여 만들어지는 회계정보가 재무제표인 것이다. 재무제표는 기업의 재무에 관한 여러 가지 표(statements)로 현행 한국채택국제회계기준(K-IFRS)에서 정하고 있는 기본 재무제표는 재무상태표, 포괄손익계산서, 현금흐름표, 자본변동표, 주석을 포함하고 있다.

1) 재무상태표[1]

재무상태표(financial position, F/P)는 기업이 결산하는 시점에 갖고 있는 자산, 부채, 자본이 어떻게 구성되어 있는가를 나타내는 회계보고서이다. 재무상태표의 작성은 자산은 부채와 자본을 더하여 계산하게 되는데 이를 재무상태표등식 혹은 회계등식이라 한다.

재무상태표 등식(혹은 회계등식) : 자산 = 부채 + 자본

---

1) 2011년 한국채택국제회계기준(K-IFRS)가 도입되면서 생겨난 큰 변화 중의 하나는 기업이 공시하는 재무제표가 개별재무제표에서 연결재무제표로 바뀌게 되었다. 연결재무제표(Consolidated Financial Statements)는 지배기업과 종속기업의 자산, 부채, 자본, 이익 등을 합쳐서 하나의 재무제표를 작성하는 것이다.

재무상태표			
㈜도운	제 ×기 ××××년 ××월 ××일 현재		(단위:원)
자산		**부채**	
유동자산	×××	유동부채	×××
비유동자산	×××	비유동부채	×××
		자본	
		자본금	×××
		이익잉여금	×××
		기타 자본	×××
자산 합계	×××	**자본 및 부채 합계**	×××

◈ |그림 12-3| 재무상태표(계정식 예)

재무상태표의 왼쪽을 차변 오른쪽을 대변이라고 하는데, 차변에는 자산을 대변에는 부채와 자본을 기록하여 작성하게 되는데 이와 같이 작성되는 원리는 재무상태표 등식에 의한 것이다. 〈그림 12-3〉과 같이 재무상태표의 대변은 기업 활동을 하는데 필요한 자금을 어떻게 조달하였는가? 하는 자금조달의 원천을 나타내는 것이며, 차변인 자산은 조달된 자금을 운용한 결과를 나타낸다.

자산(assets)은 과거 거래나 사건의 결과로 기업이 현재 보유하고 있는 미래의 경제적 효익을 창출할 수 있는 자원을 말한다. 자산은 현금, 재고자산, 매출채권과 같이 1년 이내에 현금화되거나 사용할 목적으로 보유하는 유동자산과 기계, 토지, 건물 등과 같이 1년 이내에 현금화하지 않고 장기적으로 수익창출에 사용하거나 투자목적으로 보유하는 비유동자산으로 구분된다.

부채(liabilities)는 과거 거래나 사건의 결과로 기업이 미래 어느 시점에 현금, 재화나 용역을 타인에게 제공해야 할 의무를 나타낸다. 부채는 기업이 채권자들에게 갚아야 할 의무로 채권자지분 혹은 타인자본이라고 부르기도 하며, 매입채무, 단기차입금과 미지급금과 같이 1년 이내에 상환해야 하는 유동부채와 사채, 장기차입금 등과 같이 1년 이후에 상환기간이 도래하는 비유동부채로 구분된다.

자본(owner's equity)은 자산에서 부채를 차감하여 계산하며, 주주지분, 소유주지분, 잔여지분, 자기자본, 순자산 등 여러 명칭으로 불린다. 자본은 자본금 및 이익잉여금 등으로 구성된다. 자본금은 기업이 발행한 주식의 액면가액에 발행주식수를 곱한 금액이다. 이익잉여금은 기업이 영업활동을 통해 창출한 순이익에서 배당을 통하여 사외에 유출하고 사내에 남아 있는 금액을 나타낸다.

2) 포괄손익계산서

포괄손익계산서(income statement, I/S)는 〈그림 12-4〉과 같이 기업이 일정기간 동안의 경영성과를 나타내는 회계보고서이다. 여기서 일정기간이란 회계기간을 말하는 개념으로 회계기간은 인위적으로 재무상태나 경영성과를 파악할 목적으로 구분해 놓은 시간적인 개념인 것이다.[2] 기업의 경영성과는 기업 활동을 통하여 벌어들인 총수익에서 수익을 얻기 위하여 사용한 총비용을 차감하여 순이익 혹은 순손실과 같은 순손익으로 나타낸다.

포괄손익계산서		
㈜도운 제×기 ×××년 1월 1일 부터 ×××년 12월 31일 까지 (단위 : 원)		
매출액		×××
매출원가	(−)	×××
매출총이익		×××
판매비와관리비	(−)	×××
영업이익		×××
영업외수익	(+)	×××
영업외비용	(−)	×××
법인세비용차감전 순이익		×××
법인세비용	(−)	×××
당기순이익		×××

☀ |그림 12-4| 포괄손익계산서(보고식 예)

수익(revenue)이란 기업 활동을 통하여 고객에게 재화를 판매하거나 용역을 제공하고 그 대가로 획득한 현금 또는 수취채권을 말한다. 수익이 발생하게 되면 그 만큼 기업

---

2) 회계기간은 1년을 초과하여 설정할 수 없으며, 개인기업의 회계기간은 1월 1일부터 12월 31일까지이며, 법인기업의 경우는 정관에서 사업연도를 정하도록 하고 있다.

의 순자산인 자본을 증가시키는 역할을 하게 된다. 수익항목은 매출액, 용역수익, 이자수익, 임대료 등이 있다.

비용(expense)은 기업이 수익을 얻기 위하여 사용하거나 소비된 재화 및 용역의 가치를 말한다. 비용이 발생하게 되면 그 만큼 기업의 순자산인 자본을 감소시키는 역할을 하게 된다. 비용의 항목은 매출원가, 급료, 이자비용, 임차료, 감가상각비, 대손상각비 등이 있다.

3) 현금흐름표

현금흐름표(statement of cash flow)는 기업의 미래 현금흐름의 크기, 시기와 불확실성에 대한 평가에 유용한 정보를 제공하기 위하여 일정기간 동안에 기업의 현금흐름, 즉 현금의 유입과 유출에 관한 정보를 제공하는 회계보고이다. 여기서 현금이란 현금 및 현금성자산을 말하며, 기업의 활동을 영업활동, 투자활동 및 재무활동으로 구분하여 각 활동별로 현금의 유입 및 유출을 표시한다. 영업활동으로 인한 현금흐름이란 투자활동이나 재무활동에 속하지 않는 모든 활동과 관련하여 발생하는 현금흐름을 표시한다. 투자활동으로 인한 현금흐름은 현금의 대여 및 회수, 자산의 취득 및 처분과 관련하여 발생하는 현금흐름을 표시한다. 재무활동으로 인한 현금흐름은 현금의 차입 및 상환, 주식의 발행 및 배당금의 지급, 사채의 발행 및 상환과 관련하여 발생하는 현금흐름을 표시한다.

4) 자본변동표

자본변동표(statement of change owner's equity)는 한 회계기간 동안 발생한 소유주 지분인 자본의 변동에 관한 정보를 제공하는 회계보고서로서, 자본금과 적립금의 변동내용에 대한 정보를 제공한다. 자본이란 기업의 자산에서 부채를 차감한 순자산을 의미하며, 소유주의 투자나 수익의 발생으로 증가하게 되며, 소유주에 대한 분배나 비용의 발생 등으로 인하여 감소하게 된다. 자본변동표는 자본의 각 요소별로 기초잔액, 기중변동사항 및 기말잔액을 표시함으로써 자본의 변동에 관한 정보를 제공한다.

5) 주석

주석(footnote)은 재무제표의 본문에 있는 항목이 기업의 재무상태와 경영성과에 대하여 불완전한 정보를 제공하는 경우에 추가적인 정보를 제공한다. 또한 재무제표의 작성기준 및 중요한 거래와 회계사건의 회계처리에 적용한 회계정책 및 재무제표 본문에 표시되지 않은 사항으로서 재무제표를 이해하는데 필요한 추가 정보를 제공한다. 주석은 재무제표의 해당과목 또는 금액에 기호를 붙이고 본문 밖 별지에 동일한 기호를 표시하여 그 내용을 기재하는 방법으로 표시한다.

3. 회계정보의 산출

1) 회계순환과정

회계는 특별한 반증이 없는 한 기업은 영속적으로 존속한다고 가정하고 있기 때문에 인위적으로 회계기간을 정하여 회계처리를 하게 된다. 그렇기 때문에 매 회계기간에 대하여 회계상의 거래를 기록하고 요약한 다음, 재무제표라는 회계정보를 작성하는 과정을 반복적으로 수행하게 된다. 이와 같이 매 회계기간에 대하여 회계거래의 기록 및 요약, 재무제표의 작성까지의 모든 과정이 반복되는 과정을 회계순환과정(accounting cycle)이라 한다. 회계순환과정은 〈그림 12-5〉와 같이 회계기간 중의 기록과정과 회계기말의 결산과정으로 구분된다.

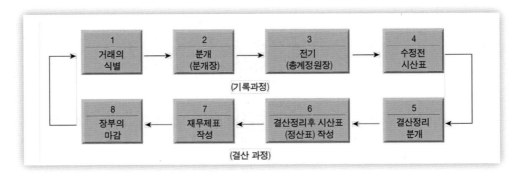

◈ |그림 12-5| 회계순환과정

2) 기록과정

기록과정이란 회계기간 동안에 발생한 거래를 분개하고 전기하며, 결산정리전시산표를 통하여 계정 전체의 차변의 합계와 대변의 합계가 일치하는지를 확인하는 일련의 절차이다.

(1) 거래

회계상 거래(transaction)란 기업의 경영활동 중에서 기업의 자산, 부채, 자본의 계정들과 금액에 증감변화를 가져오는 경제적 사건을 말한다. 회계순환과정의 출발점은 거래가 발생하였을 때, 회계상의 거래에 해당하는지 여부를 판단하는 거래의 식별과정이며, 회계상의 거래라고 판단되면 화폐단위로 측정하여 회계장부에 기록하게 된다.

(2) 분개

거래가 발생하면 해당 거래의 성격을 분석하고, 기록을 위하여 관련 계정과목(title of account), 금액, 차변(debtor, Dr)과 대변(creditor, Cr)을 결정하는 절차를 분개(journalizing)라고 한다. 분개는 분개장(journal) 혹은 전표(chit)에 기록하게 된다. 즉, 회계기간 중에 발생한 모든 거래들은 분개하여 발생순서에 따라서 분개장에 기록하거나 작성된 전표 하단에 분개를 기록하여 날짜순으로 편철하여 보관하는 것으로 분개장을 대신하기도 한다.

(3) 전기

분개장 혹은 전표에 분개된 내용을 기초로 총계정원장의 해당 계정에 옮겨 적어 계정과목별로 정리하는 절차를 전기(posting)라고 한다. 즉, 분개한 것을 자산, 부채, 자본, 수익 및 비용 각각의 세부계정에 전기한다. 전기하는 방법은 분개장의 차변에 분개된 내용은 총계정원장 해당 계정의 차변에 전기되고, 대변에 분개된 내용은 해당 계정의 대변에 전기한다.

(4) 시산표

전기를 통해 총계정원장이 작성되면, 회계기간 중의 기록과정에서의 오류의 발생

여부를 검증하기 위하여 시산표(trial balance, T/B)를 작성한다. 시산표는 총계정원장에 나타나 있는 모든 자산, 부채, 자본, 수익, 비용계정을 구분하여 나열하고, 차변과 대변의 각 금액을 기록·합산하여 차변과 대변의 금액이 일치하는가 여부를 확인하는 검증표이다. 회계기간 중의 거래의 기록은 회계등식에 기초하여 작성되었기 때문에 시산표상의 차변인 자산과 비용의 합계와 대변인 부채, 자본, 수익의 합계금액은 동일한 금액으로 나타나야 한다. 만약, 시산표를 작성하여 차변과 대변의 합계금액이 다르다면 기록과정에서 오류가 있었음을 의미하기에 회계처리 상의 오류를 확인하여 수정하게 된다. 시산표는 복식부기의 자기검증기능원리를 이용하여 작성하는 것이다.

3) 결산과정

결산(closing)이란 회계기간 동안에 이루어졌던 기록과정을 요약하여 재무제표를 작성하고 장부를 마감하게 되는 절차를 말한다. 결산을 수행하기 위한 준비단계로 먼저 시산표의 작성이 이루어지게 되면 적정하게 재무상태와 경영성과를 파악하여 재무제표의 작성을 위해 결산정리분개와 전기를 수행한다. 그리고 기중 거래 및 결산정리분개의 정확성을 확인하기 위해 결산정리후시산표나 정산표를 작성하고, 재무제표를 작성하게 되며, 마지막으로 회계장부를 정리하는 마감분개 및 전기를 수행하는 절차를 거쳐 결산이 완료된다.

(1) 결산정리분개

결산정리분개란 결산일에 자산, 부채, 자본과 수익, 비용을 적정한 금액으로 수정하기 위한 결산정리사항을 장부에 반영하기 위한 분개이다. 왜냐하면 기중에 발생한 거래를 분개하고 계정에 전기한 내용으로만 재무제표를 작성하게 되면 기업의 재무상태나 경영성과를 정확하게 표시하기 어렵기 때문에 결산정리분개 절차가 필요한 것이다. 때문에 보다 정확한 재무제표의 작성을 위하여 결산시점에서 추가적인 정보를 반영하지 않으면 안 된다. 예를 들면 기말 현재의 자산과 부채의 가치, 아직 지급하지 않은 비용(미지급비용), 아직 받지 않은 수익(미수수익), 미리 지급한 비용(선급비용), 미리 받은 수익(선수수익) 등이 해당된다.

(2) 결산정리후 시산표

　결산정리(수정)후시산표(adjusted trial balance)는 결산정리 전에 작성한 시산표에 결산정리 분개를 추가로 반영하여 작성하는 시산표로 재무제표의 작성을 위한 최종 자료이다. 이 때 실무에서는 정산표(work sheet)를 작성하기도 한다. 정산표는 반드시 작성해야하는 정식의 회계보고서는 아니며 결산정리전시산표, 결산정리분개, 결산정리후시산표 및 재무제표의 작성을 한 표에 정리하여 일목요연하게 결산과정을 살펴볼 수 있는 표이다. 이러한 편리성 때문에 수작업 결산실무에서는 거의 빠지지 않고 작성이 이루어졌지만, 전산회계에서는 정산표 작성이 필요없게 되었다.

(4) 재무제표 작성 및 장부 마감

　결산정리후시산표 혹은 정산표를 통하여 재무제표를 작성하고 난 후에는 다음 회계연도의 새로운 시작을 위하여 총계정원장에 있는 각 계정을 정리하는 과정을 거치게 되는 데 이를 마감(closing)이라 한다. 마감절차는 포괄손익계산서계정, 즉 수익 및 비용계정과 재무상태표 계정, 즉 자산, 부채 및 자본 계정의 마감방법이 다르다. 포괄손익계산서 계정은 집합손익계정을 설정하여 각 계정의 금액을 0(zero)으로 만들어 주는 동시에 최종적으로 재무상태표의 이익잉여금으로 옮겨가도록 하여 마감한다. 또한 재무상태표 계정은 각 계정의 차변과 대변의 합계액을 각각 계산하고, 차이금액을 합계액이 작은 쪽에 기록하여 차기이월이라는 명칭을 붙여 마감하게 된다.

Chapter 11 단원핵심문제

01 다음 중 회계정보이용자에 관한 설명으로 가장 거리가 먼 것은?

① 투자자는 사업계획을 세우고 예산을 편성하기 위해 회계정보를 이용한다.

② 금융기관은 대출의사결정을 할 때 기업의 재무상태와 영업성적을 분석하기 위하여 회계정보를 이용한다.

③ 노동조합은 임금협상 등 근로조건 등을 협의하기 위하여 회계정보를 이용한다.

④ 취업희망자는 취직하려는 기업이 건실한지, 앞으로 성장성이 있는지를 파악하기 위해 회계정보를 이용한다.

02 다음 중 정보이용자에 따른 회계 분류에 대한 설명으로 적합하지 않는 것은?

① 재무회계는 기업의 경영활동에 대한 정보를 제공하는 재무보고서로서 재무제표가 기업회계기준에 의거하여 일정한 형식에 따라 작성되고 정기적으로 작성되기보다는 필요시에만 작성 및 제공된다.

② 재무회계는 관리회계와 세무회계를 위한 기초적인 정보를 제공해주며, 이러한 점에서 일반회계라고도 한다.

③ 관리회계는 기업내부의 경영자가 합리적인 의사결정을 하는데 필요한 정보를 제공하는 것을 목적으로 하는 회계를 말한다.

④ 세무회계는 국가가 기업에 대하여 적절한 세금을 결정하고 부과하는데 필요한 정보를 제공하는 것을 목적으로 하는 회계를 말한다.

03 다음 중 재무회계가 제공하려는 정보의 내용과 관련이 없는 것은?

① 투자자, 채권자의 의사결정에 유용한 정보제공

② 현금흐름의 예상액을 평가하는 데 필요한 정보제공

③ 기업의 경제적 자원에 대한 청구권 및 자원변동에 관한 정보제공

④ 경영자의 경영의사결정에 유용한 정보제공

04 다음 중 재무회계에 대한 설명으로 적합하지 않는 것은?

① 기업의 내부 이해관계인인 경영자에게 관리적 의사결정에 유용한 정보를 제공하는 것을 목적으로 하는 회계이다.

② 기업의 외부 이해관계인인 주주나 채권자 등 불특정다수인에게 경제적 의사결정에 유용한 정보를 제공하는 것을 목적으로 하는 회계이다.

③ 정기적 보고 및 일정기준에 따른 보고형식이 있으며 일정한 규정에 따라 보고를 하고 기본적으로 복식부기시스템이다.

④ 대표적인 수단으로 재무상태표, 포괄손익계산서, 현금흐름표, 자본변동표, 주석이 있다.

05 다음 중 재무회계와 관리회계의 차이점에 관한 설명으로 올바른 것은?

① 재무회계는 내부정보 이용자를, 관리회계는 외부정보 이용자를 보고대상으로 한다.

② 재무회계는 수시로 정보를 제공하지만, 관리회계는 정기적으로 보고한다.

③ 재무회계는 복식부기 시스템을, 관리회계는 원가계산 시스템을 기본시스템으로 한다.

④ 재무회계는 일정한 형식과 내용에 맞추어 작성되지만, 관리회계는 정해진 기준이 없다.

06 기업의 재무상태와 경영성과를 명백히 하기 위해 인위적으로 1년 이내의 기간적 범위를 정하는 것을 무엇이라 하는가?

① 회계정의
② 회계목적
③ 회계연도
④ 회계거래

07 다음 중 재무제표에 대하여 가장 올바르게 설명한 것은?

① 재무상태표는 일정기간동안 기업의 재무 상태를 요약한 표이다.
② 손익계산서는 특정 시점의 경영 성과를 수익과 비용을 대응시켜 보고한 것이다.
③ 주석은 재무제표상의 해당과목 다음에 그 회계사실의 내용을 간단한 자구 또는 숫자로 괄호 안에 표시한 것이다.
④ 현금흐름표는 일정기간 동안 기업의 현금흐름. 즉 현금의 유입과 유출을 나타내는 보고서이다.

08 우리나라 기업회계기준에서 기업들이 기본적으로 작성해야할 재무제표 종류에 해당하지 않는 것은?

① 자본변동표   ② 현금흐름표
③ 재무상태표   ④ 이익잉여금처분계산서

09 다음 중 기업경영자가 경영의사결정을 하는데 적합한 정보를 제공하는 목적의 회계는?

① 재무회계   ② 관리회계   ③ 원가회계   ④ 세무회계

10 다음 중 재무제표에 대한 설명으로 틀린 것은?

① 재무제표는 기업 내외에서 발생한 각종 거래행위를 화폐가치로 나타낸 여러 가지 표(表)를 의미한다.

② 우리나라 기업회계기준은 재무상태표, 포괄손익계산서, 자본변동표, 현금흐름표 등을 재무제표로 규정하고 있다.

③ 재무제표는 정보이용자가 경제적 의사결정을 하는데 유용한 정보를 제공한다.

④ 재무제표 중 재무상태표는 일정기간의 기업의 경영성과를 나타내는 반면 손익계산서는 일정시점에 있어서 기업의 재무 상태를 나타낸다.

11 다음 중 연결재무제표에 관련한 설명으로 적절하지 않은 것은?

① 지배와 종속 관계에 있는 개별 회사들의 재무제표를 연결해 하나로 만든 재무제표를 말한다.

② 외부감사를 받아야 하는 기업 가운데 계열사와 지배·종속 관계에 있는 기업은 연결재무제표를 만들어야 한다.

③ 모회사와 자회사 간의 내부거래나 떠넘긴 부채, 손실 등이 그대로 드러나 실상이 잘 반영된다.

④ 개별기업 고유정보를 파악하기 용이하고 어떠한 경우에 도 내부거래의 실체를 파악할 수 있다.

Answer   1. ① 2. ① 3. ④ 4. ① 5. ③ 6. ③ 7. ④ 8. ④ 9. ② 10. ④ 11. ④

Chapter 13

경영전략

오늘날 기업은 기술향상, 치열한 글로벌 경제, 산업규제 완화, 에너지 위기, 대량 생산 및 대량 소비 등의 여러 환경요인 중에서도 특히, 기술혁신, 대량 생산 및 대량 소비라는 경제적 환경 하에서 경영활동을 수행하게 되었다. 따라서 기업은 내·외의 환경을 분석하여 자신의 강점과 약점을 평가하고, 경쟁우위를 제공할 기회를 규명하는데 체계적인 방법을 사용하지 않으면 안되게 되었다. 따라서 기업은 이러한 환경요인을 예측·고려한 장기적 경영계획을 중심으로 경영활동을 전개해 나갈 체제를 갖추어야 하는데, 이의 기본이 경영전략이 되는 것이다. 본장에서는 경영전략의 개념, 중요성과 이의 수립과정 및 여러 형태의 경영전략에 대하여 살펴본다.

1. 경영전략의 개요

1) 경영전략의 의의

전략(strategy)은 조직이 목표를 달성하기 위하여 설계된 미래지향적인 계획으로 누구와 언제, 어디서, 무엇을 위해서 경쟁할 것인가에 대해서 조직이 수행해 나가야 할 전반적인 방향을 설정해 주는 것이다. 기업의 경영전략은 기업의 사명과 목표를 달성하고 환경과의 관계를 관리하고 경쟁우위를 확보하기 위하여 전략[1]을 수립하고 실행하는 과정이라고 할 수 있다. 따라서 전략경영은 장기계획 혹은 전략계획보다 넓은 의미이다. 전략경영은 단순한 계획은 물론 실행과 통제를 포함할 뿐만 아니라 전략계획보다 폭넓게 환경분석을 실시하는 것이다. 환경은 꾸준히 변하는 것이므로 전략경영이 중요하고 복잡한 것이다.

전략경영은 일련의 절차를 거쳐 지속적이고 반복적으로 이루어지는 작업과정이다. 즉, 전략수립과정은 일회성으로 끝나는 작업은 아니며, 첫 단계로부터 시작하여 마지막 단계까지 진행하고 다시 첫 단계로부터 시작하게 된다.

2) 경영전략의 중요성

과거에 단순한 군사용어로 사용되던 전략의 개념이 기업경영활동에 중요한 이유를 갖게 된 이유는 몇 가지가 있겠다.

첫째, 경영전략은 변화하는 외부환경에 기업이 유연하게 대처할 수 있도록 하는 조직의 환경적응의 능력을 촉진하는 역할을 한다. 오늘날 경영환경은 과거에 비하여 매우 다양하고 복잡한 형태로 급속하게 변하고 있고, 불확실성 또한 매우 높아진 상황에서 환경의 변화추세를 예측하기가 더욱 어려워졌기 때문에 기업은 환경변화의 여러 가지 가능성을 고려해서 이를 대비하기 위한 자원배분 계획, 즉 전략을 준비해야만 하는 것이다.

둘째, 경영전략은 경영자원을 전사적인 관점에서 효율적으로 배분하게 하여 조직의 성과를 높이는데 기여하게 된다. 즉, 전략경영을 사용하는 조직은 그렇지 않은 기업보다 월등히 높은 수준의 성과를 나타내고 있다.

셋째, 경영전략은 기업 내부의 다양한 경영활동들의 통합에 기여하는 역할을 한다. 모든 조직은 다양한 사업부, 부, 과, 기능, 작업 활동으로 구성되어 있다. 이런 여러 부문에 종사하는 근로자들의 업무를 조정하고 조직의 목적달성에 전념토록 하는 역할을 한다.

경영전략이 언제나 장점만을 갖는 것은 아니다. 전략경영의 큰 결점은 기업의 제품과 고객들과의 접촉이 없는 전략수립가들의 관료주의로 흐를 위험을 내포한다든지, 경영전략의 수립에 막대한 시간과 비용, 인력의 투자가 소요되는데 반하여 의사결정

---

1) 일반적으로 전략(strategy)은 "무엇을 할 것이냐(what to do)?"와 관련된 개념이고, 전술(tactics)은 전략목표를 달성하기 위해 "어떻게 할 것인가(how to do)?"와 관련된 개념이라고 구분할 수 있다.

의 결과가 나오는 데는 수년이 걸린다는 문제점도 있을 수 있다.

3) 경영전략의 수립과정

경영전략은 기업의 사명과 목표를 달성하고 경쟁우위를 확보하기 위하여 전략을 수립하고 실행하는 과정이다. 그러나 전략수립의 과정은 기업마다 서로 다르지만 일반적으로 〈그림 13-1〉과 같이 전략분석, 전략수립, 전략실행, 전략통제로 구성되어 있다(유필화외, 2011).

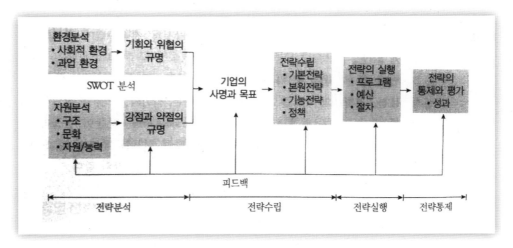

❂ |그림 13-1| 경영전략수립 절차

(1) 전략분석단계

전략분석단계는 그 기업의 현재 위치는 무엇인가? 라는 질문에 답을 하기 위한 단계이다. 따라서 이 단계에서는 기업이 직면한 현재의 외적 · 내적 상황이나 위치가 분석된다. 이 전략적 분석단계에서 입수한 정보를 이용하여 전략을 수립하게 된다.

① SWOT분석

기업이 구체적인 경영전략을 수립하기 위해서는 무엇보다도 자신의 내 · 외부 환경을 정확하게 인식해야 한다. SWOT분석은 격변하는 경영환경 속에서 내 · 외부 환경을 분석하여 기업이 나아가야 할 방향을 가장 단순하면서도 선명하게 보여주는 분석방법이다.

여기서 SWOT이란 〈그림 13-2〉와 같이 강점(strengths), 약점(weaknesses), 기회 (opportuni-ties), 위협(threats)이라는 4가지 내·외부적 환경의 영어 머리글자를 조합해서 만든 용어이다. S는 경쟁기업에 비교하여 우위를 점하고 있는 것을 의미하고, W는 경쟁기업에 비교하여 약세를 보이는 것을 의미한다. 그래서 SW는 내부적 환경이라고 할 수 있다. O는 외부환경에서 우리 회사에 유리한 기회요인이 무엇인지를 나타내며, T는 외부환경에서 우리 회사에 위협요인이 무엇인지를 나타낸다. 말 그대로 OT는 외부적 환경을 의미한다.

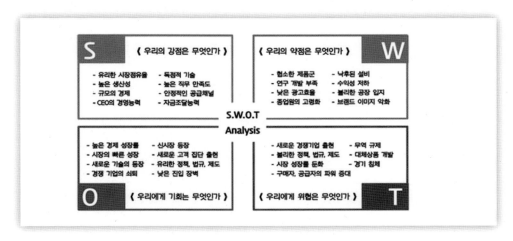

※ |그림 13-2| SWOT분석

기업은 자신의 주위 환경과 가진 강점과 약점을 정확히 파악하여 강점은 최대한 살리고 약점을 보완하는 전략을 수립해야 한다. 또한 회사가 향유할 수 있는 기회요인은 무엇이며, 반면에 앞으로 닥칠 위협요인은 무엇인지도 면밀히 분석할 필요가 있겠다. SWOT분석은 분석 도구로서 특별한 기술과 능력이 요구되지 않고, 전반적인 상황분석과 통찰력만으로 전략을 수립할 수 있다는 점에서 매우 실용적인 도구이며 널리 사용되고 있다.

(2) 전략수립단계

전략수립단계에서는 그 기업이 어디로 가고자 원하는가? 라는 질문에 대한 답으로 전략 대안을 수립하는 것이다. 전략수립단계의 내용은 기업의 사명과 목적 그리고 그 기업이 나가야할 전반적인 방향을 설정하는 것이다.

기업의 사명(mission)이란 그 기업이 고객을 위하여 제품이나 서비스를 공급하면서 존재하는 근본 목적과 가치관을 나타내고 조직과 그의 구성원이 나아가야할 전략적 방향을 설정하는 것을 말한다. 기업의 사명은 의미 있는 전략적 목적으로 더욱 구체적으로 표현되어져야 한다.

목표(goal)는 계획된 활동의 최종 양적 결과치로 언제까지 무엇이 완료되어야 하는가를 나타내게 된다. 따라서 목표는 당기순이익 증가율 10%와 같이 가능한 명확하고 계량적으로 표현되어야 한다. 목적(objective)은 기업이 달성하고자 하는 질적인 결괄, 계량적으로 표현하지도 않고 완료시한도 없는 것이다. 목적의 예를 들면, 수익성, 효율, 생존, 성장, 사회에의 기여 등을 들 수 있다. 효과적인 목적은 구체적인 행동과 단기적인 목표로 변형할 수 있어야 한다. 목적이 분명하면 종업원들이 어디로 결집해야 하는가를 말해준다. 또한 목적은 나중에 기업의 성과를 측정할 때 표준으로서 역할을 한다.

전략수립단계의 다음은 전략 대안을 수립하는 것이다. 전략 대안은 조직이 직면한 강점, 약점, 기회, 위협 그리고 그의 사명과 전략적 목적 등에 입각하여 수립되어야 한다. 전략 대안은 조직의 장기적 성과를 최적화하는데 초점을 맞추어야 한다. 전략 대안은 기본전략(grand strategy), 본원전략(generic strategy), 글로벌전략(global strategy)의 방식으로 작성된다. 기본전략은 조직의 전략적 목적을 달성하기 위한 포괄적이고 일반적인 전략으로 성장전략, 안정전략, 축소전략으로 나눈다. 아울러 본원전략은 사업단위가 시장에서 경쟁하는 방식을 반영하는 원가우위전략, 차별화전략, 집중화전략으로 구분할 수 있다.

(3) 전략실행단계

아무리 좋은 전략이 수립되더라도 이를 효과적으로 실행하지 않으면 아무런 가치가 없게 된다. 기업이 전략을 실행하여 좋은 결과를 얻고자 한다면 전략과 방침을 실행에 옮기는 조치가 필요하다.

전략실행단계에서는 기업이 가고자 하는 곳에 어떻게 도달할 수 있는가에 대한 조치가 이루어지게 된다. 첫째, 기업전략과 사업전략을 부서나 작업자가 실행할 때 적용할 행동계획인 기능전략이 수립되어야 한다. 둘째, 전략을 행동지향적으로 만들기 위해 프로그램, 예산, 절차 등 자원배분의 결정에 필요한 운영계획을 수립한다. 셋째,

기업의 전략이 모든 구성원, 작업자, 그룹, 부서, 사업부 등의 적극적인 계획과 행동으로 지원받을 수 있도록 기업의 문화, 구조, 리더십의 변화를 수반하게 된다. 즉, 전략의 실행을 위해서는 필요하다면 기업의 시스템도 수정되어야 한다.

(4) 전략통제단계

경영전략의 마지막 단계는 전략통제단계이다. 전략통제란 전략의 실행과정을 확인하여 성과측정의 결과, 품질과 효율성, 경쟁우위를 달성하도록 하는 과정을 말한다. 즉, 전략통제과정은 전략이 당초 계획대로 실행되고 있는가?와 전략은 의도된 결과를 달성하는가?에 대한 답을 제공한다. 따라서 통제단계에서는 경영전략을 효과적으로 실행하여 목적을 제대로 달성하기 위하여 모든 일이 잘 진행되어 왔는가를 검토하게 된다. 만일 원하는 결과와 실제 결과 사이에 차이가 있게 되면 필요한 조정을 가하여 장기적 목적이 달성될 수 있도록 해야 한다.

2. 경영전략의 구분

전략은 분석수준이나 의사결정이 이루어지는 조직의 계층에 따라 〈그림 13-3〉과 같이 전사적 전략, 사업부 전략, 기능별 전략, 제품 전략으로 구분될 수 있다.

1) 전사적(기업) 전략

전사적 전략(corporative level strategy)은 "어떤 사업을 해야 할 것인가?"의 문제와 "여러 사업 분야를 기업 전체적인 관점에서 어떻게 효과적으로 관리할 것인가?"하는 문제를 다룬다.

즉, 전사적 전략은 기업의 사업영역을 선택하고 여러 사업부들을 효과적으로 관리하기 위한 전략이다. 예를 들면, 기업이 사업을 수행할 영역, 경쟁의 장소를 결정하고, 기업 전체 조직구조를 어떤 형태로 갖출 것인가를 다루며, 주로 최고경영층에 의해 이루어진다.

2) 사업부 전략

사업부 전략(business unit strategy)은 "특정 사업영역 내에서 경쟁우위를 획득하고 이를 지속적으로 유지하기 위해 어떻게 효과적으로 경쟁해 나갈 것인가?"하는 문제에 관련된 전략이다.

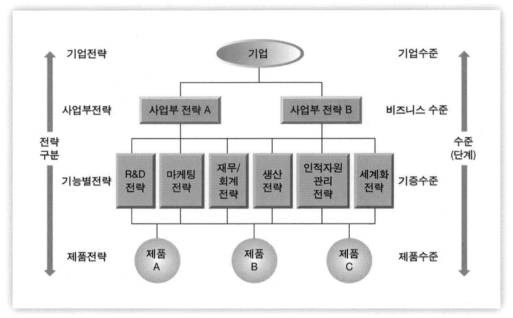

출처 : 최찬기외, 2014.

☀ |그림 13-3| 전략의 구분

예를 들면, 시장에서 어떻게 경쟁할 것인가? 어떤 제품 서비스를 생산할 것인가? 어떤 고객을 주 대상으로 할 것인가? 등을 결정한다. 이처럼 사업부전략은 특정 사업부문의 구체적인 경쟁방법을 결정하는 것으로 경쟁전략이라고도 한다.

사업영역이 여러 산업에 걸쳐 있거나 기업 내 여러 가지 사업부문이 존재하는 경우 전사적 전략과 사업부전략은 뚜렷하게 구별된다. 그러나 사업영역이 하나의 사업부문에만 국한된 기업의 경우에는 사실상 전사적 전략과 사업부전략은 동일한 의미를 가지며 전략적 의사결정의 계층도 동일하다.

3) 기능별 전략

　기능별 전략(functional level strategy)은 기업의 목표와 상위의 전략을 효과적으로 달성하기 위해 각 기능부문이 취하는 하위전략이다. 즉, 생산, 마케팅, 재무, 인사 등과 같은 기업의 각 기능부문 내에서 자원활용의 효율성을 제고하기 위한 것이다. 기능전략의 핵심은 기업 혹은 사업 단위에 경쟁우위를 제공해 줄 수 있는 독특한 능력을 개발하고 육성하는 것이라고 할 수 있다. 아울러 기능별 전략은 경우에 따라서는 독립적이어서는 안 되고 상호보완적이어야 한다. 어느 한 제품의 경쟁력은 단독 기능별 전략만으로는 안 되고, R&D · 생산 · 마케팅 기능 등이 서로 연계되어야 한다.

4) 제품 전략

　제품전략(product strategy)은 제품을 중심으로 만들어지는 전략을 말한다. 기업이 판매하기 위하여 생산하는 제품의 총체적 집합인 제품믹스(product mix)[2]와 관련하여 제품믹스의 폭, 길이, 깊이, 일관성 전략을 만들고, 특히 제품 이름 및 브랜드 관련 전략을 개발한다.

3. 경영전략모형

1) 산업구조분석모형

　산업분석이란 한 산업과 관련된 제품 시장에 관한 분석을 의미하며, 주요한 목적으로는 특정 산업에 대해 현재와 잠재적 진입자에게 그 산업의 매력도를 결정하게 하는 것과, 특정 산업에서 성공할 수 있는 핵심요인이 무엇인가를 파악하려는 것이다.

　산업구조 분석기법을 처음으로 경영전략에 도입한 마이클 포터(Michael Porter)는 모든

---

2) 제품믹스는 보통 폭(width) · 깊이(depth) · 길이(length) · 일관성(consistency) 등 4차원에서 평가되는데, 제품믹스의 폭은 서로 다른 제품계열의 수이며, 제품믹스의 깊이는 각 제품계열 내의 제품품목의 수를 말한다. 이에 비해 제품믹스의 길이란 각 제품계열이 포괄하는 품목의 평균수를 말한다. 제품믹스의 일관성이란 다양한 제품계열들이 최종용도 · 생산시설 · 유통경로 · 기타 측면에서 얼마나 밀접하게 관련되어 있는가 하는 정도를 말한다.

조직은 주어진 시장에서 경쟁하기 위하여 경제적, 기술적 자원을 보유하고 있는데, 사업전략을 수립할 때 기업이 보유한 자원 이외에 산업경쟁에 영향을 미치는 다섯 가지의 경쟁적인 요인도 고려해야 한다고 주장한다. 즉, 포터 교수에 의하면 〈그림 13-4〉와 같이 산업 내에서 경쟁구조, 원자재 공급자와의 교섭력, 소비자 구매력의 정도, 대체산업의 전망 등 다섯 가지 요인 들은 기업이 결정하는 가격, 비용구조, 자본투자 요구액 등에 직접적으로 영향을 주어 산업의 장기적인 수익성을 결정하게 된다는 것이다. 따라서 산업구조분석을 통해 궁극적으로 그 사업부에서 어떠한 전략을 수립하여야 기업의 수익률을 높일 수 있는가에 대한 해답을 구할 수 있게 된다.

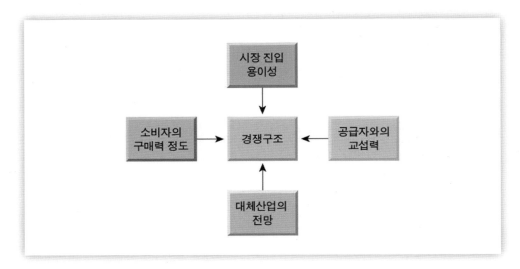

◎ |그림 13-4| 산업경쟁에 영향을 미치는 요소

(1) 경쟁구조

사업부의 수익률을 결정하는 가장 중요한 요인은 그 사업에 이미 경쟁하고 있는 기업들 간의 경쟁구조이다. 사업에 참여하고 있는 기업의 수가 적을수록 전반적인 사업의 수익성은 높아질 것이며, 경쟁적일 수록 수익력은 낮아지게 된다. 예를 들면, 어떤 산업에서는 기업들끼리의 과당경쟁으로 인해 가격이 생산원가 이하로 내려가서 산업 전체적으로 손해를 보며, 또 다른 경우에는 기업들이 가격경쟁을 피하기 위해 담합을 하기도 한다. 또한 기업들은 광고 또는 신제품개발, 기술혁신 등으로 경쟁하는 경우도 많다.

(2) 소비자의 구매력의 정도

새로운 기업이 제품을 생산하여 시장에 공급하게 되면 소비자들은 그 회사의 제품을 구입할 수도 있고 다른 회사의 제품을 구매할 수도 있게 되어 구매선택권은 확대된다. 따라서 소비자의 교섭력이 증가할수록 기업의 제품에 대한 지속적인 구매력이 감소하거나 가격이 낮아지게 되어 수익률은 저하된다.

(3) 공급자와의 교섭력

대부분의 사업은 공급자와의 공급사슬 속에서 이루어지게 된다. 기업이 제품이나 서비스를 생산하기 위해서 자원을 제공받아야 한다. 이 때 공급자들은 값을 인상할 수도 있고 질 나쁜 원재료나 서비스를 공급할 수도 있다. 따라서 공급자의 교섭력이 강하면 수익률은 감소한다.

특히 공급자의 가격인상을 소비자에게 전가시킬 수 없는 경우에는 더욱 그러하게 된다. 예를 들면, 공급자 교섭력에 영향을 주는 요인으로 공급자에 대한 구매자의 상대적 크기, 공급자가 제품 및 비용구조에 대한 자세한 정보의 소유 여부, 구매자의 공급선을 바꾸는데 발생하는 비용 등이 있다.

(4) 시장 진입 용이성

만일 어느 산업의 수익률이 상당히 높거나, 그 산업이 정말 유망한 산업이라고 할 때, 모든 기업들은 그 산업에 진입하고 싶어 할 것이다. 그러나 막대한 이익을 얻는다고 해서 모든 기업들이 반도체 시장에 진입할 수 있는 것은 아니다. 모든 산업들이 자유롭게 진입할 수 있다면 산업의 높은 수익률은 진입자들과 경쟁에 의해 점차 낮아지게 될 것이다. 또한 실제 적으로 진입이 일어나지 않는다고 하더라도 만일 다른 기업들이 언제든지 그 산업에 뛰어들 준비가 되어 있다면, 그 산업에 있는 기존기업들은 잠재적 경쟁자가 진입할 수 있다는 위협 때문에, 가격을 높게 받지 못하게 된다.

기존기업들이 신규진입기업에 비해 가지는 우위를 진입장벽(entry barrier)이라고 한다. 즉 진입장벽이란 신규진입기업들이 기존기업들에 대해 부담하는 상대적인 불리함이다. 새롭게 시장에 진입하고자 할 때 이를 어렵게 하는 요소들로는 규모의 경제(economic of scale), 제품차별화, 자본소요액, 규모와 관계없는 비용의 불리, 유통채널에의 접근, 정부정책을 들 수 있다.

(5) 대체산업의 전망

기술향상과 경제효율이 확보되면 기업은 기존 제품에 대한 대체품을 내놓을 수 있다. 산업 내에서 대체품이 많아지면 기업은 교섭력을 상실하여 높은 가격을 받을 수 있는 가능성이 줄어들기 때문에, 수익률이 낮아진다. 예를 들면, 버스, 택시, 지하철 중에서 버스의 가격이 올라가면 택시나 지하철로 사람들이 몰리듯이 대체재가 많으면 많을수록 기업들이 자신의 제품이나 서비스에 높은 가격을 받을 수 있는 가능성은 줄어든다. 또한 대체재가 그 산업의 가격 결정에 영향을 미치는 정도는 소비자들이 쉽게 대체재로 옮겨갈 수 있는가 하는 문제와 대체재가 가진 유용성 이라는 문제로 측정한다.

산업구조분석모형은 요약하면 산업의 구조가 그 산업 안에 있는 기업들의 경쟁방식을 결정하고, 이러한 기업들의 행동이 산업 또는 기업의 수익률을 결정하는 요인이 된다는 것이다.

그러나 포터의 모형은 경쟁과 산업구조가 동태적으로 변한다는 사실을 충분히 구체적으로 고려하고 있지 못하다는 점에서 한계를 갖는다.

2) 사업포트폴리오모형

오늘날 기업은 다양한 제품과 서비스를 공급하는 경우가 일반적이다. 또한 기업은 다양한 영업행위를 하는 사업단위로 구성되어 있어 기업의 목표를 달성하기 위한 사업단위의 구조와 이의평가 분석이 필요하다.

경영컨설팅기업 Boston Consulting Group(BCG)에 의해 개발된 대표적 사업 포트폴리오 분석기법으로 BCG매트릭스 또는 성장-점유율 매트릭스(growth-share matrix)라고도 한다. BCG 매트릭스는 여러 사업을 수행하는 기업의 전략수립을 위한 모델이며, 현재 처해있는 상황을 파악하여 사업부서간의 자원배분 문제를 해결하는데 유용하게 이용되는 분석도구이다. 이 기법은 특정 사업단위의 매출액, 그 사업이 속한 시장의 성장률, 그리고 그 사업의 추진에 따른 현금 유입 또는 유출이라는 세 가지 측면에서 사업기회를 분석하여, 어떤 사업에 집중투자를 해야 할 것인가 하는 투자의 우선순위를 결정하게 된다.

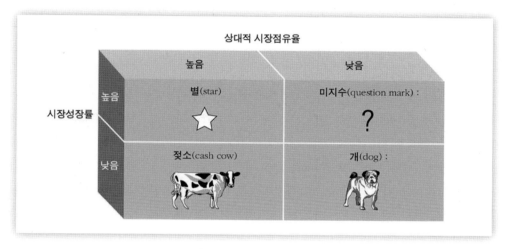

⊙ |그림 13-5| BCG 매트릭스

〈그림 13-5〉과 같이 시장매력도를 측정하는 시장성장률(market growth rate)을 수직축에, 기업경쟁력을 측정하는 상대적 시장점유율(relative market share)을 수평축에 두고 전략사업단위(strategy business unit, SBU)를 분류하는 방식이다.3) 매트릭스에 위치에 따라 점유율과 성장성이 모두 좋은 사업을 별(star), 투자에 비해 수익이 월등한 사업을 현금젖소(cash cow), 미래가 불투명한 사업을 의문표(question mark, 문제아라고도 함), 점유율과 성장률이 둘 다 낮은 사업을 개(dog)로 구분했다. BCG매트릭스 상에 해당 사업단위를 위치시키면 한 기업의 4가지 사업영역에 위치할 수 있다.

① 별

별(star, 고성장, 높은 점유율)은 고성장시장에서 높은 점유율을 얻고 있는 사업을 말한다.

---

3) 시장성장률이란 사업단위가 속한 시장의 연간 성장률, 10%를 기준으로 이상은 고성장, 이하는 저성장으로 분류한다. 또한 상대적 시장점유율이란 자사 사업 단위의 시장점유율을 시장점유율이 가장 높은 경쟁자의 시장점유율로 나눈 값이다(예: 점유율=자사 매출액/제1사 매출액).

점유율을 유지하기 위해서 많은 투자가 필요하며 성장가능성이 높은 대신 위험할 수 있다.

별에 대하여는 이윤창출보다 성장을 통한 시장점유율의 제고에 힘써야 하는데 육성 또는 유지 전략이 주가 되어야 한다.

② 현금젖소

현금젖소(cash cows, 낮은 성장, 높은 시장 점유율)는 성장이 느린 시장에서의 높은 시장점유율을 누리고 있는 사업부로 매우 안정적으로 많은 수익을 올리고 있다. 기업의 자금을 창출하는 원천이 된다. 여기서 얻은 자금을 별이나 가능성 있는 문제아에 투자하게 된다. 현금 젖소는 가능한 점유율을 유지토록 하는 전략(유지전략(hold))을 사용해야 하나 시장 성장이 낮아 앞으로 발전 가능성이 적을 때에는 비용을 줄이고 자원의 배분을 적게 해 최대의 현금을 창출케 하고(수확전략(harvest)), 서서히 철수하는 전략을 사용할 수도 있다.

③ 개

개(dogs, 낮은 성장, 낮은 시장점유율)는 저성장시장에서 낮은 점유율을 가지고 있는 사업부로 수확하거나 일시에 사업을 포기하는 철수의 대상이 된다.

④ 문제아

문제아 (question marks, 높은 성장률, 낮은 시장점유율)는 고성장시장에서 낮은 점유율을 차지하고 있는 사업을 일컫는다. 전망이 매우 불투명한 사업부로 가능성에 따라 투자를 늘리거나(구축), 철수하는 전략을 사용해야 한다. 경우에 따라서는 비용을 최소화하여 단기간의 수익을 극대화하는 수확전략을 사용할 수도 있다.

BCG 매트릭스는 다각화된 기업의 사업부를 현금창출과 현금소요의 관점에서 파악하여 사업전략의 수립에 큰 도움을 주며, 특히 재무자원의 효율적 분배방법을 제시해준다. 나아가 가장 중요한 사업단위의 우선순위를 정해 선택과 집중이라는 의사결정을 하는데 있어 유용한 분석기법이다.

반면, 성장률과 점유율이라는 두 가지 요인에 의해 사업부를 평가하는 것은 현실을 너무 단순화하였다. 기존 사업들을 측정하는 데 초점을 맞추고 있어 미래사업계획에는 큰 도움이 되지 못한다. 또한 사업단위를 정의하거나 각 사업단위에 시장점유율과 성장률을 정확히 측정하는데 많은 시간과 비용이 소모된다는 한계가 있다.

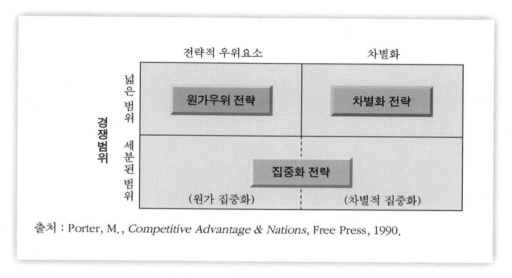

출처 : Porter, M., *Competitive Advantage & Nations*, Free Press, 1990.

◈ |그림 13-6| 본원적 경쟁우위전략

3) 본원적 경쟁우위전략모형

산업구조분석을 통하여 분석된 정보를 활용하여 해당 사업의 경쟁우위를 확보하는 전략을 수립해야 한다. 포터의 본원적 경쟁전략(generic competitive strategy)은 한 기업의 개별 사업단위가 해당 사업분야에서 지속적인 경쟁우위를 확보할 수 있도록 하는 전략이다. 〈그림 13-6〉에서와 같이 본원적 경쟁전략은 원가우위(저가)전략, 차별화전략, 집중화전략의 세 가지가 있다. 이러한 전략은 개별 사업단위가 어떤 시장을 상대로 어떤 경쟁우위를 확보하는데 목표를 두느냐 하는 기준에서 분류한다.

본원적 경쟁전략은 경쟁우위와 경쟁범위의 차원에서 전략을 정의하고 있다. 경쟁우위란 고객에게 아주 저렴한 값의 제품을 판매하거나, 값은 높지만 차별적인 제품을 판매함으로써 확보할 수 있다. 또한 경쟁범위란 기업이 목표로 하고 있는 시장의 넓이를 말하는 것으로, 어떤 기업은 매우 폭넓은 시장을 겨냥하지만 어떤 기업은 상대적으로 좁은 시장의 일부분을 겨냥하기도 한다.

(1) 원가우위 전략

원가우위 전략(cost leadership strategy)은 동일한 품질의 제품을 경쟁사 보다 낮은 비용으로 생산하여 저렴하게 판매하는 것이다. 원가우위전략에 성공하기 위해서 기업은 시설이용률을 최대화하고, 규모의 경제를 실현하고, 기술향상을 애용하고, 경험 많은 작업자들을 채용함으로써 원가를 최소화할 수 있다.

(2) 차별화 전략

차별화 전략(differentiation strategy)은 경쟁사들이 모방하기 힘든 제품이나 서비스를 만들어 제공함으로써 경쟁우위를 확보하려는 전략이다. 차별화의 특성은 고품질, 월등한 고객서비스, 시장에의 제품출하 속도, 혁신적 디자인, 기술적 성능, 선풍적인 상표 이미지 등이다.

차별화 전략은 사업비용의 증대를 초래하지만 높은 매출액을 기대할 수 있다. 차별화 전략 추진과정에서 여러 개의 세분시장에 접근하기 위한 각각의 마케팅 전략을 구사하게 되므로 마케팅 믹스가 복잡해지고 비용이 과다하게 소요되는 우려가 있지만, 소비자의 인식과 제품이미지가 강화되어 소비자의 제품에 대한 로열티를 제고시킬 수 있는 장점도 있다.

(3) 집중화 전략

집중화 전략(focus strategy)은 자원이 제한되어 있는 중소기업이 많이 사용하는 마케팅 전략으로 큰 시장에서 낮은 점유율을 추구하기 보다는 한 개 혹은 소수의 하위 세분시장에서 높은 점유율을 추구하여 확보하는 전략이다. 시장 세분화는 지리적으로, 고객의 형태별로, 제품라인의 분야별로 이루어진다. 집중화 전략은 해당 기업이 추구하는 세분시장 상황이 악화되거나 고객의 니즈(needs)가 변할 수 있으므로 일정 부분의 위험을 수반하게 되지만, 자사의 경쟁우위를 확실히 파악·계발하여 특정 세분 니치 시장에서 마케팅을 집중하면 한정된 자원으로 효과적인 성과를 만들어 낼 수도 있는 것이다.

단원핵심문제

01 다음 중 경영전략과 경영전술을 비교하여 설명한 것으로 가장 올바르지 않은 것은?

① 경영전략은 최고경영층에 의해 주도되며, 경영전술은 중 · 하위 경영층에 의해 이루어진다.

② 경영전략은 비교적 불확실성이 크나, 경영전술은 부확실성이 작다.

③ 경영전략은 비구조적 성격을 갖으나, 경영전술은 구조적이고 반복적 성격을 갖는다.

④ 경영전략은 요구정보가 비교적 적으나, 경영전술은 요구정보가 비교적 많으며 장기적이다.

02 다음 중 전략 대안 수립을 위한 SWOT 분석의 영문 약자가 잘못된 것은?

① S : Strength   ② W : Weakness

③ O : Opportunity   ④ T : Territory

03 SWOT 분석법은 조직 내부의 강정과 약정을 조직외부의 기회와 위협 요인과 대응시켜 전략을 개발하는 기법이다. SWOT분석에서 외부에 기회가 있다고 판단할 수 있는 근거의 예시 중 가장 거리가 먼 것은?

① 회사에 대한 고객의 높은 충성도

② 경제호황

③ 약해진 경쟁자

④ 새로운 기술의 출현

04 Michael Porter가 제시한 해당 업계의 경쟁상황을 좌우하는 '5가지 경쟁요인'으로 올바르게 묶인 것은?

① 신규 진입자 - 판매자 - 구매자 - 대체품 업자 - 기존 경쟁자
② 문화적 배경 - 판매자 - 구매자 - 대체품 업자 - 기존 경쟁자
③ 신규 진입자 - 판매자 - 기술 혁신 - 대체품 업자 - 기존 경쟁자
④ 신규 진입자 - 트랜드 변화 - 구매자 - 대체품 업자 - 기존 경쟁자

05 대기업이 주로 생산, 판매기술 혹은 자본 및 경영관리상의 이해관계를 통하여 중소기업과 상호 유대관계를 맺는 기업집단의 경영전략은?

① 기업의 계열화
② 기업 다각화
③ 기업 집중
④ 기업 합병

06 기업의 다각화 전략에 대한 설명 중 가장 거리가 먼 것은?

① 제품의 라이프사이클이 존재하기 때문에 기업은 다양한 제품을 만들거나 다른 산업으로 사업을 확장시켜 일정한 매출을 유지한다.
② 기업이 다각화를 시도할 때에는 기존 사업 분야와 어우러져 시너지 효과를 만들어낼 만한 사업 분야에 뛰어드는 것이 좋다.
③ 기업이 다각화를 전개할 때는 시간을 단축하거나 비용절감을 위해 진출하려는 사업 분야를 다른 기업에게서 매수하거나 다른 기업 자체를 합병하기도 한다.
④ 기존제품을 현재 시장에 더 많이 팔려는 전략이 한계에 도달하면 기업은 기존 제품을 새로운 시장(예를 들면 외국 시장)에 팔려는 다각화 전략을 전개한다.

07 특정 산업내에서의 경쟁의 정도(강도)에 관한 설명 중 가장 올바른 것은?

① 경쟁기업의 수가 적더라도 시장점유율이 상이한 경우, 규모와 영업방식이 상이한 경우 경쟁이 치열하다.

② 산업성장률이 높을 경우 경쟁이 치열한 반면, 성장률이 낮은 산업에서는 상대적으로 경쟁강도가 약하다.

③ 진입장벽이 낮은 산업일수록 경쟁이 치열하다.

④ 대체재가 적은 제품이나 서비스는 상대적으로 경쟁이 치열하다.

08 소아과의 경우 일반내과 진료외에 청소년 비만 환자를 대상으로 하는 '비만클리닉' 이나 신체 및 정신발달 상태를 점검·진단해주는 '성장 클리닉'을 새로이 운영하는 병원이 많아지고 있다. 이러한 병원들의 사업전략과 가장 어울리는 전략은?

① 집중화 전략

② 다각화 전략

③ 수직적 통합 전략

④ 다운사이징

09 다음 중 생산과 판매의 규모를 키움으로써 얻을 수 있는 이점과 가장 거리가 먼 것은?

① 개당 생산 원가를 줄일 수 있다.

② 시장 지배력을 키울 수 있다.

③ 원재료 구입 시의 협상력을 키울 수 있다.

④ 다품목 소량생산이 용이해진다.

 Answer　　1. ④　2. ④　3. ①　4. ①　5. ①　6. ④　7. ③　8. ②　9. ④

Part 4

시사
경제

①

실생활 중심 경제 및 시사·경제·금융 용어

Understanding of Business

실생활 중심 경제 및 시사·경제·금융 용어

공연보상청구권

공연보상청구권은 음악저작권을 보호하는 제도의 하나로 식당이나 카페 등 일반인들이 출입하는 공공장소에서 음악을 틀 경우 이 행위를 공연으로 간주하여 저작자, 실연자, 음반제작자 등 저작권자 및 저작인접권자에게 일정한 보상을 해주는 제도이다. 우리나라는 2009년 개정된 저작권법부터 판매용 음반을 사용하여 공연하는 경우, 음반을 사용하는 방송사업자나 디지털음성송신사업자와 같이 실연자와 음반제작자에게 보상금을 지급하도록 규정하고 있다(저작권법 제76조의2, 제83조의2)

모기지론 및 역모기지론

모기지론(mortgage loan)은 금융거래에서 부동산을 담보로 하는 저당증권을 발행하여 장기주택자금을 대출해주는 제도를 가리키는 말이다. 즉, 모기지론은 해당 주택을 담보로 맡기고 돈을 대출한 후 원금과 이자를 갚는 제도이며, 원금과 이자를 다 갚아야 주택을 소유하게 된다.

역모기지론(reverse mortgage loan)은 주택을 금융기관에 담보로 맡기고 연금형태로 대출을 받아서 노후생활을 하고 사망 후에 해당 주택을 금융기관에서 넘겨받아 처분하여 그 동안의 대출금 및 이자를 상환받는 제도이며, 모기지론을 거꾸로 활용한다고 하여 역모기지론이라 한다.

근로소득 간이세액표

근로소득 간이세액표란 고용주가 매월 근로소득을 지급할 때 적용하는 세액표로 소득

세법 시행령에서 규정하고 있다. 간이세액표는 세무 당국의 편의에 따라 근로소득공제, 기본공제, 다자녀추가공제, 연금보험료공제, 근로소득세액공제 등 비교적 쉽게 계량화할 수 있는 것들만 급여수준 별로 반영하여 평균치를 계산한 것으로, 개인별 상황과 교육비 · 의료비 · 기부금 · 주택자금 등의 특별공제는 적용되지 않은 것이다. 따라서 연말정산을 통하여 정확히 계산한 뒤 원천징수한 세액이 실제 세부담보다 적은 경우에는 차액을 추가로 징수하고, 많은 경우에는 환급한다.

리스

리스(lease)제도란 리스회사가 특정물건의 소유권을 확보하면서 리스이용자에게 일정기간 그 물건의 사용을 인정하는 제도이다. 기업회계기준이나 세법에서는 리스를 운용리스와 금융리스로 분류한다. 운용리스(operating lease)는 임차인이 임차자산을 필요한기간 동안에만 이용하고 리스회사에 반환하는 비교적 단기간의 리스계약으로 유지관리 비용과 책임을 임대인이 부담하며, 계약기간 만료 이전이라도 임차인의 희망에 따라 언제라도 중도 해약할 수 있다. 금융리스(finance lease)는 리스자산의 소유에 따른 대부분의 위험과 효익이 리스이용자에게 이전되는 리스계약으로 리스자산의 소유권이 임차인에게 이전됨에 따라 임차인이 임차자산의 유지보수에 관한 책임을 지며, 중도해약이 금지되어 있다.

SOHO(Small Office Home Office)

컴퓨터와 인터넷 등 정보통신의 발달로 가능하게 된 자택과 소규모 사무실에서의 근무 또는 그 사업장소. 인터넷의 급속한 보급과 정보통신 기술의 발달로 인해 출근하지 않고 전자우편과 데이터베이스 등 컴퓨터 통신망만을 이용하고도 충분히 일을 할 수 있는 직종이 늘어났다. 소호는 미국에서 생겨 발전한 근무 형태로, 최근 한국에서도 기혼 여성과 장애자 또는 독립된 벤처 기업을 운영하는 사람 등을 중심으로 증가 추세에 있다.

가상화폐

실제 시장에서 사용되는 실물 화폐가 아니라 가상공간에서만 사용할 수 있는 화폐. 전자 상거래 업체나 온라인 콘텐츠 제공 업체가 이용자에게 마일리지 형태로 제공하기도 한다.

팝콘브레인

팝콘 브레인(popcorn brain)은 첨단 디지털 기기를 지나치게 많이 사용하여 팝콘처럼 곧바로 튀어 오르는 것에만 반응할 뿐 다른 사람의 감정이나 느리게 바뀌는 진짜 현실에는 무감각해지는 현상을 말한다. 컴퓨터나 스마트폰 등과 같은 첨단 디지털 기기가 급속히 보급되고 언제 어디서나 이 기기를 쓸 수 있게 되면서 생기는 현상으로, 스마트폰의 폐해의 하나로 지목된다.

유비쿼터스

유비쿼터스(Ubiquitous)는 '언제 어디서나 존재한다.'는 뜻의 라틴어로, 사용자가 컴퓨터나 네트워크를 의식하지 않고 시간과 장소에 상관없이 자유롭게 네트워크에 접속할 수 있는 환경을 말한다. 유비쿼터스는 유비쿼터스 컴퓨팅에서 출발하여 유비쿼터스 네트워크로 그 개념이 확장되고 있다. 즉, 유비쿼터스 세계는 컴퓨터에서 휴대전화, MP 재킷, 이러닝(강의 수강), 안경형 디스플레이, 손목 시계, 두루마리 디스플레이 등으로 확대되고 있다.

블랙 스완·블랙 먼데이·블랙 프라이데이·블랙 마켓

• 블랙 스완(Black swan)이란 원래의 뜻은 실제로 일어날 수 없는 것을 의미하는 말이었지만, 18세기 호주에서 검은 백조가 실제 발견된 이후로 관찰과 경험에 의존한 예측을 벗어나 예기치 못한 극단적 상황이 일어나는 일을 뜻하는 용어로 의미가 변경

되어 사용되고 있다.

- 블랙 먼데이(Black Monday) : 월요일 증시가 대폭락을 맞이할 경우를 지칭한다.

- 블랙 프라이데이(Black Friday) : 미국에서 최대 규모의 쇼핑이 이뤄진다고 하는 날을 말한다. 11월 마지막 목요일인 추수감사절 다음날로서, 전통적으로 연말 쇼핑시즌을 알리는 시점이자 연중 최대의 쇼핑이 이뤄지는 날이다. '검다'는 표현은 상점들이 이날 연중 처음으로 장부에 적자(red ink) 대신 흑자(black ink)를 기재한다는 데서 연유한다. 전국적으로 크리스마스 세일에 들어가는 공식적인 날이기도 해서 관련업계에선 이날 매출액으로 연말 매출 추이를 점친다.

- 블랙 마켓(black market : 상품이 정상가격보다 비싼, 또는 싼 가격으로 거래되는 음성적인 시장이다. 즉, 불법적인 거래가 이루어지는 비합법적인 시장으로 암시장라고도 한다.

브랙시트

브렉시트(Brexit)란 영국의 유럽연합(EU) 탈퇴를 뜻하는 '브렉시트'가 2016년 6월23일 국민투표를 통해 결정됐다. 이로써 영국은 처음으로 EU 탈퇴를 결정한 나라가 됐다. 영국이 EU를 탈퇴하기 위해서는, EU의 헌법이라고 불리는 리스본조약에 따라 영국 정부가 EU 집행위원회에 탈퇴 의사를 공식 통지하고 EU 회원국들과 탈퇴협상을 진행해야 한다. 그런 한편, 국민투표 이후 '브렉시트를 후회한다'는 뜻의 신조어인 '리그렉시트'란 말이 영국 국민들 사이에 퍼지면서 재투표를 주장하는 목소리가 확산됐다. 이에 따라 영국의 EU 탈퇴와 관련해 향후 추이가 주목된다. 2008년 금융위기 이후 영국인들 사이에서는 영국의 EU 재정분담금 부담이 큰 데 비해 혜택이 적은 데다, EU의 과도한 규제로 영국의 성장이 발목 잡혀있다는 'EU 회의론'이 확산됐다. 여기에 늘어난 난민과 이주민들에 대한 복지지출 등 재정부담이 가중됐고, 이주민들이 영국인의 일자리 경쟁자라는 인식이 퍼져 EU의 난민 포용정책에 대한 비판적 인식 또한 확산됐다. 이 같은 과정을 통해 브렉시트 국민투표가 실시됐다.

크라우드펀딩

크라우드펀딩(Crowd funding)은 군중을 뜻하는 영어 단어 '크라우드'와 재원 마련을 뜻하는 '펀딩'이 합쳐진 단어다. 즉, 여러 사람에게 자금을 마련한다는 뜻을 품는다. 때론 소셜펀딩으로 불리기도 한다. 영어로는 '크라우드 펀드', '크라우드 파이낸싱'(군중 자금 조달) 등과 같은 비슷한 단어가 있다. 이 단어들은 공통적으로 개인이나 기업, 단체가 자금을 여러 사람에게서 마련한다는 뜻을 담고 있다.

빅데이터

빅데이터(big data)란 디지털 환경에서 생성되는 데이터로 그 규모가 방대하고, 생성 주기도 짧고, 형태도 수치 데이터뿐 아니라 문자와 영상 데이터를 포함하는 대규모 데이터를 말한다. 빅데이터 환경은 과거에 비해 데이터의 양이 폭증했다는 점과 함께 데이터의 종류도 다양해져 사람들의 행동은 물론 위치정보와 SNS를 통해 생각과 의견까지 분석하고 예측할 수 있다.

4차 산업혁명

4차 산업혁명(4IR, fourth industrial revolution)이란 인공지능기술 및 사물인터넷, 빅데이터 등 정보통신기술(ICT)과의 융합을 통해 생산성이 급격히 향상되고 제품과 서비스가 지능화되면서 경제 · 사회 전반에 혁신적인 변화가 나타나는 것을 의미한다.

4차 산업혁명은 다양한 제품 · 서비스가 네트워크와 연결되는 초연결성과 사물이 지능화되는 초지능성이 특징이며, 인공지능기술과 정보통신기술이 3D 프린팅, 무인 운송수단, 로봇공학, 나노기술 등 여러 분야의 혁신적인 기술들과 융합함으로써 더 넓은 범위에 더 빠른 속도로 변화를 초래할 것으로 전망된다.

통화스와프

통화 스와프(currency swap)는 자국의 통화를 맡겨두고, 달러와 같이 상대적으로 안정적인 통화를 사용하는 국가의 통화를 빌려와서 외환시세의 안정을 도모하는 외환거래이다. 통화 스와프는 두 나라의 중앙은행이 계약의 주체가 된다.

일반적으로 통화 스와프의 계약기간은 3~6개월인 경우가 많다. 통화 스와프 계약이 체결되면 계약기간 동안에는 언제라도 계약한도 금액 이내에서 상대국의 통화를 계약 당시의 환율로 가져다 쓸 수 있기 때문에 시세 변동에 따른 위험성을 줄일 수 있다. 다만, 외환을 더 필요로 하는 국가의 통화가 일반적으로 저평가되는 불이익을 감수해야 한다. 하지만 통화 스와프는 일시적으로 외환수요가 증가하거나 외환보유고가 감소할 때 부족한 외환을 안정적으로 조달할 수 있다는 장점 때문에 2008년 글로벌 경제위기 이후 중요성이 부각되었다.

더블딥

더블딥(double dip)은 경기 침체 후 잠시 회복기를 보이다 다시 침체에 빠지는 이중침체 현상이 알파벳 W자형과 비슷하다고 해서 붙여진 이름(2분기 연속 마이너스 성장 직후 잠시 회복 기미를 보이다가 다시 2분기 연속 마이너스 성장으로 추락하는 것).

GDP, GNP, GNI

우리나라 경제성장지표로 GDP를 사용하는 이유는 최근 수십 년 간 전세계경제가 국제화되면서 노동이나 자본의 국가 간 이동이 크게 늘고 있기 때문이다.

- GDP(Gross Domestic Product, **국내총생산**): 외국인이든 우리나라 사람이든 국적을 불문하고 우리나라 국경내에 이루어진 생산활동을 모두 포함하는 개념이다. 즉, 국내총생산(GDP)은 한 나라의 영역 내에서 가계, 기업, 정부 등 모든 경제 주체가 일정 기간동안 생산활동에 참여하여 창출한 부가가치 또는 최종 생산물을 시장가격으로 평가한 합계로서 여기에는 국내에 거주하는 비거주자(외국인)에게 지불되는 소득과

국내 거주자가 외국에 용역을 제공함으로써 수취한 소득이 포함된다. 국내총생산 (GDP)은 현재 경제성장률 등 생산의 중심지표로 사용되고 있다.

- **GNP**(Gross national Product, **국민총생산**): 한나라의 국민이 생산한 것을 모두 합한 금액으로, 우리나라 국민이 외국에 진출해서 생산한 것도 GNP에 모두 잡히게 된다. 따라서 GNP는 장소를 불문하고 우리나라 사람의 총생산을 나타내는 개념이다.

- **GNI**(Gross National Income, **국민총소득**): 국민총소득(GNI)은 가계, 기업, 정부 등 한 나라의 모든 경제주체가 일정기간에 생산한 총 부가가치를 시장가격으로 평가하여 합산한 소득지표이다. 즉, 국민총소득(GNI)은 한 나라의 국민이 생산활동에 참여한 대가로 받은 소득의 합계로서, 해외로부터 국민(거주자)이 받은 소득(국외수취요소 소득)은 포함되고 국내총생산중에서 외국인에게 지급한 소득(국외지급 요소소득)은 제외된다.

대체재와 보완재

대체재(substitute goods)란 쌀과 빵, 고기와 생선, 쇠고기와 돼지고기와 같이 서로 대신해서 사용가능한 재화를 뜻하며, 서로 경쟁하는 성격을 띠고 있다하며 '경쟁재'라고도 한다. 대체재의 특징은 어느 한쪽 재화의 가격이 오르면 다른 쪽 재화의 수요가 늘어나는 특성이 있으며, 이때 효용이 좀 더 큰 쪽을 상급재 반대로 작은 쪽을 하급재라고 한다.

한편, 보완재(complementary goods)란 2가지 이상의 재화를 같이 사용해서 하나의 효용을 얻을 수 있을 때 사용하는 단어로 '바늘과 실'과 같은 관계라고 생각하면 된다. 예를 들면, 자동차와 휘발유, 커피와 설탕, 펜과 잉크 등과 같이 서로를 보완하는 관계에 있는 재화를 보완재라고 한다. 따라서 보완재는 어느 한쪽 재화의 수요가 증가하면 다른 한쪽의 재화도 같이 수요가 동시에 증가하는 성격을 띠게 된다.

연결납세제도

연결납세제도(consolidated tax return)란 법률적으로는 독립돼 있지만 경제적 또는 실질적으로 결합되어 있는 기업집단을 경제적 동일체로 간주해 법인세를 부과하는 제도. 개별 신고에 의한 납세제도 아래에서는 만약 관련회사 중 결손회사가 생길 경우, 그 기업의 결손액이 아무리 커도 해당기업의 납세액만 안 내게 되고 나머지 이익을 낸 기업들은 개별적으로 납세해야 한다. 그러나 연결납세제도를 채택하면 그룹 전체의 합산된 이익금에 대해 과세되기 때문에 관련회사 전체의 이익금이 감소되고 납세액은 개별신고 납세제도 아래에서의 합계납세액에 비해 작아진다.

한계효용체감의 법칙

한계효용(marginal utility)은 재화나 용역이 증가 혹은 감소함에 따라 주관적으로 매겨지는 경제적 효용(혹은 가치)의 관계에 대한 개념이다. 한계효용 체감의 법칙(law of diminishing marginal utility)은 어떤 사람이 동일한 재화나 서비스를 소비함에 따라 느끼는 주관적인 만족도(혹은 필요도)가 점차 감소한다는 것이다. 예를 들어 갈증이 있는 사람이 물을 마실 때 첫 모금에서 느끼는 만족 즉 효용은 가장 크고 마실수록 점차 감소하게 된다.

매몰원가

매몰원가(sun cost)란 과거의 의사결정에 의해서 이미 발생된 역사적원가로서, 현재 또는 미래의 의사결정을 하는데 아무런 영향도 미치지 못하는 비관련원가이다. 예를 들면 설비자산을 교체를 검토하고 있는 경우, 구 설비자산의 취득원가는 새로운 설비자산의 취득에 따른 의사결정을 하는데 아무런 영향을 미치지 않는 비관련원가이다.

분식회계

분식회계(window dressing settlement)는 기업이 고의로 자산이나 이익 등을 크게 부풀리고 부채를 적게 계상함으로써 재무상태나 경영성과, 그리고 재무상태의 변동을 고의로 조작하는 것을 의미한다. 예를 들어 100원의 재고자산을 갖고 있는데 1만원으로 보고하고, 주식투자를 해서 손실이 났는데도 원래 취득한 가격으로 보고하는 것 등이다.

이렇게 분식회계를 통해 그 기업의 가치가 실제보다 부풀려졌음에도 가치를 믿고 투자를 했다가 투자자들은 손해를 보게 된다.

분식회계가 일어나는 이유는 우선 자금 차입이 쉬워질 뿐만 아니라 금융비용을 절감할 수 있기 때문이다. 자본시장에서 자금을 차입할 때 매출액이 크고, 순이익이 높으면 우량 기업으로 인정되어 차입 자금에 대해 지불해야 하는 금리가 낮아진다. 또한 주식시장에서는 반기, 분기 재무제표를 공시할 때, 순이익이 높으면 주가가 그만큼 높게 형성된다. 따라서 자금 차입 비용을 절감하고, 주가를 높이기 위해서 분식회계가 이루어진다.

주식공매도

금융시장의 안정화를 위해 최근 각국이 적정 수준에서 규제하는 조치 중 하나로 보유하지 않은 주식을 빌려 미리 판 다음 판매 가격보다 싼 값에 해당 주식을 되사서 시세차익을 챙기는 매매기법을 말한다. 공매도(short selling)는 해당 주식을 보유하지 않은 채 매도 주문을 내는 기법으로 주로 초단기 매매차익을 노리는 데 사용된다. 예를 들어 A 기업의 주가가 현재 1만원이고 주가하락이 예상된다고 가정하자. 이때 A주식을 갖고 있지 않더라도 일단 1만원에 공매도 주문을 낸다. 그리고 실제 주가가 9천원으로 하락한다면 이때 매수해 1천원의 차익을 볼 수 있다. 주식은 주당 9천원에 산 것으로 건네주면 된다. 이처럼 공매도가 가능한 것은 주식을 사고파는 것은 하루에도 여러 번 할 수 있지만 실제 결제는 3일후에 이뤄지기 때문이다.

콜금리

콜금리(call rate)는 금융기관 간에 영업활동 과정에서 남거나 모자라는 자금을 30일 이내의 초단기로 빌려주고 받는 경우에 적용되는 금리를 말한다. 금융기관들도 예금을 받고 기업에 대출을 해주는 등 영업활동을 하다 보면 자금이 남을 수도 있고 급하게 필요한 경우도 생기게 된다. 이러한 금융기관 상호간에 과부족 자금을 거래하는 시장이 바로 콜 시장이다. 콜 시장은 금융시장 전체의 자금흐름을 비교적 민감하게 반영하는 곳이기 때문에 이곳에서 결정되는 금리를 통상 단기 실세금리지표로 활용하고 있다.

현물거래와 선물거래

현물거래(現物去來)란 현실로 존재하는 상품의 매매를 목적으로 이루어지는 거래로 실물거래 혹은 직물거래라고도 한다. 반면, 선물거래(futures trading)란 장래 일정 시점에 미리 정한 가격으로 매매할 것을 현재 시점에서 약정하는 거래로, 미래의 가치를 사고파는 것이다. 선물의 가치가 현물시장에서 운용되는 기초자산(채권, 외환, 주식 등)의 가격변동에 따라 파생적으로 결정되는 파생상품(derivatives) 거래의 일종이다.

주가지수

- 다우지수(Dow index): 뉴욕의 다우존스가 매일 발표하는 뉴욕 주식시장 평균 주가이다. 다우지수는 미국 증권시장에서 가장 전통 있고 널리 사용되는 주가지수다. 미국 기업 경제를 대변하는 대표적 지수 중 하나로 우리나라뿐 아니라 세계 경제와 주식시장에 큰 영향을 미치는 지수다.

- 나스닥지수(NASDAQ): 나스닥시장의 종합 주가지수로 성장 가능성은 높으나 뉴욕증권거래소에 상장하기에는 다소 미흡한 중소기업들이 주식을 거래하는 장소로 이용되다가 현재는 MS 애플 인텔 등 첨단기술주가 주가 되는 주식시장을 말한다. 우리나라 코스닥(KOSDAQ)시장도 이 나스닥시장의 특징을 이용해 만들어진 주식시장이다.

- 단칸지수(TanKan index): 일본 기업의 경기 체감 지수로 일본 전역 기업을 대상으로 앞으로의 매출, 실적, 투자, 공용 등에 대한 전망을 분기별로 조사해 수치화한 것을 말한다. '단칸(TanKan, 短觀)'은 일본 은행이 경기 상황과 전망에 대해서 조사 기업들에게 직접 설문 조사하는 '전국 기업 단기경제 관측조사', 즉 단기관측의 줄임 말이다. 한국의 기업경기실사지수 BSI와 비슷하다.

코픽스

코픽스(cost of fund index, COFIX)란 은행의 자본조달 비용을 반영한 주택담보대출 기준금리로 2010년 2월부터 도입됐다. 이 지수는 은행연합회가 매달 한 번씩 9개 시중은행 (농협, 신한, 우리, SC제일, 하나, 기업, 국민, 외환, 한국씨티)으로부터 정기예금, 정기적금, 상호부금, 주택부금, CD, 환매조건부채권, 표지어음, 금융채 등 자본조달 상품관련 비용을 취합해 산출한다. 코픽스가 도입된 건 기존에 주택담보대출의 기준금리 역할을 했던 양도성예금증서(CD) 금리가 시장의 실제 금리를 제대로 반영하지 못하고 있다는 비판 때문이었다.

기업어음

기업어음(commercial paper, CP)은 기업이 단기 운용자금을 조달할 목적으로 발행하는 융통어음이다. 보통 신용도가 높은 기업이 무담보 단기어음으로 금융기관을 통해 기업어음을 발행하게 되며 금융기관은 다시 일반고객들을 상대로 판매하게 된다. 상거래에 수반되어 거래상대방에게 발행되는 약속어음인 상업어음(commercial bill)과 달리, 증권사에서 일반인에게 예금계좌 방식으로 판매하는 약속어음이다.

양도성예금증서

양도성예금증서(certificate of deposit, CD)는 제3자에게 양도가 가능한 정기예금증서를 말하며, 보통 CD라고 많이 불린다. 기간은 30일 이상으로 1년이 넘는 것도 있으나 대개는 90~180일이다. 양도성예금의 경우 중도에 해지가 불가능하며 만기일에 양도성예금증서를 은행에 제시하면 누구나 예금인출이 가능하다. 즉, 양도성 예금증서란 예금통장과는 달리 통장에 이름을 쓰지 않은 것이 보통이며, 보통의 예금과는 달리 통장대신에 쪽지를 준다. 무기명으로 이름이 없으니 누구에게나 팔 수 있고, 간혹 돈세탁 수단으로 활용되기도 하여 뇌물사건에서는 양도성예금증서라는 말이 자주 등장한다.

MMF

단기투자신탁(money market fund, MMF)이란 가입 금액이나 만기가 정해져 있지 않고 하루 뒤 되찾아도 환매수수료가 붙지 않는 수시입출금식 펀드를 말한다. 양도성예금증서(CD)나 기업어음(CP) 등 단기 금융상품에 투자해 예금이자 수준의 수익을 제공하기에 수시로 현금화가 필요하거나 당장 투자할 곳을 찾지 못했을 때 돈을 맡기는 창구로 활용된다. 고수익상품에 운용하기 때문에 다른 종류보다 돌아오는 수익이 높은 게 보통이다.

단원핵심문제

01 다음 중 "음악과 관련된 지적재산권(IPR) 보호 제도로 음식점·카페 등 공공장소에서 음반을 틀 경우 저작권자인 작사·작곡가뿐만 아니라 공연가수, 음반제작자에게도 보상을 해주는 제도" 에 해당되는 시사경제 용어는?

① 연결납세제도(Consolidated tax return)

② 공연보상청구권

③ 추급권

④ 제로잉(ZEROING)

02 주택을 담보로 하여 금융기관으로부터 일정기간 일정금액을 연금식으로 지급받는 장기주택저당대출제도는 다음 중 무엇인가?

① 역모기지론(reverse mortgage loan)

② 모기지론(mortgage loan)

③ 머니마켓펀드(MMF)

④ 하드론(hard loan)

03 고용주가 매월 근로소득을 지급할 때 적용하는 것으로, 월급여 및 부양가족에 따른 소득세 원천징수 금액을 지정해 놓은 것과 관련된 용어로 가장 적절한 것은?

① 근로소득 원천징수 지급조서　② 근로소득 간이세액표

③ 연말정산 간소화서비스　④ 표준근로계약서

04 다음은 무엇을 설명한 것인지, 가장 적합한 용어는 무엇인가?

> 인공지능, 사물인터넷, 빅데이터 모바일 등 첨단 통신 기술이 경제, 사회 전반에 융합되어 혁신적인 변화가 나타나는 차세대 산업혁명이다. 인공지능, 사물인터넷, 클라우드 컴퓨팅 등 지능 정보기술이 기존산업과 서비스에 융합되어 신기술과 결합되어 실세계 모든 제품 서비스를 네트워크로 연결하고 사물을 지능화한다.

① 정보지능혁명   ② 4차 산업혁명
③ 네트워크 혁명   ④ 모바일 혁명

05 다음 중 리스(lease)에 관한 설명으로 틀린 것은?

① 리스는 기계, 설비 등 유형자산을 직접 구입하지 않고 1년 이상의 일정기간 동안 리스료를 지급하고 특정 자산을 이용하는 수단이다.
② 거액을 들이지 않고도 기업이 필요로 하는 비유동자산의 구입이 가능하여 일종의 단기적인 자금조달 수단이다.
③ 비유동자산 소유에 따르는 위험(노후화. 진부화)을 회피할 수 있다.
④ 리스료는 기업에서 비용 처리되어 법인세 절약효과가 발생한다.

06 다음의 내용을 읽고 괄호에 들어갈 용어로 가장 적합한 것은?

> (   )을 실생활에 응용한 예를 보자. 뷔페식당은 다양한 음식을 갖추어 놓고 일정한 식사비만 내면 얼마든지 먹게 한다. 어떻게 그런 무모한 마케팅 전략을 세울 수 있는가? 이는 (   )이 성립되기 때문이다.

① 무차별곡선 법칙   ② 총효용의 법칙
③ 수요균등의 법칙   ④ 한계효용체감의 법칙

07 아래와 같은 장면은 다음 어떤 정보기술에 대한 설명인가?

> 〈출근한 김씨는 미국 영국 현지법인 관계자들과 화상회의를 마친 후 웹 패드로 아버지께 생신축하 영상 메시지를 보내고 생일케이크를 원격 주문한다. 정원을 가꾸고 있던 김씨 아버지는 손목시계에서 아들이 보낸 생일축하 메시지를 받고 다소 흥분한다. 아버지가 화분을 옮기려고 하자 손목에 차고 있던 팔찌 단말기 화면에서 담당의사가 현재 혈압수치를 알려주며 무거운 물건은 되도록 이면 나르지 말 것을 권한다.... (중략)〉

① 가상 인트라넷   ② 나노 테크놀로지
③ 사이버 파티   ④ 유비쿼터스

08 ( )에 들어갈 수 있는 가장 적절한 용어는 무엇인가?

> 최근 중국 증시 급락세와 중국 경기 둔화는 글로벌 금융시장에서 ( )(으)로 부상하고 있다. ( )은(는) 발생확률이 매우 낮지만 발생하면 시장에 큰 충격을 주는 현상을 말한다.

① 블랙스완   ② 블랙먼데이
③ 블랙마켓   ④ 블랙프라이데이

09 다음 중 브렉시트(Brexit)와 관련된 내용으로 가장 거리가 먼 것은?

① 이민정책, EU분담금 문제로 EU와 갈등
② 캐머런 총리의 EU탈퇴 국민투표
③ 하원에서 EU탈퇴 국민투표 시행법안 통과
④ 국민투표에서 채권단 긴축안 부결

10 다음에서 설명하는 시사용어로 가장 적절한 것은?

> - 대중으로부터 자금을 모은다는 뜻이다.
> - 자금이 없는 예술가나 사회활동가 등이 자신의 창작 프로젝트나 사회공익프로젝트를 인터넷에 공개하고 익명의 다수에게 투자를 받는 방식을 말한다.
> - 소셜미디어나 인터넷 등의 매체를 활용해 자금을 모으는 투자방식이다.

① 핀테크   ② 인터넷 뱅킹

③ 크라우드 펀딩   ④ 사물인터넷

11 "첨단 디지털기기에 익숙한 나머지 뇌가 현실에 무감각 또는 무기력해지는 현상"을 다음 중 무엇이라고 하는가?

① 스낵브레인   ② 팝콘브레인

③ 챗봇브레인   ④ 프레브레인

12 다음 괄호에 들어갈 가장 적합한 용어는 무엇인가?

> (   )란 "데이터가 발생되는 주기와 정보의 양 및 형식 등이 기존데이터에 비해 매우 다양하고 방대하기 때문에, 기존의 방법으로는 수집, 저장, 검색, 분석이 어려운 데이터를 말한다.
> 또한 디지털환경에서 생성되는 데이터로 규모가 방대하며 문자와 영상데이터도 포함하는 대규모 데이터를 의미한다."

① 데이터베이스 시스템(database system)   ② 2차 데이터

③ 전문가 데이터(expert data)   ④ 빅데이터(big data)

13 다음 중 통화스와프(swap)거래에 대한 설명으로 가장 바람직하지 않은 것은?

① 미래의 특정일 또는 특정기간 동안 어떤 상품 또는 금융 자산을 상대방의 상품이나 금융자산과 교환하는 거래를 말한다.

② 국가간 통화스와프협정은 두 나라가 자국통화를 상대국 통화와 맞교환하는 방식으로, 외환위기가 발생하면 자국통화를 상대국에 맡기고 외국통화를 단기 차입하는 중앙은행간 신용계약이다.

③ 이 협정을 국가간에 체결하면 어느 한쪽이 외환위기에 빠질 경우 다른 한쪽이 미 달러화등 외화를 즉각 융통해 줄 수 있다.

④ 내용상 차입이지만 돈을 맡기고 돈을 빌려오는 것이기 때문에 형식은 통화교환으로 수수료가거의 발생되지 않으며, 발생할 경우는 반드시 교환나라 간에 공동으로 부담한다.

14 다음 중 통화정책에 대한 설명으로 가장 옳은 것은?

① 경기가 활황기인 경우 이자율을 높여서 돈을 빌리는 비용을 증가시킨다.

② 통화량을 감소시키면 기업은 더 많은 돈의 사용이 가능해 지고 경제는 더 빨리 성장한다.

③ 경기가 불황기인 경우 이자율을 높여서 돈을 빌리는 비용을 증가시킨다.

④ 경제성장을 늦추고 인플레이션을 막기 위해 통화량을 증가시킨다.

15 다음은 무엇을 의미하고 있는지 가장 적절한 것은?

> 실질GDP, 소비, 투자, 고용 등 집계변수들이 장기추세선을 중심으로 상승과 하락을 반복하는 현상

① 장기불황   ② 호황국면

③ 경기변동   ④ 인플레이션

실생활 중심 경제 및 시사 · 경제 · 금융 용어

16 다음 중 실업에 대한 설명으로 가장 적절한 것은?

① 마찰적실업은 근로여건에 대한 불만족으로 직장을 그만두고 새로운 직업을 찾는 경우에 발생한다.

② 계절적실업은 경기가 나빠지거나 침체기에 빠질 때 발생 하는 실업이다.

③ 경기적실업은 노동의 질적인 차이 등으로 발생하는 실업이다.

④ 구조적실업은 농작물 재배와 같이 매년 노동의 수요가 변화 하는 경우에 발생한다.

17 다음의 수요를 결정하는 요인에 대한 설명 중, 보완재에 대한 설명으로 가장 적합한 것은?

① 커피가격이 상승하면 상대적으로 저렴해진 녹차에 대한 수요가 증가한다.

② 쌀에 대한 수요는 설탕 값이 상승하더라도 거의 변화하지 않는다.

③ 조각케이크에 대한 수요는 커피 값이 상승하면 감소한다.

④ 수박가격이 상승하면 참외에 대한 수요가 증가한다.

18 다음 중 기업어음(Commercial Paper, CP)에 대한 설명으로 가장 적절하지 않은 것은?

① 기업어음은 기업이 재화나 용역을 공급받고 상거래에 수반되어 결제수단으로 사용하는 어음으로 진성어음이라고도 한다.

② 기업어음은 기업이 단기자금을 조달하기 위해 발행하는 융통어음이다.

③ 기업어음은 할인매매가 가능해 단기 재테크 수단으로 활용된다.

④ 신용도가 높은 기업은 낮은 금리로 기업어음을 발행할 수 있지만 신용도가 낮은 기업일 경우 금리가 올라간다.

 Answer   1. ②   2. ①   3. ②   4. ②   5. ②   6. ④   7. ④   8. ①   9. ④   10. ③   11. ②   12. ④
13. ④   14. ①   15. ③   16. ①   17. ①   18. ①

Part 5

비서자격시험 기출문제

Understanding of Business

01 비서자격시험 👍
2020년 1급 2회

01 기업의 다양한 이해관계자에 대한 설명으로 가장 옳은 것은?

① 지역사회 : 비즈니스 환경에서 동행하며 이들의 요구를 충족시키는 것은 기업 성공의 최고 핵심 조건이다.

② 파트너 : 기업과 파트너십을 맺고 있는 협력업체와의 신뢰 확보는 기업 경쟁력의 버팀목이다.

③ 고객 : 기업이 사업장을 마련하여 이해관계를 같이 하는 곳이다.

④ 투자자 : 기업을 믿고 지지한 주주로서 기업의 고객과 가장 가까운 곳에 위치한다.

02 다음 중 기업의 공유가치창출(CSV) 활동의 사례로 보기에 가장 적절한 것은?

① 종업원들에게 경영참가제도와 복지후생제도를 도입 활용한다.

② 제3세계 커피농가에 합리적 가격을 지불하고 사들인 공정 무역커피를 판매한다.

③ 저소득층 가정의 학생들에게 아침밥을 제공한다.

④ 제3세계 농부들에게 코코아 재배에 관한 교육을 제공하여 숙련도를 높이고 양질의 코코아를 제공받아 초콜릿을 생산한다.

03 다음 중 협동조합에 관한 설명으로 가장 적절한 것은?

① 협동조합은 출자액의 규모와 관계없이 1인 1표의 원칙을 갖고 있다.

② 협동조합은 영리를 목적으로 설립한 공동기업의 형태이며 조합원들에게 주식을 배당한다.

③ 소비자협동조합은 비영리 조합원 소유의 금융협동체로서 조합원들에게 대출 서비스를 주요 사업으로 한다.

④ 협동조합은 소수 공동기업으로 운영되며 이익이나 손실에 대해 조합장이 유한책임을 진다.

04 협상을 통해 두 기업이 하나로 합치는 인수 합병(M&A)은 '실사 – 협상 – 계약 – 합병후 통합' 과정을 거치는데, 각 단계에 대한 설명으로 가장 옳은 것은?

① 실사 : 기업의 인수합병계약 전 대상기업의 재무, 영업, 법적 현황 등을 파악하는 절차

② 협상 : M&A 과정중 가장 중요한 단계로 계약서를 작성하는 단계

③ 계약 : 계약 체결을 위해 대상기업과의 교섭 단계

④ 합병후 통합 : 대상기업과의 인수가격, 인수형태 등 법적 절차를 협상하는 단계

05 다음 중 기업의 외부환경분석 중 포터(M. Porter)의 산업구조 분석모형에서 다섯 가지 세력(5–Forces)에 해당하지 않는 것은?

① 기존 산업 내 경쟁 정도

② 공급자의 협상력

③ 신규 시장 진입자의 위협

④ 정부의 금융ㆍ재정정책

06 대기업과 비교할 때 중소기업의 특징에 대한 다음 설명 중 가장 옳지 않은 것은?

① 자금과 인력의 조달이 어렵다.

② 경영진의 영향력이 커서 실행이 보다 용이하다.

③ 규모가 작아 고용 증대에 큰 기여를 하지 못한다.

④ 환경의 변화에 보다 신속하게 대응할 수 있다.

07 경영 조직화의 설명 중 가장 거리가 먼 것은?

① 조직화의 의미는 부서수준에서 부장, 과장, 대리 등으로 직무를 설계하여 업무가 배분되고 조정되도록 하는 것을 의미한다.

② 조직화 과정에는 일반적으로 계획된 목표달성을 위해 필요한 구체적인 활동을 확정하는 단계가 있다.

③ 구체적인 활동이 확정되면 개개인이 수행할 수 있도록 일정한 패턴이나 구조로 집단화시키는 단계가 있다.

④ 조직화란 과업을 수행하기 위해 구성원과 필요한 자원을 어떻게 배열할 것인가를 구상하는 과정이다.

08 다음 중 조직구조의 유형에 관한 설명으로 가장 적합하지 않은 것은?

① 유기적 조직은 환경이 급변하고 복잡한 경우 기계적 조직보다 적합하다 할 수 있다.

② 기계적 조직은 유기적 조직에 비해 집단화 정도와 공식화 정도가 높다.

③ 유기적 조직은 직무내용이 유사하고 관련성이 높은 업무를 우선적으로 결합하여 업무의 전문성을 우선시하는 조직이라 할 수 있다.

④ 라인(line)구조는 조직의 목표 달성에 직접적인 책임을 지고 있는 기능을 가지고 있다.

09 민쯔버그가 제시한 경영자의 역할 중에서 종업원을 동기부여하는 역할로서 가장 적절한 것은?

① 정보적 역할　　　　　　② 대인적 역할

③ 의사결정적 역할　　　　④ 협상자 역할

10 다음 중 리더십이론에 대한 설명으로 가장 적절하지 않은 것은?

① 블레이크와 모튼의 관리격자이론에서 (1.9)형은 과업형 리더 유형이다.

② 피들러는 리더십의 결정요인이 리더가 처해있는 조직 상황에 있다고 주장한다.

③ 허쉬와 블랜차드는 부하의 성숙도가 가장 높을 때는 지시형 리더보다는 위임형 리더가 더 효과적이라고 제안한다.

④ 번즈의 변혁적 리더십은 카리스마, 지적자극, 개별적 배려로 구성되어 있다.

11 다음 중 유한회사의 설명으로 가장 거리가 먼 것은?

① 유한회사의 사원은 의결권 등에서는 주식회사와 유사하다.

② 50인 이하의 유한책임사원과 무한책임사원으로 구성된다.

③ 주식회사보다는 자본규모가 작고 출자지분의 양도도 사원 총회의 승인을 받아야 한다.

④ 소수의 사원과 소액의 자본으로 운영되는 중소기업에 적당한 기업형태이다.

12 경영의사결정이 어려운 이유를 설명한 것 중 가장 거리가 먼 것은?

① 의사결정과 관련된 문제의 복잡성, 모호성, 가변성 등으로 문제를 정확하게 파악하기 어렵다.

② 의사결정과 관련된 기초자료의 불확실성, 주변환경과의 불확실성, 의사결정 후의 불확실성 등으로 의사결정이 어렵다.

③ 의사결정과정은 문제인식, 결정기준의 명시, 대안 도출, 대안 평가, 대안 선정의 과정을 포함한다.

④ 다양한 선택기준으로 대안을 비교할 때 하나의 기준이 아닌, 기업의 이익, 비용, 규모, 이미지 등 여러 요소를 고려해야 하기에 의사결정이 어렵다.

13 다음의 내용은 무엇에 대한 설명인가?

> (A)은/는 제조공정, 제품개발 등에서 혁신을 가져왔고, 앞으로 (B)로/으로 발전할 것이다. (B)은/는 (A)을/를 부품 등의 설계도를 출력하면 스스로 조립하여 물체가 완성되는 개념으로 무생물인 물질에 생명을 불어넣는 것으로 알려진 (B)의 사례는 여러 가지가 존재한다.

① A- ERP, B- CRM 　　　② A- ERP, B- ES

③ A- 3D프린팅, B- 자율자동차 　　　④ A- 3D프린팅, B- 4D 프린팅

14 인사관리 중 선발의 경우, 면접시 생길 수 있는 오류의 설명 중 바르게 설명된 것은?

① 현혹효과는 후광효과라고도 하는데, 이는 한 측면의 평가결과가 전체 평가를 좌우하는 오류를 말한다.

② 관대화경향은 평가할 때 무조건 적당히 중간 점수로 평가하여 평가치가 중간에 치중하는 현상을 나타나게 하는 오류이다.

③ 스테레오타입오류는 피그말리온효과라고도 하는데, 자기 충족적 예언을 의미한다.

④ 다양화오류는 사람들이 경험을 통한 수많은 원판을 마음에 가지고 있다가 그 원판 중에 하나라도 비슷하게 맞아떨어지면 동일한 것으로 간주해버리는 오류를 의미한다.

15 BSC(Balanced Score Card) 인사평가에서 균형이란 성과평가에서 재무적 · 비재무적 성과를 모두 균형있게 고려한다는 것이다. 재무적 성과와 비재무적 성과를 고려하는 BSC 평가관점이 아닌 것은?

① 재무적 성과 : 고객 관점

② 재무적 성과 : 재무 관점

③ 비재무적 성과 : 외부 프로세스 관점

④ 비재무적 성과 : 학습과 성장 관점

16 다음 중 기업에서 활용되는 다양한 마케팅 활동에 대한 설명으로 가장 적합하지 않은 것은?

① 디마케팅(demarketing)은 자사 제품이나 서비스에 대한 수요를 일시적 또는 영구적으로 감소시키려는 마케팅이다.

② 퍼미션(permission)마케팅은 같은 고객에게 관련된 기존 상품 또는 신상품을 판매하는 마케팅이다.

③ 자극(stimulation)마케팅은 제품에 대한 지식이나 관심이 없는 소비자에게 자극을 주어 욕구를 가지게 하는 마케팅이다 .

④ 바이럴(viral)마케팅은 네티즌들이 이메일이나 다른 전파 매체를 통해 자발적으로 제품을 홍보하는 메시지를 퍼트리는 것을 촉진하는 마케팅이다.

17 포괄손익계산서 보고서 양식은 다음과 같다. 각 과목에 대한 산정방식으로 옳지 않은 것은?

보기		과목	계산 방식
	(1)	순매출액	
	(2)	매출원가	
①	(3)	매출총이익	(1) − (2)
	(4)	영업비용(판매비와 일반관리비)	
	(5)	영업이익	
	(6)	영업외손익(금융손익 등)	
②	(7)	법인세비용 차감전 순이익	(5) − (6)
	(8)	법인세비용	
③	(9)	당기순이익	(7) − (8)
	(10)	기타포괄손익	
④	(11)	총포괄손익	(5) + (9)

① (3) 매출총이익 = (1) − (2)

② (7) 법인세비용 차감전 순이익 = (5) − (6)

③ (9) 당기순이익 = (7) − (8)

④ (11) 총포괄손익 = (5) + (9)

18 다음 중 아래의 설명이 나타내는 용어로 가장 적합한 것은?

> 고객 중에는 간혹 물건을 오랜 기간 사용하고 물건에 하자가 있다고 환불이나 교환을 요구하거나 멀쩡한 음식물에 고의적으로 이물질을 넣어 보상금을 챙기는 사람들이 있다. 이와 같이 악성민원을 고의적, 상습적으로 제기하는 소비자를 뜻하는 말이다.

① 블루슈머   ② 레드슈머
③ 트윈슈머   ④ 블랙컨슈머

19 다음 중 아래와 같은 상황을 뜻하는 용어로 가장 적절한 것은?

> 어느 한 제품의 가격을 올리면 그 제품을 만드는 기업이 유리해진다. 그러나 모든 제품의 가격이 오르면 모든 기업이 이익을 얻으므로 아무도 유리해지지 않으며 오히려 물가만 올라가 나쁜 영향만 미치는 상황이 만들어진다.

① 구성의 오류   ② 매몰비용의 오류
③ 인과의 오류   ④ 도박사의 오류

20 은행이 고객으로부터 받은 예금 중에서 중앙은행에 의무적으로 적립해야 하는 비율을 일컫는 용어는?

① 현금통화비율   ② 현금비율
③ 지급준비율   ④ 본원통화

02 비서자격시험 👍
2020년 2급 2회

01 다음의 경영환경요인은 무엇을 의미하고 있는지, 바르게 짝지어진 것은?

> 주주, 경영자, 종업원, 조직문화 등

① 외부환경 – 직접환경
② 내부환경 – 간접환경
③ 내부환경 – 직접환경
④ 내부환경 – 일반환경

02 주식회사의 장점에 대한 설명으로 가장 거리가 먼 것은?

① 소유권 이전의 용이성
② 소유권자의 유한 자본조달 책임
③ 상대적으로 적은 주식회사 설립 비용
④ 자본조달의 확대 가능

03 다음은 기업의 외부환경 상황을 기술한 것이다. 이 중 기업간 경쟁구도분석에서 치열한 경쟁강도를 나타내는 경우로 가장 거리가 먼 것은?

① 시장점유율이 비슷한 경우
② 산업성장률이 높은 경우
③ 시장진입장벽이 낮은 경우
④ 대체재 수가 많은 경우

04 다음 중 기업형태에 대한 설명으로 가장 옳은 것은?

① 기업은 출자의 주체에 따라 사기업, 공기업, 공사공동기업 등으로 구분된다.
② 사기업은 다시 출자자의 수에 따라 개인기업과 주식회사로 분류할 수 있다.
③ 다수공동기업의 형태로는 합명회사, 합자회사, 유한회사 등이 있다.
④ 국영기업, 지방공기업, 익명조합, 공사, 공단 등은 공기업의 예이다.

05 다음은 대기업에 비해 상대적으로 중소기업이 겪는 어려움을 기술한 것이다. 이 중, 중소기업만의 어려움으로 보기에 가장 적합하지 않은 것은?

① 인력 확보　　　　　　　　② 가격경쟁의 불리함
③ 자금 확보　　　　　　　　④ 강력한 정부 규제

06 다음이 설명하고 있는 기업으로 가장 적합한 것은?

> 비영리조직과 영리기업의 중간 형태로, 사회적 목적을 추구하면서 영업활동을 수행하는 기업을 말한다. 취약계층에게 사회 서비스 또는 일자리를 제공하여 지역주민의 삶의 질을 높이는 등의 목적을 수행하며 재화 및 서비스의 생산, 판매 등 영업 활동을 수행하는 기업이다.

① 벤처기업　　　　　　　　② 협동조합
③ 사회적기업　　　　　　　④ 공기업

07 다음 _____에 공통으로 들어갈 용어로 알맞은 것은?

> _____(이)란 조직의 구성원들의 행동을 만들고 인도하기 위해 이들이 공유하는 사회제도나 사회적 태도 등을 말한다. 따라서 _____은/는 조직구성원들에게 소속 조직원으로 서의 정체성을 제공한다.

① 조직 가치　　　　　　　　② 조직 행동
③ 조직 문화　　　　　　　　④ 조직 혁신

08 다음 중 경영관리 과정을 순서대로 알맞게 배열한 것은?

① 조직 – 지휘 – 계획 – 통제

② 계획 – 조직 – 지휘 – 통제

③ 지휘 – 통제 – 계획 – 조직

④ 조직 – 계획 – 통제 – 지휘

09 다음 중 기업의 사회적 책임에 대한 설명으로 가장 거리가 먼 것은?

① 기업은 경영활동에 관련된 의사결정이 특정 개인이나 사회 전반에 미칠 수 있는 영향을 고려해야 하는 의무가 있다.

② 기업은 주주와 내부고객을 위해 최대이윤을 확보함으로써 기업을 유지 발전시켜야 하는 책임이 있다.

③ 기업의 사회적 책임에는 기업의 유지 및 발전에 대한 책임, 환경에 대한 책임, 공정경쟁의 책임, 지역사회에 대한 책임 등이 포함된다.

④ 기업이 사회적 책임을 이행하면 결국 고객과 사회로부터 신뢰와 좋은 평판을 얻게 되어 기업이미지와 매출에 긍정적으로 작용할 수 있다.

10 다음 중 조직형태에 대한 설명으로 가장 적합하지 않은 것은?

① 사업부제조직은 각 사업부의 성과와 기여도가 명확히 나타나므로 경영통제가 용이하다는 장점이 있다.

② 매트릭스조직은 이중적 지휘체계 때문에 구성원들의 역할 갈등과 역할 모호성을 유발할 수 있다.

③ 네트워크조직은 자원중복과 투자를 감소시켜 적은 자산과 인력으로 기업을 운영할 수 있다는 장점이 있다.

④ 위원회조직은 주어진 과업이 구체적이므로 책임이 명확하며 의사결정과정이 신속하고 합의가 용이하다는 장점이 있다.

11 다음 중 매슬로우(Maslow)의 욕구단계이론을 저차원에서 고차원의 단계별로 나열한 것으로 가장 적합한 것은?

① 안전 욕구 → 사회적 욕구 → 성취 욕구 → 자아실현 욕구 → 존경 욕구

② 존재 욕구 → 안전 욕구 → 사회적 욕구 → 성장 욕구 → 자아실현 욕구

③ 안전 욕구 → 사회적 욕구 → 권력 욕구 → 자아실현 욕구 → 존경 욕구

④ 생리적 욕구 → 안전 욕구 → 사회적 욕구 → 존경 욕구 → 자아실현 욕구

12 다음은 리더십의 개념과 리더십 스타일에 대한 설명을 나열한 것이다. 이 중 가장 옳지 않은 설명은?

① 경영자의 책무 중 리더십은 다른 사람을 동기부여시킴으로써 그들로 하여금 특정목적을 달성할 수 있는 활동을 하도록 하는 것이다.

② 리더십 개념은 초기에 특성이론으로 바람직한 위인의 특성을 찾고자 하는 연구였으며, 위인이론에 집중되었다.

③ 전제적 리더는 다른 사람의 의사를 묻지 않고 단독으로 의사결정을 하는 스타일이다.

④ 방임형 리더는 모든 의사결정과정에 부하를 참여시키며, 집단의사결정을 하는 스타일이다.

13 다음 중 인사관리에서 지켜야 할 주요 원칙으로 가장 거리가 먼 것은?

① 최대 생산의 원칙

② 적재적소 배치의 원칙

③ 공정한 보상의 원칙

④ 공정한 인사의 원칙

14 다음 중 아래의 (가), (나)에 해당하는 용어를 짝지은 것으로 가장 적합한 것은?

> (가)는 물가상승에 따른 구매력의 변화를 감안하지 않은 금리이고 (나)는 (가)에서 물가상승률을 뺀 금리이다. (가)가 높더라도 물가상승률이 더 큰 경우는 (나)가 마이너스가 될 수 있다.

① (가) 표면금리 　 (나) 실효금리　　② (가) 명목금리 　 (나) 실질금리

③ (가) 기준금리 　 (나) 콜금리　　　④ (가) 기준금리 　 (나) 대출금리

15 가격관리 전략 중 기준가격의 설정내용으로 가장 거리가 먼 것은?

① 원가중심의 가격설정은 제품의 생산 및 유통과 관련된 각종 비용을 기준으로 제품가격을 설정하는 것이다.

② 수요중심의 가격설정은 시장수요의 강도와 크기에 따라 제품가격을 설정하는 것이다.

③ 경쟁중심의 가격설정은 경쟁제품을 기준으로 하여 가격을 설정하는 것이다.

④ 할인중심의 가격설정은 신제품을 출시할 때 미리 할인해서 가격을 설정하는 것이다.

16 다음 중 아래의 내용을 설명하는 용어로 가장 적합한 것은?

> 구매, 자재관리부터 재무, 회계 등에 이르는 업무 전반에 적용된 시스템으로 경영활동 프로세서를 통합적으로 연계해 관리해 주는 통합시스템을 말한다. 이 시스템의 목적은 기업의 투입 자원인 인력, 자본, 자재, 기계를 통합적으로 관리하여 시너지 효과를 창출하는 데 있다.

① 전사적자원관리(Enterprise Resource Planning)

② 사무자동화시스템(Office Automation System)

③ 거래처리시스템(Transaction Processing System)

④ 고객관계관리(Customer Relationship Management)

17 다음 중 복리후생에 관련 설명으로 가장 옳은 것은?

① 복리후생은 종업원의 복지향상을 위해 지급되는 임금을 포함한 모든 경제적 급부를 말한다.

② 복리후생 중 일부는 국가의 입법에 의하여 제도화되어 강제적으로 운영되고 있다.

③ 허즈버그의 이요인이론에 따르면, 경제적 복리후생은 동기요인에 해당하며 구성원의 만족에 긍정적 영향을 미친다고 할 수 있다.

④ 복리후생 중 건강보험 보험료는 근로자가 일부 부담하지만 고용보험 보험료는 회사가 전액 부담한다.

18 스테가노그래피(steganography)는 어떤 것을 일컫는 말인가?

① 은행계좌 추적 프로그램 ② 네트웍 마비 프로그램

③ 암호화해 숨기는 심층암호기술 ④ 스마트폰 장치 제어프로그램

19 다음 중 유동자산에 해당하는 계정과목은 무엇인가?

① 이익잉여금 ② 상표권

③ 유가증권 ④ 외상매입금

20 다음 중 우리나라의 금융기관의 성격을 설명한 내용으로 가장 적절하지 않은 것은?

① 한국은행은 한국은행법에 따라 설립되어 운영되고 금융기관하고만 거래한다.

② 일반은행은 금융거래를 통해 이익을 얻을 목적으로 영업하며 시중은행, 지방은행, 외국은행의 국내지점 등이 있다.

③ 저축은행, 새마을금고 등은 일반은행에서 자금 공급이 어려운 부문에 자금을 공급하는 특수은행이다.

④ 신용보증기관은 기업이 금융에서 자금을 빌릴 수 있도록 보증을 서주고 대가를 받는다.

03 비서자격시험 👍
2020년 1급 1회

01 다음은 기업윤리를 설명한 내용이다. 이 중 가장 적합한 내용은?

① 기업은 소비자와의 관계에서 고객을 통해 얻은 이익을 소비자 중심주의를 채택하여 소비자의 만족도를 높여야 한다.

② 기업이 종업원과의 관계에서 종업원의 승진, 이동, 보상, 해고 등에 대한 내용들은 기업윤리와 상관이 없다.

③ 기업은 투자자와의 관계에서 그들의 권리보장은 관계없이 수익을 최우선 적으로 증대시키기 위해 노력해야 한다.

④ 기업은 매일 수없는 윤리논쟁에 직면하고 있는데, 일반적으로 크게 소비 자와의 관계, 기업구성원과의 관계, 기업투자자와의 관계, 국제기업과의 관계로 나눌 수 있다.

02 다음의 경영환경요인들이 알맞게 연결된 것은 무엇인가?

> A. 소비자, 경쟁자, 지역사회, 금융기관, 정부
> B. 경제적, 기술적, 정치, 법률적, 사회/문화적 환경

① A : 외부환경, 간접환경

② B : 외부환경, 과업환경

③ A : 외부환경, 직접환경

④ B : 내부환경, 일반환경

03 다음은 카르텔에 대한 설명이다. 옳지 않은 것은?

① 카르텔은 동종 내지 유사 산업에 속하는 기업이 연합하는 것이다.

② 독립적인 기업들이 연합하는 것으로 서로 기업활동을 제한하며 법률적, 경제적으로도 상호 의존한다.

③ 카르텔의 종류로 판매 카르텔, 구매 카르텔, 생산 카르텔이 있다.

④ 일부 기업들의 가격담합 등의 폐해가 심각하여 국가에 의한 강제 카르텔 외에는 원칙적으로 금지 또는 규제하고 있다

04 다음 (㉠)은/는 무엇에 대해 기술한 것인지 보기 중 가장 가까운 답을 고르시오.

> 기업은 하나의 개방시스템으로 자신을 둘러싼 (㉠)과/와 상호작용을 한다. (㉠)은/는 계속해서 변화하는 특징을 가지고 있으며, 경우에 따라서 기업의 활동에 의해 변화 하기도 한다. 따라서 경영자는 (㉠)의 중요성을 충분히 인식하고 변화를 사전에 예측하여 이에 적극적으로 대처할 수 있는 통찰력과 판단력을 갖추어야 성공적인 기업경영을 이룰 수 있다.

① 경영통제   ② 경영환경
③ 조직문화   ④ 정부정책

05 다음 중 벤처캐피탈의 특징에 대한 설명으로 가장 적합하지 않은 것은?

① 투자수익의 원천을 주식 매각으로부터 얻는 자본수익보다는 배당금을 목적으로 투자하는 자금이다.

② 벤처캐피탈은 위험이 크지만 고수익을 지향하는 투기성 자금이라고 할 수 있다.

③ 투자심사에 있어서 기업의 경영능력, 기술성, 성장성, 수익성 등을 중시한다.

④ 투자기업의 경영권 획득을 목적으로 하지 않고 사업에 참여 방식으로 투자하는 형식을 취한다.

06 다음은 인수합병의 장점과 단점을 요약한 것이다. 이 중 가장 거리가 먼 것은?

① 시장에의 조기 진입 가능

② 취득자산 가치 저하 우려

③ 투자비용의 절약

④ 자금유출로 인한 재무 강화

07 다음 중 주식회사의 특징으로 가장 거리가 먼 것은?

① 자본의 증권화, 즉 출자 단위를 균일한 주식으로 세분하여 출자를 용이하게 하고, 이를 증권시장에서 매매가 가능하도록 한다.

② 주식회사가 다액의 자본을 조달하기 쉬운 이유는 출자자의 유한책임제도를 이용하기 때문이다.

③ 주주는 자신의 이익을 위하여 활동하고, 주주들의 부의 극대화가 저해될 때 대리인문제가 발생할 수 있다.

④ 출자와 경영의 분리제도로 주주는 출자를 하여 자본위험을 부담하고, 중역은 경영의 직능을 담당하게 한다.

08 기업조직의 통제기능의 필요성을 설명한 내용으로 가장 거리가 먼 것은?

① 끊임없이 변화하는 경영환경으로 이미 수립된 계획의 타당성 확인을 위해

② 조직의 규모와 활동이 복잡하고 다양화됨에 따라 조직 내에서 발생하는 다양한 활동의 조정 및 통합을 위해

③ 경영자의 의사결정의 오판이나 예측오류의 발생을 예방하고 정정하기 위해

④ 경영자가 조직의 중앙집권화를 위해 권한위임을 최소화하고 부하 구성원 활동에 대한 감독을 강화하기 위해

09 다음은 경영자의 의사결정역할에 대한 설명이다. 경영자의 의사결정역할에 대한 설명으로 거리가 먼 것은?

① 경영자는 새로운 아이디어를 내고 자원 활용과 기술 개발에 대한 결정을 한다.

② 경영자는 기업 외부로부터 투자를 유치하고 기업 홍보와 대변인의 역할을 수행한다.

③ 경영자는 주어진 자원의 효율적 활용을 위해 기업 각 기능의 역할 및 자원 배분에 신중을 기한다.

④ 경영자는 협상에서 많은 시간과 노력을 들여 유리한 결과를 이끌어내도록 최선을 다한다.

10 다음 중 공식조직을 구조화할 때, 고려해야 할 사항에 대한 설명으로 옳지 않은 것은?

① 그레이프바인 시스템 활성화　　② 권한의 위양 정도

③ 조정 절차 매뉴얼　　　　　　　④ 구체적인 정책 수립

11 아래 도표와 같이 부하직원을 내집단과 외집단을 구분하여 설명하고 있는 리더십 이론은 무엇인가?

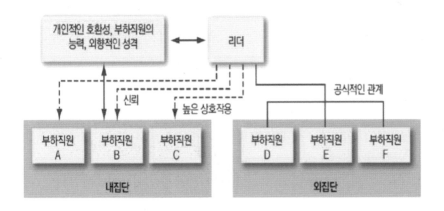

① 리더참여이론　　　　　　② 상황적합이론

③ 경로 – 목표이론　　　　　④ 리더 – 부하 교환이론

12 다음은 매슬로우의 욕구이론과 앨더퍼의 ERG이론을 비교 설명한 것이다. 가장 거리가 먼 내용은 무엇인가?

① 매슬로우의 생리적욕구와 앨더퍼의 존재욕구는 기본적으로 의식주에 대한 욕구로 조직에서의 기본임금이나 작업환경이 해당된다.

② 앨더퍼의 관계욕구는 매슬로우의 안전의 욕구 및 사회적 욕구, 존경의 욕구 각각의 일부가 이에 해당된다.

③ 앨더퍼의 성장욕구는 매슬로우의 자아실현욕구에 해당하는 것으로 조직 내에서의 능력개발이라기 보다는 개인이 일생을 통한 자기능력 극대화와 새로운 능력개발을 말한다.

④ 매슬로우 이론과는 달리 앨더퍼는 욕구가 좌절되면 다시 퇴행할 수 있고, 동시에 여러 욕구가 존재할 수 있다고 주장한다.

13 다음은 4P 마케팅 믹스의 구체적 내용이다. 옳지 않은 것은?

① Place : 재고, 서비스, 품질보증

② Price : 할인, 보조금, 지불기간

③ Promotion : 광고, 인적판매, 판매촉진

④ Product : 품질, 디자인, 브랜드명

14 다음 (A)제약의 사례는 보기 중 어느 것에 해당되는 것인가?

(A)제약은 일반 무좀약 시장으로부터 손발톱 무좀약 시장을 독립시켰다. 손발톱 무좀이라는 피부병이 따로 있다는 사실을 잘 모르고 있던 소비자들에게 이를 알리고 새로운 시장을 개척하였다.

① 제품차별화   ② 시장세분화

③ 표적시장결정   ④ 제품포지셔닝

15 경영활동에 활용되는 정보기술의 보고기능에 대한 설명으로 가장 적합하지 않은 것은?

① 데이터마트는 기업경영자료를 2차원 또는 3차원으로 나타내어 사용자가 시각적으로 쉽게 자료를 이해할 수 있도록 지원한다.

② 온라인분석처리(OLAP)는 사용자가 다차원 분석도구를 이용하여 의사결정에 활용하는 정보를 분석하는 과정을 말한다.

③ 데이터마이닝은 데이터 사이의 관련성을 규명하여 의사결정에 도움을 주는 고차원의 통계적 알고리즘을 사용한 기법을 의미한다.

④ 의사결정시스템은 경영자들에게 요약, 조직화된 데이터와 정보를 제공함으로써 의사결정을 지원하는 정보시스템을 말한다.

16 다음 중 인사고과에서 발생할 수 있는 오류에 관한 설명으로 가장 적절하지 않은 것은?

① 종업원을 실제보다 높거나 후하게 평가하는 관대화경향이 발생할 수 있다.

② 출신지역, 직무, 인종 등의 특징이나 고정관념으로 평가자의 편견에 비추어 종업원을 평가하는 상동적 태도가 나타날 수 있다.

③ 비교 대상이 무엇인지에 따라 평가결과가 달라지는 대비오류가 나타날 수 있다.

④ 종업원의 한 면만을 기준으로 다른 것까지 평가해 버리는 중심화경향이 나타날 수 있다.

17 다음은 재무상태표(대차대조표)를 작성할 때 각각의 계정과목에 대한 설명이다. 이 중 가장 거리가 먼 것은?

① 유동자산은 재고자산과 당좌자산으로 구성되며, 차변에 기재한다.

② 부채는 유동부채와 비유동부채로 구성되며, 대변에 기재한다.

③ 비유동자산은 유형자산, 무형자산, 투자자산으로 구성되며, 차변에 기재한다.

④ 자본은 자본금, 자본잉여금, 이익잉여금으로 구성되며, 차변에 기재한다.

18 아래의 글이 설명하는 용어로 가장 적합한 것은?

> 무리한 인수·합병으로 회사 전체가 위험에 빠지고 결국 경영에 독이 되는 현상이 나타나는 경우를 말한다. 예를 들면, 인수자금을 마련하기 위해 빌린 돈의 이자를 부담할 수 없는 상황에 빠져 모기업의 현금흐름마저 이를 감당할 수 없게 되어 기업 전체가 휘청거리는 상황에 이르는 현상이다.

① 곰의 포옹 　　　　　　　　② 흑기사

③ 독약 처방 　　　　　　　　④ 승자의 저주

19 최근 승차공유서비스인 카풀의 경우 택시업계와 갈등을 빚어 왔으며, 승합차 호출서비스와 개인택시 간에 서비스 불법논란이 불거지고 있다. 이처럼 한번 생산된 제품을 여럿이 함께 협력 소비를 기본으로 한 방식을 일컫는 용어를 무엇이라 하는가?

① 공유소비 　　　　　　　　② 공유경영

③ 공유경제 　　　　　　　　④ 공유사회

20 빅데이터 분석에 대한 설명으로 가장 적절치 않은 것은?

① 스마트폰 및 소셜미디어 등장으로 생산, 유통, 저장되는 정보량이 기하급수적으로 늘면서 대규모의 디지털 데이터에서 일정한 패턴을 읽고 해석하는 것이다.

② 일반 데이터와의 차이를 3V로 설명할 수 있는데, 용량(Volume), 유효성(Validity), 다양성(Variety)이 있는 자료를 말한다.

③ 빅데이터 분석은 정보량이 방대해 지금까지 분석하기 어렵거나 이해할 수 없던 데이터를 분석하는 기술을 의미한다.

④ 소셜미디어 서비스에서 유통되는 내용을 통해 대중의 심리 변화와 소비자의 요구사항도 파악할 수 있어 마케팅

04 비서자격시험 👍
2020년 2급 1회

01 오늘날 기업이 직면하는 외부환경은 급속도로 변하고 있다. 변화하고 있는 외부환경의 특성으로 가장 거리가 먼 것은?

① 환경의 안정성 증가
② 환경의 복잡성 증가
③ 환경자원의 풍부성 감소
④ 환경변화의 가속화

02 기업의 외부환경을 분석할 때 경제적 환경요인에 해당하지 않는 것은?

① 금융 및 재정정책　　　　② 국민소득 수준
③ 정부의 정책과 규제　　　④ 인플레이션

03 다음은 어느 회사의 성명(방침)의 일부를 기술한 것이다. 보기 중 가장 가까운 경영개념은 무엇인가?

> 우리회사 첫째의 책임은 상품의 수요자인 약사, 의사, 간호사, 병원, 주부, 그리고 모든 소비자에 대한 책임임을 확신하는 것이다. 우리들의 상품은 항상 최고의 품질이 유지되어야 한다.

① 기업윤리　　　　　　　② 기업통제
③ 기업전략　　　　　　　④ 기업경영

04 다음 중 소자본 창업과 벤처창업에 대한 설명으로 가장 적절한 것은?

① 소자본창업은 적은 자본으로 기존의 사업성이 분석된 안정된 사업을 선택하여 설립한다.

② 소자본창업은 고위험과 고수익을 특징으로 하는 기술집약적 신생사업분야에 해당한다.

③ 벤처창업은 대기업과 연관되어 대리점을 운영하거나 부품 공급 협력업체 등의 사업을 주로 한다.

④ 벤처창업은 적은 자본으로 사업을 시작할 수 있는 모든 분야의 창업을 의미하며 가능한 한 위험부담이 적은 업종을 선택해야 한다.

05 다음 중 중소기업의 특징으로 가장 적절하지 않은 것은?

① 중소기업은 대기업에 비해 상대적으로 자금조달이 어렵다.

② 대기업에 비해 경영규모가 작고 전문인력이 부족하여 능률적인 경영관리가 어려울 수 있다.

③ 독자적인 상품개발이나 시장개척이 어려워 대기업과 연계하여 발전하기도 한다.

④ 환경변화에 신속한 대응이 어려워 시장에서의 탄력성이 떨어진다.

06 다음은 소수 공동기업에 대한 설명이다. 보기 중 ㉠-㉡-㉢-㉣ 순서에 맞게 들어갈 말로 적절한 것은?

(㉠)회사는 2인 이상의 무한책임사원과 유한책임사원으로 구성되며, 이때 (㉡)책임사원은 직접경영에 참여하지만, (㉢)책임사원은 경영에는 참여하지 않고 자신이 출자한 범위 내에서만 책임을 진다. 이 회사는 (㉢)책임사원을 모집할 수 있기에 (㉣)회사보다 자본조달이 용이하지만 (㉢)책임사원의 지분양도라고 하더라도 (㉡)책임사원 전원의 동의가 있어야 하기에 자본의 교환성은 거의 인정 되지 않는다고 할 수 있다.

① 합자 – 무한 – 유한 – 합명   ② 합자 – 유한 – 무한 – 합명

③ 합명 – 무한 – 유한 – 합자   ④ 합명 – 유한 – 무한 – 합자

07 다음 중 주식회사의 특성을 설명한 것으로 가장 거리가 먼 것은?

① 주식회사에서는 출자자와 경영자가 분리되어 있다.

② 주식회사에서는 주식을 소유하고 경영능력이 뛰어난 사람에게 기업경영을 의뢰할 수 있는데, 이들을 일반적으로 전문경영인이라고 부른다.

③ 주식회사는 기업경영에 직접 참가할 수 없는 일반자본가로부터 자금을 대규모로 동원할 수 있어 사업을 확장하는 데 적합하다.

④ 주식회사의 출자자는 자신의 출자범위 이내에서만 책임을 진다.

08 다음 중 조직문화의 설명으로 가장 거리가 먼 것은?

① 조직의 구성원들의 행동을 만들고 인도하기 위해 이들이 공유하는 신념, 이념, 가치관, 관습, 의식, 규범 등을 의미한다.

② 사회화란 재직기간이 오래된 직원에게 조직의 가치, 규범, 문화를 배우게 하는 과정을 의미한다.

③ 조직문화는 구성원들이 부딪히는 문제를 정의하고 분석하고 문제해결방법을 제시하기도 하고 행동을 제한하기도 한다.

④ 조직 내부환경의 기초로서 그 구성원들의 경영행위에 대한 방향과 지침이 된다.

09 다음 중 경영자의 대인관계 역할에 관한 설명으로 가장 거리가 먼 것은?

① 경영자는 회사를 대표하는 여러 행사를 수행하고 조직의 대표자로서의 역할을 수행한다.

② 경영자는 조직의 리더로서 경영목표를 달성하기 위해 종업원에게 동기부여하고 격려하는 역할을 한다.

③ 경영자는 필요한 정보를 탐색하고 수집된 정보를 선별하여 내부 조직구성원에게 제공해야 한다.

④ 경영자는 상사와 부하, 기업과 고객, 사업부와 사업부 등의 관계에서 연결고리역할을 한다.

10 다음 중 매트릭스조직에 대한 설명으로 가장 적합하지 않은 것은?

① 조직의 내부자원을 효율적으로 사용할 수 있으며 외부환경의 변화에 신속히 대응할 수 있다.

② 기능부문 담당자와 프로젝트 책임자에게 각각 보고하는 이중적인 명령체계를 갖고 있다.

③ 특정 과업의 목표를 달성하기 위해 구성된 임시적 조직으로 과업이 완료된 후에는 해산되는 조직구조이다.

④ 관리층의 증가로 인한 간접비가 증가되어 일반적 조직형태 보다 비용이 많이 든다.

11 피들러의 상황모형에 따라 아래와 같은 상황에서 김부장이 조직을 이끌 때 효과적인 리더 유형으로 가장 적합한 것은?

대성자동차 생산부의 김부장은 평소 부하직원들과 아주 좋은 관계를 유지하고 있으며 부하들에게 작업목표를 명확히 제시하여 부하들의 노력 결과를 쉽게 파악할 수 있도록 한다. 또한 김부장은 부하직원의 승진이나 보상에 대해서 결정권을 행사할 수 있는 권한을 갖고 있다.

① 과업지향형 리더   ② 관계지향형 리더

③ 위임형 리더   ④ 참가형 리더

12 다음은 다양한 동기부여이론에 대한 설명이다. 이 중 옳은 것은?

① 욕구단계이론은 '생리적 – 안전 – 존경 – 사회적 – 자아실현욕구'의 순서로 다섯 가지 욕구단계가 존재한다고 가정한다.

② XY이론에서 X이론은 사람들은 보통 책임을 수용하고 고차원적 욕구가 개인을 지배한다고 가정하는 것이다.

③ 동기 – 위생이론에서 임금, 회사방침, 물리적 작업조건 등은 동기요인으로 간주된다.

④ 성취동기이론은 성취동기가 높은 성취자들은 성공할 확률이 50 : 50의 가능성이 있다고 판단될 때 일을 가장 잘 수행한다고 가정한다.

13 최근 기업에서는 인적자원관리의 패러다임이 많이 변화되었다. 이러한 최근의 패러다임 변화 양상에 대한 설명으로 옳지 않은 것은?

① 교육·훈련에 투자하여 질적으로 우수한 인적자원관리를 목표로 한다.

② 개별화되고 다양하며 변화를 주도하는 인재를 채용하는 방향으로 변하고 있다.

③ 인사팀에서만 인적자원을 관리하는 것이 아니라 각 해당 부서 담당자들 모두가 인사기능을 담당하고 책임지는 방향으로 가고 있다.

④ 근속연수, 온정주의, 연고주의에 따라 승진과 보상을 결정하는 방향으로 변하고 있다.

14 장년 근로자의 고용연장 및 기업의 임금 부담 완화를 위해 최근 여러 기업에서는 노사합의에 의하여 일정 연령을 기준으로 생산성과 임금을 연계시켜 임금을 줄여나가는 제도를 실시하고 있다. 이러한 제도를 나타내는 용어로 다음 중 가장 적절한 것은?

① 차별성과급제   ② 임금피크제

③ 타임오프제   ④ 집단성과급제

15 마케팅 전략 중 표적시장에 공급할 자사제품의 특징을 구체화하고 경쟁적위치를 정립하는 단계로, 자사의 브랜드를 경쟁 브랜드에 비해 독특하게 받아들일 수 있도록 고객들의 마음속에 위치시키는 노력을 무엇이라고 하는가?

① 제품차별화   ② 시장세분화

③ 표적시장결정   ④ 제품포지셔닝

16 다음 중 전사적 자원관리시스템(ERP)의 장점을 설명하는 내용으로 가장 거리가 먼 것은?

① 업무처리의 능률을 향상시키며 이에 따른 생산성 향상

② 모듈 적용 시 데이터의 일관성 및 통합성으로 업무의 표준화

③ 특정 문제영역에 관한 전문지식을 지식 데이터베이스에 저장하여 문제해결

④ 실시간 처리로 정보의 신속성 제공

17 다음 중 기업의 재무상태표에 대한 설명으로 가장 옳지 않은 것은?

① 자산은 자본과 부채의 합과 같다(자산 = 자본 + 부채).

② 매출채권, 유가증권, 건물은 자산에 해당되므로 오른쪽에 기록한다.

③ 일정한 시점에서 기업이 보유하고 있는 자산, 부채, 자본에 관한 정보를 제공하는 표이다.

④ 재무상태표에서 왼쪽을 차변, 오른쪽을 대변이라 부른다.

18 금융기관간의 영업활동 과정에서 남거나 모자라는 자금을 30일 이내의 초단기로 빌려 주고 받는 것을 이것으로 부르며, 이때 은행·보험·증권업자 간에 이루어지는 초단기 대차에 적용되는 금리를 일컫는 용어는?

① 제로금리 ② 콜금리

③ 기준금리 ④ 단기금리

19 4차 산업혁명의 특징 중 하나인 첨단기술은 경제, 사회전반에서 융합이 이루어지고 있다는 점이다. 다음 중 4차 산업혁명을 이끄는 대표적인 주요기술 중 가장 거리가 먼 것은?

① 인공지능(AI) ② 사물인터넷(IoT)

③ 빅데이터(Big Data) ④ 고객관리시스템(CRM)

20 가격 대비 마음의 만족이 큰 제품을 택하는 '가심비(價心費)'를 따지는 소비를 무엇이라 하는가?

① 착한소비 ② 기호소비

③ 플라시보 소비 ④ 소비대차

05 비서자격시험 👍
2019년 1급 2회

01 다음 중 기업의 사회적 책임 범위에 대한 설명으로 가장 적절하지 않은 것은?

① 기업은 이해관계자 집단 간의 이해충돌로 발생하는 문제해결을 위한 이해조정의 책임이 있다.

② 정부에 대해 조세납부, 탈세 금지 등 기업의 영리활동에 따른 의무를 갖는다.

③ 기업은 자원보존의 문제나 공해문제에 대한 사회적 책임을 갖는다.

④ 기업은 이윤 창출을 통해 주주의 자산을 보호하고 증식시켜줄 의무는 갖지 않는다.

02 다음은 기업 형태에 대한 설명이다. (   )안에 알맞은 말로 올바르게 짝지은 것은?

> (A)(은)는 자본적인 결합없이 동종업종 또는 유사업종 기업들이 경쟁을 제한하면서 수평적으로 협정을 맺는 기업결합 형태이며, (B)(은)는 자본적으로나 법률적으로 종래의 독립성을 상실하고 상호결합하는 기업집중 형태를 말한다.

① A – 콘체른, B – 지주회사   ② A – 카르텔, B – 트러스트

③ A – 지주회사, B – 콤비나트   ④ A – 트러스트, B – 콘체른

03 이사회는 주식회사의 제도적 기관으로 필요상설기관이다. 다음 중 이사회의 결의만으로 효력을 가질 수 없는 내용으로, 이사회가 집행할 수 있는 업무 권한으로 보기에 가장 적절하지 않은 것은?

① 대표이사의 선임   ② 감사의 선임

③ 주주총회의 소집   ④ 사채발행의 결정

04 다음은 기업을 둘러싸고 있는 경영환경의 예이다. 그 속성이 다른 것은?

① 시장의 이자율, 물가, 환율에의 변동
② 새로운 기술 개발 및 기술 혁신
③ 노동조합 설립
④ 공정거래법, 노동법, 독과점 규제법 강화

05 다음은 대기업과 비교하여 중소기업의 필요성 및 특징을 설명한 것이다. 이 중에서 가장 거리가 먼 것은?

① 시장의 수요변동이나 환경변화에 탄력적으로 대응하기 어렵지만 효율적인 경영이 가능하다.
② 기업의 신용도가 낮아 자본조달과 판매활동에 불리하여 대기업의 지배에 들어가기 쉽다.
③ 악기나 도자기, 보석세공 같이 소비자가 요구하는 업종으로 대량생산에 부적당한 업종도 있기 때문이다.
④ 가발제조업과 같이 대규모 시설투자는 필요하지 않고 독특한 기술이나 숙련된 수공을 요하는 업종이 존재하기 때문이다.

06 다음 중 공동기업의 기업형태에 대한 설명으로 옳은 것은?

① 합자회사는 2인 이상의 무한책임사원이 공동출자하여 정관을 법원에 등기함으로써 설립되는 기업형태이다.
② 합명회사는 출자만 하는 유한책임사원과 출자와 경영을 모두 참여하는 무한책임사원으로 구성된 기업형태이다.
③ 익명조합은 조합에 출자를 하고 경영에 참여하는 무한책임 영업자와 출자만 하고 경영에는 참여하지 않는 유한책임사원의 익명조합원으로 구성되는 기업형태이다.
④ 주식회사는 2인 이상 50인 이하의 사원이 출자액을 한도로 하여 기업채무에 유한책임을 지는 전원 유한책임사원으로 조직되는 기업형태이다.

07 다음의 기업 사례들은 무엇으로부터 비롯된 것인지, 보기 중 가장 적합한 것은?

> A기업: 최고경영진 3명과 중간관리자들의 분식회계를 통한 이익 허위공시, 2001
> 년도 파산
> B기업: 분식회계를 통한 수익조작, 2002년도에 410억 달러의 부채와 함께 파산
> 신고

① 조직의 창업주 및 경영이념
② 조직 규범 및 문화
③ 경영자의 도덕적 해이
④ 조직의 사업 및 회계범위의 확장

08 다음 중 최고경영자 계층의 유형과 역할에 대한 설명으로 가장 거리가 먼 것은?

① 최고경영자 계층은 수탁관리층, 전반관리층, 부문관리층 등으로 나눌 수 있으며 이중 부문관리층은 대개 이사로 선임되어있는 각 사업부문의 장을 의미한다.
② 최고경영자 계층은 조직 전체와 관련된 총괄적이고 종합적인 의사결정을 행한다.
③ 공장건설, 신제품개발, 기술도입, 기업의 인수과 같은 전략적인 의사결정 문제를 주로 한다.
④ 불확실하고 대개 반복적인 경영전략 수립 등 장래의 정형적인 업무의 의사결정을 주로 한다.

09 SWOT분석은 기업의 전략적 계획수립에 빈번히 사용하는 기법이다. 다음 A반도체의 SWOT분석 내용 중 O에 해당하지 않는 것은?

① 브랜드 신뢰도 확보 및 반도체 시장점유율 확대
② 미국과 중국의 반도체 수요 증가
③ 4차 산업혁명에 따른 메모리 반도체 수요 증가
④ 반도체 산업의 활황세

10 다음 중 조직문화의 구성요소인 7S에 대한 설명으로 가장 적절한 것은?

① 기업의 구조(Structure)는 기업의 컴퓨터 및 기계장치 등 물리적 하드웨어를 의미한다.

② 공유가치(Shared Value)는 구성원을 이끌어 가는 전반적인 조직관리 형태로 경영 관리제도와 절차를 포함한다.

③ 구성원(Staff)은 기업의 인력구성, 능력, 전문성, 구성원의 행동패턴 등을 포함한다.

④ 전략(Strategy)은 기업의 단기적 방향에 따라 실행하는 비공식적인 방법이나 절차를 의미한다.

11 다음 중 리더가 갖는 권력에 대한 설명으로 옳은 것은?

① 준거적 권력과 강제적 권력은 공식적 권력의 예이다.

② 합법적 권력은 부하직원들의 봉급인상, 보너스, 승진 등에 영향력을 미치는 리더의 권력이다.

③ 전문가 권력은 부하직원의 상사에 대한 만족도에 긍정적 영향을 미친다.

④ 보상적 권력은 부하직원의 직무수행에 부정적 영향을 미친다.

12 다음 중 허즈버그의 2요인 이론에 대한 설명으로 가장 적합한 것은?

① 만족과 불만족을 동일한 개념의 양극으로 보지 않고 두 개의 독립된 개념으로 본다.

② 작업환경, 관리자의 자질, 회사정책은 동기요인에 속한다.

③ 위생요인을 충족시켜주면 직무만족도가 증가하고 결핍되면 직무불만족에 빠지게 된다.

④ 경영자는 종업원의 직무동기를 유발하기 위해서는 종업원의 급여나 대인관계와 같은 동기요인에 관심을 기울여야 한다.

13 아래의 사례를 설명하기에 가장 적합한 경제용어는?

> (사례1) 비서 C씨의 사무실 근처 거리에 같은 메뉴를 파는 두 음식점이 있다. A음식점은 줄을 서서 기다리는 반면, B음식점은 한 두 테이블에만 사람이 앉아 있다. 비서 C씨는 '사람이 없는 곳은 다 이유가 있겠지'라는 생각에 A음식점을 선택한다.
>
> (사례2) 비서 C씨는 유행에 따라 물건을 구입하는 경향이 있다.

① 백로효과   ② 밴드왜건효과

③ 베블런효과   ④ 분수효과

14 다음 중 기업의 복리후생제도에 대한 설명으로 가장 적합하지 않은 것은?

① 법정복리후생은 법률에 의해 실시가 의무화되며 종류에 따라 기업이 전액을 부담하거나 기업과 종업원이 공동으로 부담하기도 한다.

② 법정복리후생에는 건강보험, 연금보험, 산업재해보상보험, 고용보험이 있다.

③ 법정외복리후생은 기업이 자율적으로 또는 노동조합과의 교섭에 의해 실행한다.

④ 복리후생은 기본급, 수당 등의 노동에 대한 금전적 보상뿐만 아니라 비금전적 보상도 포함한다.

15 IT기술과 자동화시스템이 기업 전반에 영향을 미치면서 과거에는 없었던 컴퓨터 및 정보 관련 문제가 대두되었다. 이에 기업은 전산침해나 정보유출로부터 안전을 유지하기 위한 다양한 대책을 마련하고 있는데, 이 중 적절한 대책으로 가장 거리가 먼 것은?

① 방화벽 설치

② 인증시스템 도입

③ 개인 USB 사용 금지

④ 패스워드 격년별 정기교체

16 다음 보기의 내용은 마케팅 전략 중 무엇을 설명하는 것인가?

> A 커피회사는 미국 서부에는 진한 커피를, 동부에는 약한 커피를 공급한다.
> B 백화점은 각 층별로 영캐주얼층, 남성층, 여성층 등으로 나누어 전시한다.

① 포지셔닝(positioning)　　　　② 시장세분화(segmenting)

③ 표적시장(targeting)　　　　　④ 통합화(integrating)

17 단체교섭에 대한 설명으로 옳지 않은 것은?

① 노동조합이 없는 회사에서는 노사교섭의 수단이 전혀 없다.

② 근로자 단체교섭권은 헌법에 명시된 노동3권 중 하나이다.

③ 근로자가 노동조합을 통하여 사용자와 교섭을 벌여야만 단체교섭이다.

④ 단체교섭에서 결정된 사항이 작성된 규정문서를 단체협약서라고 한다.

18 A기업의 자본총계는 1억 6천만 원이고 부채총계는 4천만 원이다. 이때 A기업의 자산 총계와 부채비율은 각각 얼마인가?

① 자산총계 − 1억 2천만 원이며, 부채비율 − 20%

② 자산총계 − 1억 6천만 원이며, 부채비율 − 400%

③ 자산총계 − 2억 원이며, 부채비율 − 25%

④ 자산총계 − 2억 4천만 원이며, 부채비율 − 17%

19 제조 설비를 가지지 않은 유통 전문업체가 개발한 상표로, 유통전문업체가 스스로 독 자적인 상품을 기획한 후, 생산만 제조업체에게 의뢰하여 제조된 제품을 무엇이라 하 는가?

① NB 제품(National Brand)　　　② PB 제품(Private Brand)

③ OB 제품(Objective Brand)　　　④ IB 제품(International Brand)

20 다음 중 기업의 자금조달 방식에 대한 설명으로 가장 적합하지 않은 것은?

① 주식은 주식회사의 자본을 이루는 단위로 주주의 권리와 의무를 나타내는 증권이다.

② 회사채는 기업이 일정기간 후 정해진 액면금액과 일정한 이자를 지급할 것을 약속하는 증서를 말한다.

③ 직접금융은 기업의 장기설비 투자를 위한 자금 조달에 용이하다.

④ 간접금융은 자금의 공급자와 수요자 사이에 정부가 신용을 보증하는 방식으로 주식, 채권 등을 통해 이루어진다.

06 비서자격시험 👍
2019년 2급 2회

01 다음 중 기업이 윤리경영을 위해 설치하는 조직의 제도적 행위로써 알맞지 않은 것은?

① 내부거래 활성화

② 윤리위원회 조직

③ 기업윤리규범 및 직업윤리강령 제정

④ 윤리핫라인 및 민원자문관 운영

02 다음은 A회사에 새로 입사한 김비서가 회사의 경영현황을 파악하기 위해 노력한 활동이다. 이 중 가장 거리가 먼 활동은 무엇인가?

① 조직의 연혁을 파악한다.

② 주요 임원의 얼굴, 이름, 지위를 파악한다.

③ 지사, 공장 소재지 현황, 책임자 등을 파악한다.

④ 인사에 관련된 회사 내규를 살펴보고 불공정하다고 고려되는 부분을 파악하여 상사에게 바로 보고한다.

03 과업환경은 기업활동에 직접적인 영향을 미친다. 다음은 이러한 과업환경의 변화파악을 위한 관련 이해관계자를 나열한 것으로, 4가지 보기 중 이해관계자의 성격이 다른 하나는?

① 협력기업 – 경쟁기업

② 주주 – 노동조합

③ 정부 – 금융기관

④ 지역사회 – 소비자

04 다음 중 중소기업의 특징에 관한 설명으로 가장 적절하지 않은 것은?

① 중소기업의 범위는 중소기업기본법에서 정하고 있다.

② 중소기업은 시장범위의 한계성을 갖고 있으며 시장점유율이 상대적으로 낮다.

③ 중소기업은 생산 측면에서 규모의 경제를 이루게 되어 대기업에 비해 가격경쟁에서 유리할 수 있다.

④ 중소기업은 경영규모가 작기 때문에 간접비용이 적게 들고 경기변동에 신축적으로 대응할 수 있다.

05 다음은 주식회사에 대한 설명이다. 그 설명으로 가장 맞지 않는 것은?

① 주식회사제도를 채택하는 이유는 다수의 출자자로부터 대규모의 자본을 쉽게 조달할 수 있기 때문이다.

② 회사의 경영은 대표이사가 담당하며, 대표이사의 업무집행을 감사하는 것은 이사회가 담당한다.

③ 주식회사를 설립하기 위해서는 발기인에 의한 정관 작성, 주주 모집, 창립총회 개최, 설립등기 등의 절차가 필요하다.

④ 주식회사는 상법에 의해 설립되는 법인으로 회사이름으로 부동산을 소유, 판매할 수 있으며, 소유권이 넘어가더라도 계속 기업으로 존속할 수 있다.

06 자기 회사의 산하에 있는 자회사의 주식을 전부 또는 지배 가능한 한도까지 매수하여 기업 합병에 의하지 않고 다른 회사를 지배하는 회사를 무엇이라 하는가?

① 콩글로머리트(conglomerate)

② 카르텔(cartel)

③ 신탁회사(trust company)

④ 지주회사(holding company)

07 다음 중 기업의 형태에 대한 설명으로 가장 적절하지 않은 것은?

① 합자회사는 무한책임사원과 유한책임사원으로 구성되어, 무한책임사원이 경영에 참여하는 기업형태이다.

② 주식회사는 출자자의 지분을 증권화하여 주주의 유한책임제의 특징을 갖고 있다.

③ 유한회사의 최고 의사결정기관은 사원총회이다.

④ 주식회사의 최고 의사결정기구는 이사회로 사내이사와 사외이사로 구성할 수 있다.

08 다음 중 경영관리활동의 순환과정을 가장 적절히 나열한 것은?

① 계획수립활동 → 통제활동 → 조직화활동 → 지휘활동

② 조직화활동 → 계획수립활동 → 지휘활동 → 통제활동

③ 조직화활동 → 조정활동 → 통제활동 → 지휘활동

④ 계획수립활동 → 조직화활동 → 지휘활동 → 통제활동

09 다음 중 민츠버그(Mintzberg)가 구분한 경영자 역할 중 의사결정자로서의 역할내용으로 가장 적절한 것은?

① 대변인으로서의 역할   ② 자원배분자로서의 역할

③ 정보전달자로서의 역할   ④ 대외관계 관리자로서의 역할

10 다음 중 명령일원화의 원칙이 지켜지지 않는 조직구조는 무엇인가?

① 사업부제 조직   ② 프로젝트 조직

③ 라인 – 스탭 조직   ④ 매트릭스 조직

11 다음은 리더십의 최신이론 중 변혁적 리더십의 특징을 설명한 것이다. 이 중 가장 적절하지 않은 것은?

① 부하들에게 수행에 대한 즉각적이고 가시적인 보상으로 동기부여함

② 변환적이고 새로운 시도에 도전하도록 부하를 격려함

③ 질문을 하여 부하들이 스스로 해결책을 찾도록 격려하거나 함께 일함

④ 부하들과 비전공유, 학습경험의 자극을 통해 성과이상을 달성하도록 함

12 다음 중 동기부여 이론에 대한 설명으로 가장 적절하지 않은 것은?

① 허즈버그(Herzberg)의 2요인 이론은 직무충실화에 대한 이론적 근거를 제시해 주었다.

② 매슬로우(Maslow)의 욕구단계론은 인간의 욕구가 만족 – 진행과 좌절 – 퇴행의 과정을 거치면서 동시에 둘 이상의 욕구를 추구한다고 본다.

③ 브룸(Vroom)의 기대 이론에서 기대감(expectancy)은 자신의 능력으로 바람직한 성과를 낼 것인가의 기대를 의미한다.

④ 애담스(Adams)의 공정성 이론은 한 개인이 타인에 비해 얼마나 공정하게 대우를 받느냐 하는 사회적 비교를 중시한다.

13 급변하는 환경속의 기업 경영자는 여러 가지 의사결정을 위해 정보를 다양하게 활용하고 있다. 다음 중 의사결정에 사용되는 바람직한 정보의 특성과 가장 거리가 먼 것은?

① 정보는 오류의 가능성을 가지고 있기에 정보가 정확할수록 의사결정의 방향과 내용이 올바르게 결정될 가능성이 크다.

② 시기를 놓치면 가치가 줄어드는 정보가 있기에 정보는 적시에 제공되어야 한다.

③ 정보는 증명가능하지 않기에 증명되지 않더라도 의사결정에 사용하는 것이 좋다.

④ 정보는 특수성을 지니고 있기에 일반적인 것 보다 특수한 상황에 적합한 것이어야 한다.

14 다음 보기에서 설명하고 있는 경영정보시스템은 무엇인가?

> 경영활동의 모든 영역을 효율적으로 개선하여 기업 전체적으로 완전한 통합솔루션을 제공하고 기업의 업무 프로세스를 응용프로그램으로 연결시키는 종합경영정보시스템이다. 다시 말해, 기업의 주요 업무인 생산, 자재 영업, 인사, 회계 등의 업무를 통합하는 기업경영관리 소프트웨어 패키지이다.

① BPR(비즈니스 리엔지니어링)

② DSS(의사결정 지원 시스템)

③ ERP(전사적 자원관리 시스템)

④ IRS(정보 보고 시스템)

15 마케팅 믹스는 마케팅 목표를 달성하기 위해 사용하는 핵심도구이다. 품질, 특징, 디자인, 포장, 서비스, 품질보증 등과 관련된 내용은 마케팅믹스 요인 중 어디에 해당하는 것인가?

① 제품결정(Product)

② 가격결정(Price)

③ 유통결정(Place)

④ 촉진결정(Promotion)

16 기업의 인적자원관리는 매우 중요한 프로세스이다. 다음 중 인사평가 결과를 활용하는 분야로 가장 거리가 먼 것은?

① 직무수행에 맞는 적합한 인재를 배치하고 승진 배치에 활용한다.

② 공정한 보상의 원칙에 따라 보상을 책정한다.

③ 교육 및 훈련개발에 활용한다.

④ 비즈니스 모델 개발에 활용한다.

17 다음 중 ⓐ, ⓑ, ⓒ에 들어갈 용어로 바르게 연결된 것은?

> - (ⓐ)는 기업이 보유하고 있는 특정시점의 자산, 부채, 자본에 대한 정보를 축약하여 나타내는 재무제표이다.
> - (ⓑ)는 기업의 일정 기간 동안의 수익과 비용을 표시해 주는 경영성과보고서이다.
> - (ⓒ)는 새로운 국제회계기준에 따라 재무제표의 구성항목에서 삭제되었다.

① ⓐ 재무상태표 – ⓑ 포괄손익계산서 – ⓒ 이익잉여금처분계산서
② ⓐ 자본변동표 – ⓑ 포괄손익계산서 – ⓒ 현금흐름표
③ ⓐ 재무상태표 – ⓑ 포괄손익계산서 – ⓒ 자본변동표
④ ⓐ 자본변동표 – ⓑ 재무상태표 – ⓒ 현금흐름표

18 정부나 중앙은행, 금융회사의 개입없이 온라인상에서 개인과 개인이 직접 돈을 주고받을 수 있도록 암호화된 가상화폐(암호화폐)는 무엇인가?

① 블록체인　　　　　　② 가상토큰
③ 비트코인　　　　　　④ 디지털코인

19 다음 중 물가가 계속 하락하는 디플레이션이 지속될 때 나타나는 경제현상으로 가장 적절하지 않은 것은?

① 화폐가치 하락　　　　② 부채에 대한 부담 증가
③ 기업 투자 위축　　　　④ 소비 감소

20 다음의 A에 공통으로 들어가는 용어로 가장 옳은 것은?

> A는(은) 연기금, 보험사, 자산운용사 등 기관투자자들이 배당, 사외이사 선임 등 기업 의사결정에 적극적으로 참여해 기업의 가치를 높이도록 하는 의결권 행사 지침을 말한다. 정부는 A의 활성화를 위해 국민연금 등 연기금을 적극 활용하겠다는 입장이다.

① 세이프가드(safeguard)　　　② 스튜어드십 코드(stewardship code)
③ 섀도보팅(shadow voting)　　　④

07 비서자격시험
2019년 1급 1회

01 김○○ 비서는 입사후 비서로서 경영현황 지식을 갖추기 위해 다음과 같은 활동을 하였다. 가장 거리가 먼 행동은?

① 조직의 재무제표를 수집하여 분석하였다.
② 기업의 경영관련 모든 루머를 수집해서 바로 상사에게 보고하였다.
③ 기업에서 생산되는 제품과 서비스에 대한 정보를 수집하여 공부하였다.
④ 기업의 경영이념을 숙지하여 업무에 적용하였다.

02 다음 중 특정 산업 내의 경쟁 강도에 대한 설명으로 가장 적절하지 않은 것은?

① 진입장벽이 낮은 산업일수록 경쟁이 치열하다
② 산업성장률이 높은 경우는 성장률이 낮은 경우보다 경쟁이 치열하다.
③ 시장점유율이 비슷한 경우 경쟁이 치열하다.
④ 대체재의 수가 많은 경우 경쟁이 치열하다.

03 다음 중 정관에 특별한 계약이 없는 한 전원이 공동출자하여 무한책임을 지므로 신뢰관계가 두터운 가족이나 친지 간에 이용되는 기업형태는 무엇인가?

① 합자회사 ② 합명회사
③ 익명조합 ④ 주식회사

04 기업들은 글로벌시장에서 경쟁하기 위해 다양한 전략을 구사한다. 다음의 내용을 읽고 어떤 전략을 설명한 것인지 가장 가까운 것을 고르시오.

> 외국의 기업이 생산한 개별제품에 자신의 브랜드와 상표를 부착하는 개념으로, 예를 들어 델은 대만의 노트북제조회사 인 퀸타 컴퓨터와 계약을 맺고 제조되는 노트북에 델의 브랜드를 부착하도록 하는 방법이다. 이러한 방법은 공장설립과 같은 과중한 진입비용에 따른 부담을 주지 않고 새로운 시장을 경험할 기회를 제공한다.

① 라이선싱(licensing)　　　　② 프랜차이징(franchising)
③ 위탁제조(contract manufacturing)　　④ 해외자회사(foreign subsidiaries)

05 다음 중 기업의 인수 · 합병(M&A)에 관한 설명으로 가장 적절하지 않은 것은?

① 투자자본과 운전자본 소요액이 증가하여 기업의 재무구조가 악화될 우려가 있다.
② 원가가 절감되는 규모의 경제성을 기대할 수 있으며 특히, 수직적 M&A의 경우 영업효율성이 증대될 수 있다.
③ 상이한 성격의 기업끼리 M&A를 하면 분산투자에 의한 위험 분산의 이점이 있다.
④ 수평적 M&A의 경우 시장점유율 확대로 지배적 위치를 확보할 수도 있다.

06 다음 중 대기업의 특성에 대한 설명으로 가장 옳은 것은?

① 대기업은 수평적 조직으로 조직이동 등의 유연한 관리가 가능한 유기적 조직이다.
② 대기업은 경기 침체기에 가장 먼저 위상이 흔들리고 경기 성장기에 쉽게 살아난다.
③ 아웃소싱을 다양화함으로써 기업전체의 비용절감과 사업다각화가 가능하다.
④ 대기업은 수요량이 적은 틈새시장 공략에 유리하다.

07 다음은 주식회사에 대한 설명이다. 옳지 않은 것은?

① 주식회사는 투자자와 별개의 법적 지위를 갖는 법인이다.

② 주식회사의 투자자는 회사가 파산하거나 손해를 보아도 자신이 출자한 지분에 대해서만 책임을 진다.

③ 주식회사의 설립과 청산은 상대적으로 복잡하나 법적 규제는 약한 편이다.

④ 주식회사는 많은 사람들로부터 출자를 유도할 수 있어 거대 자본으로 회사운영이 가능하다.

08 다음 중 경영의 기본 관리기능에 대한 설명으로 가장 적절하지 않은 것은?

① 계획화는 조직의 목표를 세우고 이를 달성하기 위한 방법을 찾는 일종의 분석과 선택의 과정을 말한다.

② 조직화는 조직목표를 달성하기 위해 요구되는 업무를 수행하도록 종업원들을 독려하고 감독하는 행위를 말한다.

③ 통제화는 경영활동이 계획과 부합되도록 구성원의 활동을 측정하고 수정하는 기능이다.

④ 조정화는 이해와 견해가 대립된 제 활동과 노력을 결합하고 동일화해서 조화를 기하는 기능이다.

09 다음의 괄호에 들어가는 말을 순서대로 열거한 것을 고르시오.

> (   )은 특정제품에 관련되는 경영활동은 해당 사업부문의 책임자가 맡는다. (   )은 특정한 목표를 달성하기 위해 팀을 구성하며, 목표달성 후 해체되는 형태로서, 전체 조직의 구조와 업무에 영향을 미치지 않는다. (   )은 전통적인 기능부분조직과 프로젝트 조직의 결합 형태로 구성원은 2중으로 소속되어 있다.

① 사업부제조직 – 프로젝트조직 – 매트릭스조직

② 사업부제조직 – 매트릭스조직 – 결합조직

③ 라인스탭조직 – 프로젝트조직 – 매트릭스조직

④ 라인스탭조직 – 매트릭스조직 – 결합조직

10 의사결정 유형은 수준과 범위에 따라 전략적 – 관리적 – 업무적 의사결정으로 분류한다. 다음 중 의사결정 유형에 대한 설명으로 가장 적절하지 않은 것은?

① 전략적 의사결정은 주로 기업내부에 관한 의사결정으로, 의사결정에 필요한 능력으로는 기업 내부의 부문 간 조율을 위해 대인관계능력이 강조된다.

② 관리적 의사결정은 주로 중간경영층에서 이루어지고 최적의 업적능력을 내도록 기업의 자원을 조직화하는 것과 관련이 있다.

③ 업무적 의사결정은 주로 하위경영층에 의해 이루어지고 생산, 마케팅, 인사 등과 관련한 일상적으로 이루어지는 의사결정을 포함한다.

④ 업무적 의사결정을 하는 데 필요한 능력으로 업무의 문제를 발견하고 해결하는 기술적 능력이 있다.

11 다음 중 동기부여이론에 대한 설명으로 가장 옳지 않은 것은?

① 알더퍼(Alderfer)의 ERG이론은 인간의 욕구는 존재욕구 – 관계욕구 – 성장욕구로 분류한다.

② 허쯔버그(Herzberg)의 이요인이론(two factor theory)에 의하면, 임금 인상이나 작업환경 개선으로는 종업원의 만족도를 높일 수 없다.

③ 아담스(Adams)의 공정성 이론(equity theory)은 욕구를 5단계로 분류하여 하위에서 상위욕구까지를 설명한 과정이론이다.

④ 브룸(Vroom)의 기대이론은 직무수행을 위한 구성원의 노력에서 보상까지의 과정에 있어 동기유발을 이해하기 위한 접근방법이다.

12 다음 중 리더십이론의 설명으로 가장 옳지 않은 것은?

① 특성이론은 가장 오래된 이론으로 성공적인 리더들은 타인과 다른 개인적 특성을 가지고 있으며, 이는 선천적으로 태어난다는 이론이다.

② 행동이론은 리더의 행동양식에 초점을 맞춘 것으로 리더의 행동이 구성원에게 만족도와 생산성에 영향을 준다는 이론이다.

③ 상황이론은 상황에 따라 바람직한 유형의 리더가 달라진다는 이론이다.

④ 변혁적 리더십은 오직 상사의 막강한 권력만이 부하를 변혁시킨다는 이론이다.

13 다음 중 가격관리에 대한 설명으로 가장 적절하지 않은 것은?

① 초기고가격전략은 신제품의 도입 초기에 높은 소득층의 구매력을 흡수하기 위해 높은 가격을 설정하는 전략을 말한다.

② 가격결정에서 제품의 원가는 가격 결정의 하한선이 된다.

③ 수요중심 가격결정은 제품단위당 원가와 경쟁사의 제품가격을 기준으로 가격을 결정하는 방법이다.

④ 고객의 제품에 대한 가치지각은 가격결정의 상한선이 된다.

14 기업회계기준에 의한 손익계산서를 작성할 때 배열 순서로 가장 올바른 것은?

① 매출총수익 – 당기손순익 – 영업손익 – 특별손익

② 매출총수익 – 특별손익 – 당기손순익 – 법인세차감후손순익

③ 매출총수익 – 영업손익 – 법인세차감전손순익 – 당기순손익

④ 매출총수익 – 특별손익 – 영업손익 – 당기순손익

15 다음 중 기업이 보상수준을 결정할 때 중요하게 고려해야 할 요인에 대한 설명으로 가장 적절하지 않은 것은?

① 보상수준은 기본적으로 종업원의 생계를 보장할 수 있는 수준이 되어야 한다

② 보상수준은 기업의 지불능력 한도 내에서 결정되어야 하며 지불능력에 따라 임금수준의 하한선이 결정된다.

③ 정부의 최저임금제도나 노동력의 수급상황 등과 같은 환경적 요인도 보상수준을 결정하는 데 영향을 미친다.

④ 임금관리의 공정성을 확보하기 위하여 동종업계의 임금수준을 조사할 필요가 있다.

16 기업의 신용등급 및 평가와 관련된 설명으로 옳지 않은 것은?

① 신용평가는 기업의 사업전망, 재무분석 등을 실시하여 평가한다.

② 신용등급은 돈을 빌려쓰고 약속한대로 갚을 수 있는 능력을 평가하여 상환 능력의 정도를 기호로 표시한 것이다.

③ 기업이 금융기관에서 돈을 빌리고자 할 때 신용등급이 크게 영향을 주지는 않는다.

④ 신용도를 조사·분석하여 평가하는 것을 전문으로 하는 신용 평가회사가 있다.

17 브릭스(BRICS)는 2000년대를 전후해 경제성장 가능성이 높은 신흥경제국 5개국을 하나의 경제권으로 묶어 지칭하는 용어이다. 매년 정상회담을 개최하여 브릭스 회원국간의 상호 경제협력을 강화하는 움직임을 이어가고 있다. 다음의 국가 중 브릭스(BRICS)의 회원국이 아닌 국가는?

① 러시아   ② 중국

③ 남아프리카공화국   ④ 멕시코

18 다음 중 인적자원관리 기능프로세스 중 가장 거리가 먼 것은?

① 확보관리   ② 스카웃관리

③ 평가관리   ④ 개발관리

19 〈A〉는 저소득층의 소득증가가 결과적으로 국가전체의 경기부양으로 이어진다는 경제용어이다. 이는 저소득층의 소득수준이 올 라가면 총 소비가 늘어나고, 기업측면에서는 생산 투자할 여력이 많아지기 때문에 경기가 활성화돼 부유층의 소득도 높아진다는 것이다. 이는 부유층으로부터 세금을 더 걷어 저소득층의 복지정책을 늘리자는 정책과 상통한다. 여기서 〈A〉를 뜻하는 용어는 무엇인가?

① 낙수효과   ② 낙타효과

③ 분수효과   ④ 풍선효과

20 다음 중 전사적자원관리(Enterprise Resource Planning: ERP)에 대한 설명으로 가장 적절하지 않은 것은?

① 기업의 경쟁력강화를 위해 부서별로 분산되어 있고 유기적으로 연결되어 있지 못한 자원을 서로 연결하는 시스템이다.

② ERP의 목적은 기업의 모든 자원을 공유함으로써 자원의 효율화를 추구한다.

③ 최근 ERP솔루션은 클라우딩 컴퓨팅 기반으로 빠르게 전환하고 있는 추세이다.

④ ERP는 반드시 기업 스스로가 독자적으로 개발해야만 하기 때문에 비용과 기술로 인하여 대기업에서만 개발하여 사용할 수 있는 시스템이다.

08 비서자격시험

2019년 2급 1회

01 기업은 경영성과에 직접적 영향을 미치는 이해관계자들과 관계를 맺고 있다. 다음 중 외부이해관계자의 예가 아닌 것은?

① 금융기관　　　　　　　　　② 소비자
③ 주주　　　　　　　　　　　④ 언론매체

02 다음 중 기업경영환경 중 경제적 환경의 구체적인 요인으로 표시된 것은?

㉠ 국민경제규모	㉡ 정부의 재정 및 금융정책
㉢ 독과점규제법	㉣ 여성취업자수의 증가
㉤ 정부의 경제운용계획	㉥ 국가의 경제체제

① ㉠,㉣,㉥
② ㉠,㉢,㉣
③ ㉠,㉡,㉤,㉥
④ ㉠,㉡,㉢,㉣,㉤,㉥

03 다음 중 기업형태의 특징에 대한 설명으로 가장 적절하지 않은 것은?

① 합자회사는 2명 이상의 출자자가 공동으로 출자하며 회사의 채무에 대한 연대무한의 책임을 진다.
② 주식회사는 자본적 공동기업의 대표적 형태이며 출자자는 회사의 부채에 개인적인 책임을 지지 않는다.
③ 공기업은 공공의 이익증진을 본질적인 목적으로 한다.
④ 공사공동기업은 공기업의 장점인 자본조달의 용이성과 사기업의 장점인 경영능률 향상을 결합한 것이다.

14 다음 중 기업의 사회적 책임에 대한 구체적인 내용이 아닌 것은?

① 기업유지 및 발전의 책임   ② 이해관계자의 이해조정의 책임

③ 외국기업과의 교류의 책임   ④ 지역발전과 복지향상에 대한 책임

05 다음 중 주식회사의 필요상설기관인 '이사회'의 권한에 따른 의결사항으로 보기에 가장 적합하지 않은 것은?

① 주주총회 소집권한   ② 신주의 발행 및 사채 모집

③ 감사의 선임   ④ 대표이사의 선임

06 다음 중 대기업의 특성으로 옳은 것은?

① 수평조직   ② 규모의 경제

③ 틈새시장   ④ 단순성

07 다음 설명 중 중소기업의 특성으로 거리가 먼 것은?

① 기업의 규모가 작아서 창업이나, 폐업이 어려우며 환경변화에 쉽게 대응할 수 없다.

② 주로 소매업, 서비스업종의 1인 기업이 많다.

③ 소유자에 의해 의사결정이 자율적으로 이루어진다.

④ 대기업의 협력업체로 종속관계를 유지하는 경우가 있다.

08 조직문화 형성에 영향을 주는 주요 요인으로 맞지 않는 것은?

① 조직의 역사와 규모   ② 창업자의 경영이념과 철학

③ 조직의 환경   ④ 경쟁기업의 사회화

09 민츠버그(H. Mintzberg)가 말한 경영자의 역할에 해당하지 않는 것은 무엇인가?

① 대인관계 역할　　　　　② 정보관련 역할

③ 환경관리 역할　　　　　④ 의사결정 역할

10 경영의 기본기능 중 가장 중요한 것으로 기업이 앞으로 나아갈 방향과 각 활동이 수행되어야 할 방법을 제시하고 다른 모든 기능의 수행에 영향을 미치는 경영관리 기능은 무엇인가?

① 통제　　　　　　　　　② 지휘

③ 계획화　　　　　　　　④ 조직화

11 개인의 특성이 리더로서의 성공의 결정요인으로 중요하게 보는 리더십 이론은 무엇인가?

① 행동이론　　　　　　　② 특성이론

③ 상황이론　　　　　　　④ 규범적 리더십이론

12 허쯔버그(Herzberg)의 동기 – 위생이론에 대한 설명으로 옳은 것은?

① 동기요인은 높은 수준의 욕구와 관련이 있으며, 개인으로 하여금 열심히 일하게 하고 성취도를 높여주는 요인이다.

② 동기요인은 직무 자체보다는 직무환경과 연관성이 있다.

③ 위생요인은 구성원들에게 주는 만족요인이다.

④ 위생요인은 심리적 성장을 추구하는 요인이다.

13 마케팅믹스란 기업이 원하는 반응을 얻기 위해 사용되는 마케팅 변수의 집합이다. 마케팅믹스의 요소인 4P에 대한 설명으로 적절치 않은 것은?

① Product – 제품

② Price – 가격

③ Place – 시장

④ Promotion – 촉진

14 다음 중 마케팅 전략에 대한 설명으로 가장 적절하지 않은 것은?

① 집중적 마케팅은 기업의 자원이나 역량에 한계가 있는 중소기업들이 사용하는 경우가 많다.

② 제품수명주기가 도입기에 있는 경우에는 집중적 마케팅을 하는 것이 좋다.

③ 경쟁사가 차별적 마케팅이나 집중적 마케팅을 하는 경우, 비차별적 마케팅을 함으로써 경쟁우위를 확보할 수 있다.

④ 모든 구매자가 동일한 기호를 가지고 있는 경우에는 비차별적 마케팅이 적합하다.

15 다음 중 보상관리에 대한 설명으로 가장 적절하지 않은 것은?

① 직무급은 각 직무의 상대적 가치를 평가해 등급화된 직무등급에 의거하여 임금수준을 결정하는 임금체계이다.

② 성과급은 성과와 능률을 기준으로 임금이 결정된다.

③ 직능급은 종업원의 직무수행능력을 기준으로 임금수준을 결정한다.

④ 연공급은 동일노동 동일임금의 원칙을 실현하기 위해 가장 적절한 임금체계라고 할 수 있다.

16 다음 중 유동자산으로 볼 수 없는 것은?

① 현금

② 재고자산

③ 외상매출금

④ 외상매입금

17 구매한 상품의 하자를 문제 삼아 기업을 상대로 과도한 피해보상금을 요구하거나 거짓으로 피해를 본 것처럼 꾸며 보상을 요구하는 사람들을 일컫는 용어는 무엇인가?

① 프로슈머   ② 컨슈머 마케팅

③ 블랙 컨슈머   ④ 그린 컨슈머

18 다음 중 '작은 돈을 장기간 절약하여 꾸준히 저축하면 목돈을 만들 수 있다'는 의미로 장기간 저축하는 습관의 중요성을 강조하는 용어로 가장 적절한 것은?

① 스파게티볼 효과   ② 카푸치노 효과

③ 카페라테 효과   ④ 블랙스완 효과

19 다음 중 직무관리에 대한 설명으로 가장 적절하지 않은 것은?

① 직무명세서는 직무를 수행하는 데 필요한 인적요건을 중심으로 작성된다.

② 직무분석은 직무의 상대적 가치를 결정하는 것으로 보상을 결정하는 데 목적이 있다.

③ 직무분석을 통해 직무기술서와 직무명세서가 작성된다.

④ 직무충실화는 수직적 직무확대를 의미하며 직무확대에 비해 동기요인이 강하게 부여된다.

20 아래의 사례를 설명할 수 있는 게임이론으로 가장 적절한 것은?

경쟁기업인 A기업과 B기업이 서로를 꺾기 위해 손실을 감수하며 파격적인 할인을 반복하는 '죽기살기식 가격경쟁'을 하고 있다.

① 제로섬게임   ② 죄수의 딜레마

③ 세 명의 총잡이   ④ 치킨게임

09 비서자격시험
2018년 1급 2회

01 다음은 기업의 윤리적 기준을 기술하는 윤리적 행동에 대한 여러 가지 접근법에 대한 설명이다. 다음 중 가장 옳지 않은 것은?

① 이기주의 접근법은 이윤극대화, 능률성, 경쟁 등 조직이익 우선의 개념을 정당화한다.

② 공리주의 접근법은 비용-효익 분석이라고도 하며 행위의 동기가 아닌 객관적 결과에 의해 판단하려는 것이다.

③ 도덕적 권리 접근법의 일환으로 나온 법안으로 공정거래법, 공해방지법 등이 있다.

④ 사회적 정의 접근법에서는 정당성, 공정성, 공평성을 중시한다.

02 기업의 입장에서 볼 때 그 대상을 파악할 수 있기 때문에 영향력 행사가 가능하며, 관리가능한 환경은 다음 중 무엇인가?

① 일반환경 ② 문화환경 ③ 과업환경 ④ 경쟁환경

03 다음 중 기업의 경영환경에 대한 설명으로 가장 적절하지 않은 것은?

① 거시환경과 미시환경은 기업에 대해 서로 상호 연관된 형태로 영향을 미친다.

② 기업의 조직문화, 조직목표 등도 조직 경영에 영향을 미칠 수 있으므로 기업내부환경으로 본다.

③ 기업환경은 기업의 활동에 위협이 되기도 하므로 기업에게는 외부환경 변화에 대한 신축적 대응이 필요하다.

④ 오늘날 기업환경 변화의 특성은 오랫동안 계속되는 지속성을 가지고 있으므로 변화의 원인을 쉽게 예측할 수 있다.

04 다음은 대기업과 비교하여 상대적인 중소기업의 유리한 점에 대해 기술한 것이다. 보기 중 가장 거리가 먼 것은?

① 대기업에 비해 신제품 출시와 개발 속도가 빠르고 자금과 인력이 적게 든다.

② 개인별 맞춤서비스를 원하는 특수 분야 시장에는 중소기업이 유리하다.

③ 소수의 몇 사람이 출자하여 직접 경영에 참여하며 기업의 생명이 소유주 개인에 달려있다.

④ 대기업이 쉽게 진출하지 않는 수요량이 적은 틈새시장 공략에 유리하다.

05 다음 중 공기업의 특징에 대한 설명으로 가장 적절하지 않은 것은?

① 국가예산의 범위에 한정된 자금으로 운영되므로 자본조달의 어려움이 따르는 경우가 많다.

② 법령이나 예산에 구속되어 경영상의 자유재량이 결여되기 쉽다.

③ 조세감면의 특혜를 받아 세금이나 공과금이 면제되거나 낮은 경우가 많다.

④ 공기업은 이익추구와 함께 공익추구도 함께 고려하여야 하며, 투자의사결정은 공기업의 공공성을 달성할 수 있도록 수행되는 경우가 많다.

06 다음 중 벤처캐피털의 특징에 대한 설명으로 가장 옳지 않은 것은?

① 벤처캐피털은 위험은 크지만 고수익을 지향하는 모험자금 이다.

② 벤처캐피털은 투자기업을 성장시킨 후 보유주식을 매각하여 자본이익을 얻고자 투자한다.

③ 벤처캐피털은 투자기업의 경영권 획득이 목적이 아니라 사업에 참여방식으로 투자하는 형식을 취한다.

④ 벤처캐피털은 투자심사에 있어서 기업의 안정성, 재무상태, 담보능력을 가장 중요시한다.

07 다음 중 여러 가지 조직구조에 대한 설명으로 가장 적절하지 않은 것은?

① 수평적 분화는 부문화와 직무의 전문화 등으로 나타난다.
② 조직의 공식화 수준이 높을수록 조직 구성원 개인의 직무 수행에 대한 재량권이 증가한다.
③ 집권화가 큰 조직은 의사결정권한을 상위층의 경영자가 보유하게 된다.
④ 분권적 관리조직은 신속한 의사결정이 가능하지만 공동비용의 발생으로 비용증가의 가능성이 있다.

08 아래 내용의 ⓐ, ⓑ에 해당되는 용어를 짝지어 놓은 것으로 가장 적절한 것은?

ⓐ는 동일지역 또는 인접지역에 있고 서로 관련성이 있는 여러 업종의 기업이 유기적으로 결합된 2개 이상의 기업결합체를 말한다.
ⓑ는 몇 개의 기업이 법률적 독립성을 유지하면서 금융적, 자본적으로 결합된 기업결합형태를 말한다.

① ⓐ 콤비나트(kombinat) - ⓑ 콘체른(concern)
② ⓐ 컨글로메리트(congolmerate) - ⓑ 트러스트(trust)
③ ⓐ 컨글로메리트(congolmerate) - ⓑ 콘체른(concern)
④ ⓐ 콤비나트(kombinat) - ⓑ 트러스트(trust)

09 다음 중 조직문화의 기능에 대한 설명으로 가장 옳지 않은 것은?

① 조직 구성원간의 정서적 유대감을 높여준다.
② 조직 구성원간의 커뮤니케이션 효율성을 높인다.
③ 강한 조직문화를 가진 기업의 경우, 전념도가 높아져 조직의 결속이 높아진다.
④ 조직문화는 항상 조직의 의사결정 효율성을 저해하는 요인으로 작용한다.

10 다음 중 민츠버그(Minzberg)가 주장한 조직의 경영자에 대한 설명으로 가장 옳은 것은?

① 경영자는 대인적, 정보적, 의사결정적 역할을 수행한다고 주장하였다.

② 종업원을 채용, 훈련, 동기유발시키는 등의 리더로서의 역할은 경영자의 의사결정적 역할을 보여주는 것이다.

③ 기업 내외의 여러 이해집단과 접촉하는 것은 경영자의 정보적 역할을 보여주는 것이다.

④ 분쟁 해결자, 협상가로서의 역할을 수행하는 것은 경영자의 대인적 역할을 보여주는 것이다.

11 다음 중 리더십 이론에 대한 설명으로 가장 적절하지 않은 것은?

① 피들러(Fiedler)의 상황이론에 따르면, 집단상황이 리더에게 매우 호의적인 상황에서 관계지향적 리더가 가장 효과적인 것으로 나타났다.

② 허시(Hersey)와 블랜차드(Blanchard)의 상황이론에 의하면, 부하의 성숙도가 매우 높은 경우에는 위임형 리더십 스타일이 적합하다.

③ 블레이크(Blake)와 머튼(Mouton)의 관리격자모형은 생산에 대한 관심과 인간에 대한 관심으로 리더의 행동을 유형화 하였다.

④ 하우스(House)의 경로-목표이론에 의하면, 리더는 개인이나 집단 구성원이 추구하는 목표에 길잡이가 될 수 있을 때 효과적인 리더라고 할 수 있다.

12 다음의 임금피크제에 대한 설명으로 가장 옳은 것은?

① 근속연수에 따라 호봉과 임금이 한없이 증가하는 것이다.

② 고령의 사원을 낮은 임금에 고용 보장을 해주기 위해 마련한 제도이다.

③ 임금하한제로서 기업의 임금부담을 줄일 수 있는 방안이다.

④ 저임금 노동자를 보호하기 위해 마련된 제도이다.

13 다음은 각 동기부여 이론에서 주장하고 있는 특성을 설명한 것이다. 가장 옳지 않은 것은?

① 욕구단계이론 : 하위계층의 욕구로부터 단계적으로 나타난다.

② ERG이론 : 사람은 존재, 관계, 성장에 관한 세 단계의 욕구를 갖는다.

③ 동기-위생이론 : 동기요인은 만족요인, 위생요인은 불만족 요인으로 설명하고 있다.

④ 강화이론 : 사람은 행동과정에서 동기력 값이 가장 큰 대안을 선택하여 강화한다.

14 다음 중 경영정보시스템(MIS)에 대한 설명으로 가장 옳지 않은 것은?

① 경영정보시스템은 인사관리, 판매관리, 재고관리, 회계관리 등의 분야에 걸쳐 다양하게 적용된다.

② 기업의 외부자원과 내부자원을 통합하여 고객의 요구에 맞게 서비스함으로써 업무생산성을 향상시키고, 고객 외부사업 파트너, 내부 종업원을 통일된 인터페이스를 통해 하나로 묶을 수 있는 e-Business를 의미한다.

③ 경영정보시스템의 역할은 운영적 역할, 관리적 역할 뿐 아니라 기업전체의 전략적 우위확보를 지원하는 전략적 역할을 포함하고 있다.

④ 경영정보시스템의 기능구조로는 거래처리시스템, 정보처리 시스템, 프로그램화 의사결정시스템, 의사결정지원시스템, 의사소통 시스템 등이 있다.

15 다음의 제품수명주기(PLC)에 따른 특징과 마케팅 전략에 대한 설명으로 가장 옳지 않은 것은?

① 도입기 : 제품 홍보를 알리는 공격적 광고 홍보 전략

② 성장기 : 매출이 증가하는 단계로 기존고객 유지 전략

③ 성숙기 : 경쟁이 가속화되는 관계로 시장점유 방어 전략

④ 쇠퇴기 : 판매부진과 이익감소로 원가관리 강화 전략

16 다음은 경영분석에서 사용되는 주요 분석방법들 중 하나를 설명한 내용이다. 아래의 분석기법은 무엇을 설명한 것인가?

> - 기준 연도의 재무제표 각 항목 수치를 100%로 하고 비교 연도의 각 항목 수치를 이에 대한 백분율로 표시한다.
> - 매출액 증가율, 순이익 증가율 등 성장성을 파악하는데 활용한다.

① 구성비율분석   ② 관계비율분석
③ 추세비율분석   ④ 유동비율분석

17 다음 중 손익계산서에서 나타내는 산식으로 가장 옳은 것은?

① 매출총이익 = 매출액 - 판매비
② 영업이익 = 매출총이익 - 판매비와 일반관리비
③ 법인세차감전 순이익 = 영업이익 + 영업 외 수익
④ 당기순이익 = 매출총이익 - 영업이익

18 설계·개발, 제조 및 유통·물류 등 생산과정에 디지털 자동화 솔루션이 결합된 정보통신기술(ICT)을 적용하여 생산성, 품질, 고객만족도를 향상시키는 지능형 생산공장을 일컫는 용어는 다음 중 무엇인가?

① 인더스트리 4.0   ② 스마트 공장
③ 사물인터넷   ④ 공장자동화

19 다음의 물가지수(price index)에 대한 설명으로 가장 옳지 않은 것은?

① 종합적인 물가수준을 일정한 기준에 따라 지수로 나타낸 것이다.
② 어느 해의 물가지수가 105라면 기준연도에 비해 평균 물가 수준이 5% 감소하였다는 것을 나타낸다.
③ 물가지수는 상품별로 중요한 정도에 따라 가중치를 다르게 적용한다.
④ 물가지수라 하면 보통 생산자물가지수와 소비자물가지수를 말한다.

20 다음 중 아래의 내용과 관련된 용어로 가장 적절한 것은?

> 투자자들 사이에 어떤 회사의 주식가치, 더 나아가 전체주식 시장의 가치가 고평
> 가되었는지 가늠할 수 있는 잣대로서 현재시장에서 매매되는 특정회사의 주식가
> 격을 주당순이익으로 나눈 값을 말한다. 이것이 낮은 주식은 앞으로 주식 가격이
> 상승할 가능성이 크다.

① ROI   ② PER   ③ KPI   ④ CVR

10 비서자격시험
2018년 2급 2회

01 다음 중 기업 및 경영자의 사회적 책임에 대한 설명으로 가장 적절하지 않은 것은?

① 경영자는 효율적인 기업경영활동을 통하여 기업이 유지·존속될 수 있도록 해야 한다.

② 기업은 사회적 책임을 무시하고 이익을 추구하기만 해도 된다.

③ 경영자는 다양한 이해집단과 관계를 맺고 있으며 이해집단 간의 상충되는 이해를 원만히 조정해야하는 책임이 있다.

④ 기업이 사회적 책임을 이행하면 좋은 평판을 얻게 되어 매출에 긍정적 작용을 가져올 수 있다.

02 적대적 M&A의 위협을 받고 있는 기업의 경영권을 지켜주기 위해 나서는 우호적인 제3의 세력을 나타내는 용어로 다음 중 가장 옳은 것은?

① 흑기사   ② 백기사   ③ 황금낙하산   ④ 황금주

03 다음의 설명을 읽고 괄호에 들어갈 말로 가장 적합한 것은?

> (　　　　　　　)은 2개 국가 이상에서 현지법인을 운영하는 기업으로 주로
> (　　　　　　　)에 의해 형성되는데, 이는 다른 나라에 (　　　　　　　)또는
> (　　　　　　　)를 담당하는 자회사를 설립하는 것을 의미 한다.

① 다국적기업, 해외간접투자, 투자, 소비

② 다국적기업, 해외직접투자, 생산, 판매

③ 글로벌산업, 해외직접투자, 투자, 소비

④ 글로벌산업, 해외간접투자, 생산, 판매

04 프랜차이즈에 대한 설명으로 다음 중 가장 적합하지 못한 것은?

① 프랜차이즈계약은 본사가 가맹업체에게 일정지역에서 상호를 사용할 수 있는 권한과 제품을 판매하거나 서비스를 제공할 수 있는 권한을 판매하는 계약이다.

② 프랜차이즈는 개인기업, 파트너십, 회사의 형식이 가능하다.

③ 맥도날드, 세븐일레븐, 홀리데이인 등이 대표적인 프랜차이즈 업체이다.

④ 프랜차이즈의 장점은 비교적 낮은 창업비용이다.

05 다음의 대화내용에 나타난 기업형태와 가장 관련이 있는 것은?

> A : 주식을 사고 싶은데, 걱정이에요.
>
> B : 무슨 걱정이죠?
>
> A : 회사가 망하면 어쩌지요?
>
> B : 음 그러면 투자한 돈은 손해를 보지요. 하지만 회사의 나머지 채무에 대해서는 상환할 의무가 없어요. 주주는 유한책임사원이니까.
>
> A : 주식은 언제든 사고 팔 수 있다면서요?
>
> B : 당연해요. 주식은 주당 금액이 똑같은 액면 균일가로 되어 있기에 투자액도 맘대로 정할 수 있어요.

① 합명회사   ② 합자회사   ③ 유한회사   ④ 주식회사

06 다음 중 중소기업에 대한 설명으로 가장 적절하지 않은 것은?

① 중소기업은 경기변동에 대한 탄력성이 있어서 대기업보다 경기의 영향을 적게 받으며 수요변화에 적절히 대처할 수 있다.

② 중소기업의 기술수준은 대기업보다 낮은 편이지만 기술개발의 잠재력은 높게 나타난다.

③ 중소기업은 동종 업종간의 경쟁이 대기업보다 적기 때문에 단기간에 높은 수익을 달성하기 쉽다.

④ 중소기업은 대기업보다 조직구조가 단순하기 때문에 환경 변화에 유연성 있게 대응할 수 있다.

07 다음 중 조직의 성과관리 시스템인 균형성과지표(BSC : Balanced Score Card)의 4가지 관점으로 가장 적합하지 않은 것은?

① 공급자관점　　　② 재무적관점　　　③ 고객관점　　　④ 내부프로세스관점

08 다음은 지식경영 및 지식에 관한 설명이다. 다음 중 가장 설명이 바르게 연결된 것은?

① 지식은 암묵지와 형식지로 이루어져있으며, 암묵지는 문서나 매뉴얼처럼 외부로 표출된 지식을 의미한다.

② 조직에서 지식의 순환 중 사회화과정은 암묵지에서 암묵지 로의 전환과정을 의미하며, OJT(on-the job training)를 한예로 들 수 있다.

③ 지식경영은 외부의 지식을 조직의 지식으로 창조하는 것을 의미하며 지식경영의 목표는 외부지식의 획득에 있다.

④ 조직의 지식은 1회적인 순환과정으로 고도화하고 새로운 가치를 창조한다.

09 다음은 여러 학자들의 동기부여이론을 설명한 것이다. 이 중 가장 적합하지 않은 것은?

① 매슬로우는 인간의 욕구를 생리적, 안전, 소속, 존경, 자아실현의 5가지로 나누었으며, 초창기 이론은 저차원의 욕구가 만족되어야 고차원의 욕구를 추구한다고 한다.

② 맥그리거는 X, Y이론을 설명하였는데, X이론에 의하면 관리자는 종업원을 스스로 목표달성을 할 수 있는 존재라고 보았다.

③ 허쯔버그는 위생-동기이론을 발표하였는데 위생요인은 방치 하면 사기가 저하되기에 이를 예방요인이라고도 한다.

④ 맥클랜드는 현대인은 주로 3가지 욕구 즉 권력, 친교, 성취 욕구에 관심이 있다고 한다.

10 마케팅활동에서 시장을 세분화할 때 다양한 기준으로 소비자 집단을 구분할 수 있다. 다음 중 시장 세분화의 요건으로 가장 적절하지 않은 것은?

① 각 세분시장은 외부적 동질성과 내부적 동질성을 가지고 있어야 한다.
② 각 세분시장은 세분시장별로 그 규모와 구매력을 측정할 수 있어야 한다.
③ 각 세분시장은 경제성이 보장될 수 있도록 충분한 시장규모를 가져야 한다.
④ 세분시장에 있는 소비자들에게 기업의 마케팅활동이 접근 가능해야 한다.

11 다음 중 보상관리에 대한 설명으로 가장 적절하지 않은 것은?

① 임금수준을 결정할 때 기업의 지불능력은 임금 상한선의 기대치가 된다.
② 임금관리의 공정성 확보를 위해 동일업종의 경쟁사의 임금 수준을 고려한다.
③ 직능급은 종업원의 직무수행능력을 기준으로 임금수준을 결정한다.
④ 직무급은 연공급을 기초로 임금수준을 결정하며 직무의 난이도에 따라 별도의 수당을 지급한다.

12 요즘 주택대출규제 등에 자주 등장하는 용어로 "총부채상환비율을 뜻하는 용어이며, 주택담보대출의 연간 원리금 상환액과 기타 부채의 연간이자 상환액의 합을 연소득으로 나눈 비율"을 의미 하는 용어는 다음 중 무엇인가?

① DIY   ② DTY   ③ DTA   ④ DTI

13 아래의 표는 ㈜한국물산의 2017년 재무상태표(계정식)를 나타낸 자료이다. 다음 중 가장 올바르게 작성된 부분은?

① 2017년 1월 1일부터 2017년 12월 31일까지
② 매출채권
③ 장기대여금
④ 이익잉여금

14 다음의 설명에 해당되는 용어는 보기 중 무엇인가?

> 전체 원인의 20%가 전체 결과의 80%를 지배하는 현상을 의미하는 용어로 20:80 법칙이라고도 하는 용어로 특히, 상위 20%사람들이 전체 부의 80%를 차지하기도 하고, 20%의 핵심인재가 80%의 성과를 올린다.

① 페레스트로이카 법칙   ② 파레토 법칙
③ 페이퍼컴퍼니 법칙   ④ 윔블던 법칙

15 다음의 내용을 의미하는 광고를 표현하는 용어로 가장 옳은 것은?

> 놀려대는 사람, 짓궂게 괴롭히는 사람이라는 뜻으로 광고 캠페인 때에 처음에는 회사명과 상품명을 밝히지 않고 구매 의욕을 유발시키면서 서서히 밝히거나 일정 시점에 가서 베일을 벗기는 방법이 취해진다.

① 푸티지 광고 ② 티저광고 ③ 인앱광고 ④ 리워드광고

16 다음 중 인터넷 쇼핑몰에서 옷을 구매하는 것과 같이 인터넷을 이용하여 기업이 일반 소비자를 대상으로 재화나 서비스를 판매 하는 전자상거래 모델을 나타내는 것은 다음 중 무엇인가?

① B2C   ② B2B   ③ C2C   ④ G2B

17 다음 중 타인을 위한 봉사에 초점을 두며 종업원, 고객 등을 우선으로 헌신하는 리더십은 무엇인가?

① 변혁적 리더십   ② 카리스마적 리더십
③ 서번트 리더십   ④ 슈퍼 리더십

18 다음 중 테일러(Taylor)의 과업관리(과학적 관리법)에 대한 설명 으로 가장 적합하지 않은 것은?

① 동작과 피로의 연구를 통해 작업단순화를 강조하였다.

② 최소의 노동과 비용으로 최대의 생산효과를 확보하는 최선의 방법과 최선의 용구를 발견하기 위해 생산공정을 최소 단위로 분배하여 이를 능률적 계획적으로 배치하는 방법을 연구하였다.

③ 인간노동을 기계화하여 노동생산성을 높이는 데만 치중하여 기업의 인간적 측면을 무시하였다는 비판을 받았다.

④ 작업과정에 능률을 높이기 위해 임금을 작업량에 따라 지급 하는 등 여러 가지 합리적인 방법을 연구하였다.

19 다음 중 연봉제과 연공제의 특성에 대한 설명으로 가장 옳은 것은?

① 연공제는 직무성과와 능력을 기준으로 본다.

② 연공제는 일을 기준으로 임금배분을 하는 임금제도이다.

③ 연봉제는 근로의 질과 양에 대한 보상이다.

④ 연봉제는 나이, 근속연수를 기준으로 하는 임금제도이다.

20 제품을 생산할 수 있는 권리를 일정한 대가를 받고 외국기업에게 일정기간동안 부여 하는 방식의 해외시장진출방법은 무엇인가?

① 라이센싱(licensing)

② 아웃소싱(outsourcing)

③ 합작투자(joint venture)

④ 턴키프로젝트(turn-key project)

11 비서자격시험 👆
2018년 1급 1회

01 최근 기업윤리가 경쟁력의 원천으로 떠오르면서 윤리경영을 실천하는 기업이 증가하고 있다. 다음 중 기업이 지켜야 할 주요 윤리 원칙에 대한 설명으로 가장 바람직하지 않은 것은?

① 가격 결정, 허가, 판매권 등 모든 활동에 대해 협력업체와 정보를 공유하고 계약에 따라 적시에 대금을 지급한다.

② 주주 투자가의 요구, 제언, 공식적인 결정을 존중한다.

③ 지역문화의 보존을 존중하고 교육, 문화에 자선을 기부한다.

④ 종업원 삶의 환경 개선을 위해 최소한 종업원의 생계비를 감당할 수 있는 수준에서 평균임금수준을 결정한다.

02 (A)는 계약에 의한 해외시장진출방식에 대한 설명이다. 다음 보기 중 (A)에 대한 내용으로 가장 적절한 것은?

> (A)은/는 특정 국가에서 외국기업에게 특허권, 상표, 기술, 제조프로세스, 이미지 등을 사용하도록 허가하고 이에 대한 사용료나 로열티를 받는 방식을 말한다.

① 상대적으로 적은 비용으로 해외 진출이 가능하므로 해외 직접투자에 비해 대체로 수익성이 높은 편이다.

② 프랜차이징방식으로 마케팅프로그램에 대한 교육이나 경영노하우 등을 기업에게 직접 제공해 줌으로써 표준화된 마케팅 활동을 수행할 수 있다.

③ 현지국에 고정자본을 투자함으로써 정치적 위험에 노출될 수 있다는 단점이 있다.

④ 수입장벽을 우회하는 전략적 특징이 있어서 진출예정국에 수출이나 직접투자에 대한 무역장벽이 존재할 경우에 유리하다.

03 다음은 경영환경요인에 대한 설명이다. 이 중 가장 적절하지 않은 설명은?

① 기업에 직접적인 영향을 미치느냐의 여부에 따라 직접환경 요인과 간접
환경요인으로 분류할 수 있다.

② 내부환경요인은 주주, 종업원, 경영자, 경쟁자 등이 포함된다.

③ 소비자, 금융기관, 정부 등의 요인은 외부환경요인 중 직접 환경에 포함된다.

④ 기술, 정치, 법률, 사회문화요인은 외부환경요인이다.

04 다음은 어떤 기업형태를 설명한 것인지 가장 가까운 보기를 고르시오.

> 두 사람 이상의 당사자가 조합계약을 체결하고 각각 출자하여 공동으로 사업을
> 경영하며 그 손익을 분배하는 조직체를 말한다.
> 두 사람 이상이 경영주체가 되는 공동기업일지라도 외부에 대해 활동할 때는 단
> 일의 회사나 조합으로서 행동하는 것이 아니고 별개의 조합원으로서 행동한다.

① 합명회사　　　　　　　　　② 합자회사

③ 유한회사　　　　　　　　　④ 조합기업

05 다음은 기업의 인수합병을 설명한 것이다. 이 중 거리가 가장 먼 것은 무엇인가?

① 흡수합병이란 한 기업이 다른 기업을 완전히 흡수하는 것을 의미한다.

② 신설합병은 통합된 두 기업이 완전히 소멸되어 제3의 기업이 탄생하는 것이다.

③ 합병은 피인수 기업을 그대로 존속시키면서 경영권을 행사하는 방법을 의
미한다.

④ 두 회사를 통합하여 하나의 회사로 변신하는 것을 합병이라고 한다.

06 다음은 주식회사에 대한 설명이다. 이 중 가장 적절하지 않은 것은 무엇인가?

① 현대사회에서 가장 대표적인 기업으로 모두 유한책임사원으로 구성되는 자본적 공동기업이다.

② 자본을 모두 증권화하고 있으며, 이러한 증권화제도를 의제 자본이라고도 한다.

③ 주식회사는 소유와 경영이 분리될 수 있으며, 주주가 많아지고 주식분산이 고도화될수록 투자자들은 경영에 대한 관심보다 주로 자본이득에 관심을 갖게 된다.

④ 주식회사의 사원은 주로 출자자와 경영자로 분류되며, 자신의 투자액, 즉 주식매입가격 한도 내에서만 책임을 지는 엄격한 유한 책임제도를 갖는다.

07 다음 중 중소기업과 대기업의 비교에 대한 설명으로 가장 적절 하지 않은 것은?

① 대기업은 경기변동에 있어서 중소기업보다 상대적으로 탄력 적이고 신축적이다.

② 대기업은 소품종 대량생산에 의하여 시장수요에 대응하고 중소기업은 주문에 의한 다품종 소량생산에 의존하는 경향이 있다.

③ 대기업과 비교해서 중소기업은 저생산성과 저자본비율이라는 특성을 가지고 있다.

④ 중소기업의 지역사회관계는 일반적으로 대기업보다 밀접 하며 지역문화 형성에 큰 역할을 담당한다.

08 다음은 경쟁가치모형에 따른 조직문화의 유형을 나타낸 그림이다. 다음 중 A~D의 조직문화를 가장 맞게 표현한 것으로 짝지어진 것은?

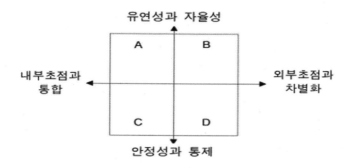

① 혁신문화(A) - 시장문화(B)
② 관계문화(A) - 혁신문화(B)
③ 시장문화(C) - 관계문화(D)
④ 위계문화(C) - 혁신문화(D)

09 다음의 대리인 문제에 대한 설명 중 가장 거리가 먼 것은?

① 대리인 문제는 주체와 대리인의 이해관계가 일치하지 않아 생기는 문제를 의미한다.

② 주주는 대리인이 주주들을 위해 일하고 있는지 감시해야 하는 데 이때 소요되는 비용을 확증비용(bonding cost) 이라고 한다.

③ 전문경영자가 기업을 위한 최적의 의사결정을 하지 않음으로써 발생하는 기업가치손실비용을 잔여손실(residual loss) 이라고 한다.

④ 전문경영자는 주주의 이익보다 개인의 이익을 우선할 때 도덕적해이(moral hazard)가 생길 수 있다.

10 다음 경영의 기능 중에서 조직화(organizing)와 관련된 내용으로 가장 적합한 것은?

① 조직이 달성해야 할 목표를 설정한다.

② 조직구성원을 동기부여한다.

③ 성과를 측정하고 피드백을 제공한다.

④ 수행할 업무를 분할하고 필요한 자원을 배분한다.

11 다음의 의사소통에 관한 설명 중 가장 적절하지 않은 것은?

① 의사소통이란 정보와 구성원들의 태도가 서로 교환되는 과정 이며, 이때 정보는 전달 뿐 아니라 완전히 이해되는 것을 의미한다.

② 의사소통의 목적은 통제, 지침, 동기부여, 문제해결, 정보 전달 등이 포함된다.

③ 직무지시, 작업절차에 대한 정보제공, 부하의 업적에 대한 피드백 등은 하향식 의사소통에 포함된다.

④ 동일계층의 사람들 간의 의사전달, 부하들의 피드백, 새로운 아이디어 제안 등은 수평식 의사소통에 포함된다.

12 다음 중 변혁적 리더십에 관한 설명으로 가장 적절하지 않은 것은?

① 변혁적 리더는 부하 개개인의 감정과 관심, 그리고 욕구를 존중함으로써 동기유발 시킨다.

② 변혁적 리더는 부하들에게 비전을 제시하고 비전달성을 위해 함께 협력할 것을 호소한다.

③ 변혁적 리더십의 구성요인은 조건적 보상과 예외에 의한 관리이다.

④ 변혁적 리더는 부하들에게 자신의 이익을 초월하여 조직의 이익을 위해 관심을 가지고 공헌하도록 고무시킨다.

13 다음의 마케팅에 관한 설명 중 가장 적절하지 않은 것은?

① 선행적 마케팅활동은 마케팅조사활동, 마케팅계획활동 등을 말한다.

② 관계 마케팅은 충성도를 증진시키기 위해 멤버쉽카드 등을 활용하기도 한다.

③ 자사의 상품에 대한 구매를 의도적으로 줄이는 마케팅활동을 심비오틱마케팅이라고한다.

④ 동시화마케팅은 제품 및 서비스의 공급능력에 맞추어 수요 발생시기를 조정 또는 변경한다.

14 다음의 사례에서 제품의 수명주기(product life cycle)중 (A)는 어떤 시기에 해당되는 것인지 보기에서 고르시오.

> 인스턴트커피가 도입되었을 때 사람들은 레귤러커피만큼 좋아 하지 않았으나, 어느 정도 시간이 흐르고 어떤 시점 이후에서는 인스턴트커피가 빠르게 대중화되었고, 많은 브랜드들이 출시되었다(A). 그 이후 점차 시간이 지나면서 사람들은 한 브랜드를 선호하게 되고 매출은 안정상태가 되었다.

① 성숙기   ② 성장기

③ 도입기   ④ 쇠퇴기

15 다음의 직무관리내용에 대한 설명 중 가장 거리가 먼 것은?

① 직무분석은 직무를 수행함에 있어 요구되는 지식, 숙련도, 능력 및 책임과 같은 직무상 여러 요건을 결정하는 과정이다.

② 직무분석을 실시하는 데는 직무분석의 방법, 직무분석의 담당자, 직무에 대한 사실 등의 연구가 필요하다.

③ 직무분석에 대한 결과는 직무기술서와 직무명세서에 서술 된다.

④ 직무기술서는 직무분석결과에 따라 직무에 요구되는 개인적 요건에 중점을 두고 정리한 문서이다.

16 다음 중 전자상거래에 대한 설명으로 가장 적절하지 않은 것은?

① 전자상거래는 기업, 정부기관과 같은 독립된 조직 간 또는 개인 간에 다양한 전자적 매체를 이용하여 상품이나 용역을 교환하는 것이다.

② 전자상거래는 인터넷의 등장과 함께 발전하고 있는데, 그 이유 중 하나는 인터넷 전자상거래가 기존의 상거래에 비해 비교적 많은 마케팅 이익 및 판매이익을 주고 있기 때문이다.

③ 전자상거래는 도매상과 소매상을 거치지 않고 인터넷 등을 통해 직접 소비자에게 전달되기 때문에 물류비의 절감을 통해 경쟁력을 높일 수 있다.

④ 전자상거래는 소비자의 의사와는 상관없이 기업의 일방적인 마케팅 활동을 통해 이루어진다.

17 다음의 투자안의 경제성 분석기법에 관한 설명으로 가장 옳지 않은 것은?

① 회수기간법은 회수기간이후의 현금흐름은 고려하지 않는다.

② 회계적이익률법은 화폐의 시간적 가치를 고려한다.

③ 순현재가치법은 내용연수동안의 모든 현금흐름을 고려한다.

④ 내부수익률법은 투자기간동안 자본비용이 변하는 경우에는 적용하기 어렵다.

18 아래의 보기에서 나타난 (A)에 해당하는 용어로 가장 적절하지 않은 것은?

> 글로벌 디스플레이시장에서 중국의 물량공세가 본격화되면서 LCD패널시장에서 (A)이/가 나타날 전망이다. (A)에 따른 경쟁은 지속적으로 가격을 인하하고 과감히 설비투자를 집행하면서 손해를 감수하더라도 점유율을 늘리는 방식으로. 시장에서 상대방을 밀어내는 출혈경쟁을 하게 되는 것을 말한다. 결국 타 업체 들이 항복함에 따라 마지막까지 버틴 기업이 최후의 승자가 될 수 있다.

① 치킨게임   ② 죄수의 딜레마
③ 제로섬게임   ④ 세 명의 총잡이게임

19 최근 대두되고 있는 4차 산업혁명에 대한 설명 중 가장 거리가 먼 것은?

① 2015년 세계경제포럼에서 언급되었으며, 기계중심 기반의 새로운 산업시대를 대표하는 용어이다.

② 3차산업혁명(정보혁명)에서 한 단계 더 진화한 혁명으로 일컬어진다.

③ AI, 사물인터넷, 클라우드 컴퓨팅, 빅데이터 등 지능정보 기술과 기존산업과의 결합이 가능하다.

④ 초연결, 초지능을 특징으로 하기에 기존산업혁명에 비해 더 넓은 범위에 더 빠른 속도로 큰 영향을 미친다.

20 다음은 무엇을 설명하는 용어인지, 가장 가까운 보기를 고르시오.

> (   )은/는 제품과 서비스의 수입을 제한하는 정부의 규제로, 이를 지지하는 사람들은 자국 생산자들의 성장에 기여하고 더 많은 일자리를 만들 것이라 주장한다. 주요 방법으로는 관세, 수입쿼터, 금수조치가 있다.

① 자국우선주의 　　　　② 역외아웃소싱

③ 보호무역주의 　　　　④ 경제성장주의

12 비서자격시험 👍

2018년 2급 1회

01 다음 중 소유 경영자가 운영하는 기업경영에 대한 설명으로 가장 적절하지 않은 것은?

① 의사결정과정이 단순하며 신속하고 강력한 리더십이 가능하다.

② 장기적인 전망과 투자를 통한 경영이 가능하다.

③ 소유경영자는 자기자본을 출자하고 이에 따른 위험을 부담 한다.

④ 정보 비대칭에서 발생하는 대리인 문제가 나타난다.

02 국내의 한 조선회사가 조직의 핵심역량을 파악하고자 SWOT 분석을 아래의 그림과 같이 하고자 한다. 다음 중 빗금 친 'W' 요인의 영역에 해당되는 것으로 가장 적합한 것은?

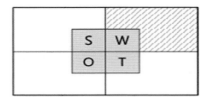

① 지속적인 기술개발

② 정부의 경기부양정책

③ 해외수출대상국의 통상압력 강화

④ 구조조정에 따른 노사분규

03 최근 사회적 비난을 초래하는 다양한 이슈들이 윤리경영의 소홀 에서 비롯되면서 기업윤리와 관련된 문제가 많이 회자되고 있다. 다음 중 기업윤리에 대한 설명으로 가장 바람직한 것은?

① 기업윤리는 사회적 규범의 체계로서 경영활동과 독립된 별개의 영역이므로 경영전략에 영향을 주지 않는다.

② 기업윤리는 모든 상황에 보편적으로 적용되는 윤리로서 반드시 법적 강제성이 수반될 필요가 있다.

③ 기업윤리 준수가 사회적 정당성을 획득할 수 있는 기반이 될 수 있으나, 장기적인 면에서 조직 유효성 증대에 긍정적 영향을 미치지는 못한다.

④ 기업의 경영자와 구성원들이 지켜야할 행동의 기준이며, 혁신을 추구하는 기업가정신을 바탕으로 정당한 방법을 통하여 기업을 올바르게 운영하는 기준을 말한다.

04 다음의 내용은 경영환경 중 어떤 이해자 특성을 열거한 것인지, 가장 가까운 것을 고르시오.

> 기업에서 일하는 장점 중의 하나는 더 생산적으로 할 수 있는 도구를 제공하며, 생산성을 높이게 되는 것이다. 또한 B2C, B2B 등을 통하여 기업과 소비자, 기업과 기업이 거래하는 시장을 형성하기도 한다.

① 경제적환경   ② 법적환경   ③ 경쟁적환경   ④ 기술적환경

05 다음 중 중소기업의 특성으로 가장 적절하지 않은 것은?

① 중소기업은 일반적으로 지역사회와 밀접한 관계를 갖으며 지역문화의 형성에 큰 역할을 한다.

② 중소기업은 원가절감을 위해 소품종 대량생산으로 시장 수요에 대응하고 대기업과의 가격경쟁에서 유리하다.

③ 중소기업은 적은 인력으로 생산이 가능하므로 꾸준한 생산 기술의 개발로 경쟁우위를 확보할 수 있다.

④ 중소기업은 환경적응에 대기업보다 탄력적이고 신축적이므로 독창적 제품이나 아이디어가 있다면 과감하게 투자를 할 수도 있다.

06 다양한 기업의 형태에 대한 아래의 설명 중에서 가장 적절하지 않은 것은?

① 기업의 형태를 규모에 따라 구분하면 자본금, 매출액, 종업원수 등에 따라 대기업, 중견기업, 중소기업으로 구분할 수 있다.

② 합명회사는 회사의 채무에 관해 직접, 연대, 무한책임을 지는 2인 이상의 무한책임사원들로 구성되어 있다.

③ 주식회사에서 주주는 회사 채무에 대해서는 직접 책임을 지는 무한책임형태를 갖는다.

④ 주식회사는 소유와 경영이 분리되어 있다.

07 다음 중 기업들이 해외인수합병을 하는 목적을 설명한 것으로 가장 거리가 먼 것은 무엇인가?

① 신속한 시장진입   ② 경영자원의 획득
③ 성숙산업에서의 시장진입   ④ 도덕적 가치의 실행

08 다음 중 사업부제 조직의 장점에 대한 설명으로 가장 적절하지 않은 것은?

① 사업부제 조직은 환경변화에 유연하게 대처할 수 있다.

② 사업부제 조직은 책임소재가 명확하고 기능부서간의 조정이 쉽다.

③ 사업부제 조직은 자원의 효율적인 활용으로 규모의 경제를 기할 수 있다.

④ 사업부제 조직은 사업부문은 독자적인 운영을 하는 분권 화의 관리방식을 택한다.

09 조직설계를 통해서 조직구조를 결정하는 4가지 기본 요소 중포함되지 않는 것은 다음 중 무엇인가?

① 분업   ② 부문화   ③ 권한이양   ④ 라인

10 다음은 무엇을 설명한 것인지 보기에서 고르시오.

> (   )은 조직에서 지적자산을 체계적으로 발굴하여 이것을 조직내부의 공통적인 지식으로 공유하고 또한 이를 적극적, 효과적으로 활용하여 기업의 경쟁력을 높이게 하려는 경영활동을 의미한다.

① 창조경영 　　② 경쟁경영 　　③ 지식경영 　　④ 창의경영

11 다음의 리더십에 관한 내용 중 괄호에 들어갈 말을 순서대로 쓴 것을 고르시오.

> 리더십 연구에서 가장 역사가 오래된 이론은 (   )으로 이 이론은 지도자의 (   )이 리더십 성공을 결정한다는 가정에서 리더십을 설명한다.
> 이 이론은 지도자는 (   )이라는 것을 강조한다.

① 행동이론 - 조직적인특성 - 후천적
② 행동이론 - 개인적인특성 - 선천적
③ 특성이론 - 조직적인특성 - 후천적
④ 특성이론 - 개인적인특성 - 선천적

12 다음 중 허즈버그의 2요인이론에 대한 설명으로 가장 적절한 것은?

① 욕구의 순차성을 강조하여 하위수준의 욕구가 충족되어야 다음 단계의 욕구가 동기가 된다.
② 임금과 대인관계는 동기요인으로 종업원의 만족감에 영향을 미친다.
③ 종업원의 불만족을 해소하려면 성취감이나 책임감을 부여 하는 것이 중요하다.
④ 동기요인을 충족시키기 위한 직무설계방법으로 직무충실화가 있다.

13 다음의 사례는 경영정보시스템 중 어떤 시스템을 의미하는 것인지 가장 적합한 것을 고르시오.

> 특정문제영역에 관한 전문지식을 지식 데이터베이스에 저장 하고, 이를 기초로 해당문제 영역에 관한 다양한 문제를 진단하고 해결하기 위한 전략을 추진한다. 의료, 광물탐사영역 같은 부분에서 시작하여 기업경영전반에 응용된다.

① 전사적 자원관리시스템   ② 전문가시스템

③ 전략정보시스템   ④ 고객관리시스템

14 다음 중 인적자원관리의 목표로 가장 거리가 먼 것은?

① 우수한 인적자원의 확보   ② 노동력 개발

③ 우수 고객 확대   ④ 핵심 노동력 유지

15 다음 중 고객과 관련된 다양한 데이터를 수집 및 분석하여 마케팅 효율성을 극대화하는 것으로 가장 적합한 것은 무엇인가?

① 데이터베이스 마케팅   ② 오프라인기업의 마케팅

③ B2C 마케팅   ④ B2B 마케팅

16 다음의 마케팅믹스 핵심요소 중 하나인 촉진믹스의 인적판매에 관한 설명으로 가장 적절하지 않은 것은?

① 인적판매는 목표시장에 효율적으로 자원을 집중할 수 있는 활동이다.

② 인적판매는 즉시적 피드백을 가능하게 하므로 소비자의 욕구를 보다 직접적으로 알 수 있다.

③ 인적판매는 전형적인 풀(Pull)정책으로 유통업자들을 대상으로 촉진활동을 한다.

④ 인적판매방식은 높은 비용이 들 수 있다.

17 다음 중 회계상 거래에 해당하는 것들로만 묶인 것은?

> a. 직원채용계약 b. 대손충당비의 계상 c. 원재료매입주문 d. 화재발생으로 인한 자산감소

① b,d　　　　　② a,b　　　　　③ a,c　　　　　④ c,d

18 아래와 같이 사치품 관련한 가격이 오르는데도 수요가 줄어들지 않고 오히려 증가하는 현상을 나타내는 용어로 가장 적절한 것은?

> 지난해 국내 백화점 업계에서 가파르게 판매가 증가한 상품은 프랑스의 명품 브랜드 '○○'다. '○○'는 천문학적 가격에도 불구하고 고가 제품일수록 구입이 더 힘든 것으로 알려졌다. 예약명단에 올려 오랜 시간을 기다려야 구입할 수 있음에도 불구하고 그 인기는 날로 더해가고 있다.

① 베블런효과　　② 립스틱효과　　③ 분수효과　　④ 붉은여왕효과

19 다음 중 기업이 어느 정도의 경영성과를 거두었는지를 측정하는 수익성비율과 가장 거리가 먼 것은?

① 매출액이익률　② 자기자본비율　③ 주당순이익　　④ 총자산이익률

20 다음 중 기업의 자산, 부채, 자본과 관련한 설명으로 가장 적절 하지 않은 것은?

① 자산 : 회사가 영업활동을 위해 보유하고 있는 재산을 말하는 것이다. 자산은 크게 현금화의 정도에 따라 유동자산과 비유동자산으로 구분한다.

② 무형 자산 : 형태가 없는 자산을 의미하며, 주로 영업권, 산업재산권, 라이센스와 프랜차이즈, 저작권, 컴퓨터 소프트웨어, 개발비, 임차권리금, 광업권, 어업권 등과 같은 무형의 권리가 여기에 해당된다.

③ 부채 : 현재 또는 미래에 타인에게 지급할 채무를 의미한다.

④ 자산 : 사업주가 투자하는 자금으로 기업의 총자산과 총부채를 합한 금액이다.

해답 비서자격시험 기출문제

01 [기출문제 2020년 2회 1급]

1	2	3	4	5	6	7	8	9	10
②	④	①	①	④	③	①	③	②	①
11	12	13	14	15	16	17	18	19	20
②	③	④	①	③	②	④	④	①	③

02 [기출문제 2020년 2회 2급]

1	2	3	4	5	6	7	8	9	10
③	③	②	①	④	③	③	②	②	④
11	12	13	14	15	16	17	18	19	20
④	④	①	②	④	①	②	③	③	③

03 [기출문제 2020년 1회 1급]

1	2	3	4	5	6	7	8	9	10
①	③	②	②	①	④	③	④	②	①
11	12	13	14	15	16	17	18	19	20
④	③	①	②	①	④	④	④	③	②

04 [기출문제 2020년 1회 2급]

1	2	3	4	5	6	7	8	9	10
①	③	①	①	④	①	②	②	③	③
11	12	13	14	15	16	17	18	19	20
①	④	④	②	④	③	②	②	④	③

05 [기출문제 2019년 2회 1급]

1	2	3	4	5	6	7	8	9	10
④	②	②	③	①	③	③	④	①	③
11	12	13	14	15	16	17	18	19	20
③	①	②	④	④	②	①	③	②	④

06 [기출문제 2019년 2회 2급]

1	2	3	4	5	6	7	8	9	10
①	④	②	③	②	④	④	④	②	④
11	12	13	14	15	16	17	18	19	20
①	②	③	③	①	④	①	③	①	②

07 [기출문제 2019년 1회 1급]

1	2	3	4	5	6	7	8	9	10
②	②	②	③	①	③	③	②	①	①
11	12	13	14	15	16	17	18	19	20
③	④	③	③	②	③	④	②	③	④

08 [기출문제 2019년 1회 2급]

1	2	3	4	5	6	7	8	9	10
③	③	①	③	③	②	①	④	③	③
11	12	13	14	15	16	17	18	19	20
②	①	③	③	④	④	③	③	②	④

09 [기출문제 2018년 2회 1급]

1	2	3	4	5	6	7	8	9	10
①	③	④	③	①	④	②	①	④	①
11	12	13	14	15	16	17	18	19	20
①	②	④	②	②	③	②	②	②	②

10 [기출문제 2018년 2회 2급]

1	2	3	4	5	6	7	8	9	10
②	②	②	④	④	③	①	②	②	①
11	12	13	14	15	16	17	18	19	20
④	④	②	②	②	①	①	③	③	①

11 [기출문제 2018년 1회 1급]

1	2	3	4	5	6	7	8	9	10
④	④	②	④	③	④	①	②	②	④
11	12	13	14	15	16	17	18	19	20
④	③	③	②	④	④	②	①	①	③

12 [기출문제 2018년 1회 2급]

1	2	3	4	5	6	7	8	9	10
④	④	④	④	②	③	④	③	④	③
11	12	13	14	15	16	17	18	19	20
④	④	②	③	①	③	①	①	②	④

참고문헌

강재정(2014), "그린시대의 경영학", 형설출판사

고동희, 김재욱, 김상수, 류태수, 문준연, 심원술, 전상길 공저(2010), "경영학원론", 명경사

공경태, 정혜숙 공저(2017), "ERP정보관리사 인사1급", 에듀윌

권구혁, 박광태, 박주영, 장정주, 최진남, 홍광헌 공역(2010), "경영학의 이해", 생능출판사

김기홍, 유철재, 김영재(2017), "경영학개론", 한올

김병윤, 김만술, 김철희, 박철수, 조현상, 진용삼, 최충호(2017), "변화속의 경영학원론", 명경사

김병윤, 유영중, 이길환, 지용선 공저(2012), "경영학원론", 명경사

김석진(2007), "글로벌시대 에센스 경영", 청람

김승환, 김영균, 안희준, 오지경, 이상훈 공저(2007), "신경영학", 무역경영사

김완희, 김문현, 이성엽, 배성규(2014), "K-IFRS 회계원리", 명경사

김재명(2015), "경영학원론", 박영사

김종성, 김영, 유성용 공저(2011), 경영학, 청람

김형재, 신용수, 김홍유 공저(2008), "경영학 이해", 무역경영사

민경호(2010), "신경영학", 무역경영사

박건실(2016), "경영의 이해와 창업", 한올

박광래(2015), "경영전략", 한올

박재린(2004), "경영학", 무역경영사

박정민, 유병남 공저(2011), "경영학원론", 청람

박종의(2014), "경영학원론", Global

방희봉, 김용민, 이석래(2010), "글로벌시대의 경영학원론", 한국학술정보(주)

백민자(2010), "경영일반", 한올출판사

스마트경영지원센터(2017), "핵심 ERP 정보관리사 회계 인사1급", 지식과경영

신유근(2009), "경영학원론", 다산출판사

안동규, 박찬주, 오성환(2010), "현대경영학개론", 두남

어윤소, 정한경, 한문성 공저(2011), "현대 경영학원론", 형설출판사

오준환, 김우봉, 송균석, 유재욱 공저(2007), "에센셜 매니지먼트", 청람

유필화, 황규대, 강금식, 정홍주, 장시영 공저(2011), "경영학", 오래

이명호, 신현길, 이주현, 정인근, 조남신, 조장연, 김귀곤, 김솔(2015), "경영학으로의 초대", 박영사

이재민, 이인호, 신승종(2009), "브랜드경영을 위한 경영학", 법문사

이재희, 최인희(2017), "비즈니스 커뮤니케이션", 한올

이중우, 김만술, 김원석, 박영렬, 목남희, 장윤희, 윤홍근 공역(2012), "경영학원론", 성진미디어

임창희(2010), "신 인적자원관리", 명경사

임창희(2010), "조직론", 학현사

장명복, 김상진 공저(2013), "경영학의 이해", 경영과회계

전외술, 김재욱, 박성규, 최승일, 양진호(2009), "최신 글로벌경영", 대명

정창영(2015), "국제경영", 명경사

조영복(2010), "미래 CEO를 위한 경영학", 시그마프레스

조현수, 황희정(2010), "기업경영의 이해", 두남

채수경(2007), "경영의 이해", 두남

최용식(2014), "경영의 이해", 창민사

최웅용(2014), "K-IFRS 회계원리", 명경사

최찬기, 최충호, 함강국, 함도훈 공저(2014), "현대 경영학원론", 명경사

표영인, 최종윤, 김경모, 채수준(2017), "IFRS 회계원리", 명경사

한국비서교재편찬회(2004), "비서 경영학개론", 경록채널

함강국(2015), "경영의 이해", 경영과회계

찾아보기

저자소개   함 진 평

약 력
- 일본 국립 新潟大學 경제학 박사
- 에너지관리공단(현 한국에너지공단) 근무
- 현재, 부천대학교 비서사무행정과 교수
  한국종합경제연구원 연구위원

저서 및 논문
- 『경영의 이해』(경영과회계, 2015)
- 『현대 경영학원론』(명경사, 2012)(공저)
- 『그린생산을 위한 물질흐름 원가회계』(강원대학교, 2012)(공저)
- 「기업결합회계기준의 국제적 수렴에 관한 연구
  : IASB · 일본 · 한국의 비교검토를 중심으로」
  (新潟大學 대학원 박사학위논문, 2003) 외 다수

비서자격시험 대비

경영의 이해

■■   이론 및 문제

초판 1쇄 발행   2019년 3월 20일
2판 1쇄 발행   2021년 2월 25일

저 자	함 진 평
펴 낸 이	임 순 재
펴 낸 곳	(주)한올출판사
등 록	제11-403호
주 소	서울시 마포구 모래내로 83(성산동, 한올빌딩 3층)
전 화	(02)376-4298(대표)
팩 스	(02)302-8073
홈 페 이 지	www.hanol.co.kr
e - 메 일	hanol@hanol.co.kr

ISBN 979-11-6647-044-8